청년이 알아야 할 7가지

조재필 박창원 양명지 손재익 정찬도 전영욱 심성현

개혁정론

청년이 알아야 할 7가지

초판 1쇄 인쇄 2025년 8월 29일
초판 1쇄 발행 2025년 9월 1일

펴낸날 | 초판 1쇄 2025년 8월 29일
지은이 | 조재필 박창원 양명지 손재익 정찬도 전영욱 심성현
발행인 | 조재필
발행처 | 개혁정론

등 록 | 2025년 8월 15일
주 소 | 경상북도 포항시 북구 대곡로21

편 집 | 정찬도
디자인 | 정찬도

ISBN

* 이 책은 신저작권법에 의하여 국내에서 보호를 받는 저작물입니다.
  출판사와의 협의 없는 무단 전재와 무단 복제를 엄격히 금합니다.
* 책값은 뒤표지에 있습니다.
* 잘못 만들어진 책은 구입하신 서점에서 교환하여 드립니다.

서문

'도전'과 '실험'은 '실패'라는 공통점이 있다. 도전도 실패할 수 있고 실험도 실패할 수 있다. 생각나는 거의 대부분에 적용 된다. 사업도 도전하고 운동도 도전한다. 과학도 실험하고, 공익적인 이유로 신중해야 하지만 경제 정책도 실험할 수 있다. 실패의 위험이 따르지만 도전과 실험 없이 승리와 성취와 이익은 기대할 수 없다. 그래서 보통은 실패를 두려워하지 말고 도전하고 실험하라고 격려 한다. 사실 살아남기 위해서 도전과 실험은 필수로 여겨진다.

그러나 도전은 하되 실험은 해서는 안 되는 분야가 있다. 실험 실패만 아니라 실험했다는 자체에 도덕적인 비난을 받아야하는 분야가 있다. 대표적으로 교회와 청년이다. 그것도 교회 청년은 실험 대상이 되어서는 안 된다. 분명한 이유가 있다. 주인이신 예수님의 분명한 명령이 있기 때문이다. 교회는 무엇을 어떻게 하라는 주인의 지상명령을 수행할 뿐이다. 그것은 도전이지 실험일 수 없다. 명령을 수행하는 것은 시대 상황이나 여건 때문에 때로 엄숙한 도전이 되기도 한다. 그러나 교회를 두고 실험한다는 것은 주님의 명령이 아닌 다른 어떤 것이 개입된 결과이다. 주로 개인의 욕망이나 세상의 왜곡된 가치관이 개입될 때 교회를 두고 실험이 자행된다.

현대를 살아가면서 교회는 위기감을 느낀다. 빠르게 변하는 세상 환경에서 교회는 왠지 고착되거나 도태되는 것 같다. 실제로 뚜렷한 증상과 현상이 나타난다. 교회의 생동감이 사그라들고 기독 청년들의 무기력과 이탈이 뚜렷하다. 그런데 이런 위기감이 교회와 청년을 두고 실험하게 만든다. 변화와 적응과 성장을 원하기 때문이다. 그래서 교회에 전에 보지 못했던 이런 저런 새로운 것들을 '사역'이라는 이름으로 들여온다. 청년을 대상으로는 근본을 알 수 없는 다양한 시도들이 이루어진다. 그런데 그것이 명하신 말씀을 순종하기 위한 도전인지 모종의 인간적인 성공을 위한 실험인지 분별이 필요하다.

이번에 개혁정론에 연재된 글들을 모아 책을 펴낸다. 이 글들은 일종의 도전이다. 모든 글들은 기독 청년을 대상으로 한 실험을 지양하고 대신 신중하게 분석하고 성실하게 제안했다. 이를 위해 말씀의 원리를 살피고 전통적인 개혁주의 신앙에 귀를 기울였다. 이런 방식이 어쩌면 신선하게 다가오지 않을 수 있다. 그러나 위기감이 감도는 시대에 주님의 명령을 수행하기 위해서 이런 방식의 도전이 이루어져야 한다.

이미 개혁정론은 도전적인 글들을 책으로 펴냈다. '교회 직분자가 알아야할 7가지'(세움북스), '성도가 알아야할 7가지'(세움북스)를 출판한 바가 있다. 이는 공교회를 섬기고자하는 고신 교단 목사들의 도전이었다. 이제 이어서 기독 청년들을 위한 책을 펴낸다. 이 책을 읽는 청년들도 도전하기를 기대한다. 자신이 처한 어떠한 환경에도 불구하고 교회 공동체와 세상 속에서 말씀대로 살기를 결단하는 것은 선한 도전이다. 선한 도전에 하나님이 승리를 약속하신다.

"우리 주 예수 그리스도로 말미암아 우리에게 승리를 주시는 하나님께 감사하노니 그러므로 내 사랑하는 형제들아 견실하며 흔들리지 말고 항상 주의 일에 더욱 힘쓰는 자들이 되라. 이는 너희 수고가 주 안에서 헛되지 않은 줄 앎이라."(고전 15:57~58)

개혁정론 운영위원장
조재필 목사

목차

서문 3

PART 1 _ 그리스도인의 혼인

성경이 말하는 혼인 (양명지) · 8

교회 역사 속에서 배우는 결혼과 가정 (박창원) · 13

혼인에 이르는 여정: 만남, 사귐, 혼례 (안정진) · 19

혼인과 교회 (조재필) · 24

결혼을 다시 묻다: 조엘 비키의 결혼 신학을 중심으로 (전영욱) · 29

한번 뿐인 결혼식: 꼭 알아야 할 6가지 (심성현) · 38

PART 2 _ 그리스도인의 데이트

그리스도인의 데이트, 무엇이 다른가? (양명지) · 46

결혼 결심, 무엇을 고려해야 하나? (김명일) · 51

공동체 내에서의 이성교제 (조재필) · 54

갈등, 어떻게 해결할 수 있을까? (안정진) · 58

그리스도인 이성교제, 하나님 나라를 향한 여정 (전영욱) · 64

사랑이 두려운 청년, 인정과 회피 사이 (정찬도) · 69

PART 3 _ 기독교인의 일

일에 대한 성경적 관점 (조재필) · 76

종교개혁가 루터가 말하는 일과 소명 (최정복) · 80

내 일, 하나님 나라와 관련 있나? (정찬도) · 85

소명을 찾아가는 여정 (안정진) · 90

청년과 노동, 성경과 개혁신학이 답하다 (전영욱) · 95

일하기 싫어하거든 먹지도 말게 마라 (손재익) · 102

PART 4 _ 기독청년과 가정

가정과 교회의 관계 (양명지) · 112
남편과 아내의 위치와 역할 (안정진) · 117
가정의 재정을 아름답게 꾸미자 (손재익) · 123
가족 갈등과 해소 방법 (박창원) · 129
임신, 출산, 불임과 교회 (김명일) · 136
불신 가족, 어떻게 대할 것인가? (최정복) · 140

PART 5 _ 청년의 교회생활

청년의 교회 봉사 (양명지) · 148
청년, 교회 권위자와의 관계 (안재경) · 155
청년들의 경건 생활, 어떻게 지도할 것인가? (최정복) · 161
세속문화 속 그리스도인 청년 (정찬도) · 167
청년 사역 매뉴얼 (박창원) · 173
청년부서의 양육 프로그램 (조재필) · 184

PART 6 _ 청년멘토

청년 아우구스티누스 (안정진) · 194
불굴의 용사 아타나시우스 (박창원) · 201
팡세에 나타난 파스칼의 고민 (최정복) · 207
영원한 청년 렘브란트에게 배운다 (안재경) · 216
C.S.루이스 같은 변증가가 나오기를 (손재익) · 223
개혁교회와 목회를 소개한 허순길 (양명지) · 228

PART 7 _ 청년의 오늘과 내일

청년의 대인 관계 (양명지) · 234
정치적 대화와 토론의 기초 (최정복) · 239
왜 청년은 교회를 떠나는가? (황대우) · 246
청년들의 소비생활, "함께"라는 가치 (김명일) · 252
청년의 영적 무기력 (양명지) · 259
십계명과 청년 윤리 (조재필) · 265

성경이 말하는 혼인

양명지

사람마다 혼인에 대한 견해가 있다. 합법적인 성적 결합이나 시민 사회의 계약 관계의 일종, 또는 두 인격체의 결합까지 다양하다. 오늘날 혼인은 자의로 혼인을 거부하는 비혼(非婚), 결혼을 졸업한다는 졸혼(卒婚) 등의 신조어로 이해되고 표현되고 있다. 이런 이해에는 심리적, 경제적 기준이 자리 잡고 있다. 돈은 얼마나 벌고 있는지, 감정적인 교류는 얼마나 활발한지 등이 중요하게 생각된다. 이런 기준은 교회 안팎을 가리지 않고 수용되고 있다. 게다가 예전에는 사회에서도 금기시되던 다른 형태의 혼인을 합법화하려는 움직임까지 나타나고 있다. 그렇다면 성경은 혼인에 대하여 무엇이라 말하고 있는가?

1. 혼인은 남자와 여자의 결합이다.

성경은 사람이 하나님의 형상을 따라 창조되었다고 말한다. 곧바로 성경은 하나님의 형상으로 지음 받은 인간이 남자와 여자로 창조되었다고 말한다. "하나님이 자기 형상 곧 하나님의 형상대로 사람을 창조하시되 남자와 여자를 창조하시고."(창 1:27) 예수님도 이에 대해 똑같이 말씀하셨다. "예수께서 대답하여 이르시되 사람을 지으신 이가 본래 그들을 남자와 여자로 지으시고"(마 19:6)

하나님의 형상인 남자와 여자는 장성하여 부모를 떠나 한 몸이 된다(창 2:24). 예수님은 하나님이 사람을 남자와 여자로 지으셨기에 "그러므로" 서로 합하여 한 몸이 되는 것에 대해 동일하게 말씀하신다(마 19:5). 성경은 남자와 여자가 한 몸이 되는 것을 혼인이라 한다. 신앙고백서는 더 나아가 명시적으로 한 명의 남자와 한 명의 여자의 결합을 혼인이라고 가르친다. "결혼은 한 남자와 한 여자 사이에 이루어진다."(웨스트민스터 신앙고백서 24장 1항)

혼인을 이성(異性)을 배제하고 '두 인격체의 결합'으로만 정의내리는 것은 성경의 가르침과 다르다. 혼인의 목적 중의 하나인 자녀 생산은 남자와 여자가 하나가 되어야만 가능하다. 하나님의 형상인 사람에게 주신 명령은 생육하고 번성하고, 땅에 충만해지는 것이다(창 1:28). 신앙고백서에서도 이러한 혼인이 합법적으로 인류를 증가시키고, 교회를 왕성하게 한다고 가르치고 있다(웨스트민스터 신앙고백서 24장 2항).

남자와 여자의 결합에는 각자의 결핍이 전제되어 있다. 각자 따로는 "하나님이 보시기에 좋지 못하기" 때문에 둘이 하나가 되어 서로를 돕고, 완성시키는 유익을 누리는 것이 혼인에 담겨 있는 복이요 원리다(창 2:18). 둘이 한 몸이 되기 때문에 적극적으로 서로를 누리며 사랑하게 된다(잠 5:18). 소극적으로는 서로에게 독점적이고, 외부로는 배타적인 혼인의 특징이 부정에서 가정을 지키게도 한다(고전 7:2, 9, 웨스트민스터 신앙고백서 24장 2항).

2. 혼인은 하나님이 제정하신 제도이다.

역사와 문화에 따라 혼인 결정의 주체가 두 당사자가 아니었던 경우도 있었다. 지금도 그러한 지역과 문화권이 존재한다. 하지만 오늘날 대다수의 혼인은 두 남녀의 자의에 의해 결정되고 이루어진다. 혹 두 당사자가 아니더라도 두 집안의 결정에 의해 이루어진다. 이런 배경에서 혼인은 사람의 선택과 계약의 결과로 여겨진다. 성경도 혼인에 있어서 인간 편의 자유로운 선택을 부정하지 않는다. 두 당사자가 서로 사랑하여 혼인하고, 두 집안이 서로 합의하여 혼인이 이루어진다.

그러나 성경은 근본적으로 혼인을 전적으로 하나님이 제정하신 것으로 본다. 아담이 하와를 보고 사랑하였으나 그 이전에 하나님이 하와를 그에게로 이끌어오셨다. "여호와 하나님이 아담에게서 취하신 그 갈빗대로 여자를 만드시고 그를 아담에게로 이끌어 오시니 아담이 이르되 이는 내 뼈 중의 뼈요 살 중의 살이라 이것을 남자에게서 취하였은즉 여자라 부르리라 하니라."(창 2:22-23) 사람의 선택과 사랑이 있으나 하나님의 섭리가 우선한다. 신약성경은 보다 더 명시적으로 이를 보여준다. "그러므로 하나님이 짝지어 주신 것을 사람이 나누지 못할지니라."(마 19:6)

혼인에 대한 성경의 가르침은 혼인을 인간의 자기 결정의 산물로 보는 시각과 다르다. 사람의 선택으로만 혼인을 이해하게 되면 인간 스스로 얼마든지 혼인을 중단하고, 포기할 수 있다. 혼인의 주도권이 사람에게 있기에 감정과 상황의 변화에 따라 얼마든지 바꿀 수 있다. 자신이 보기에 혼인이 불가능하거나 지속하기 어렵다고 판단되면 파기한다. 혼인을 이룬 원리와 동력이 여건과 인간의 의지와 감정에만 있기 때문이다.

하나님의 섭리 안에 혼인을 이해하면 혼인은 전혀 다른 의미다. 하나님의 섭리 안에서 제정되어 이루어졌기에 나와 상대방의 현실보다 하나님의 명령과 약속을 주목하게 된다. 지금 내가 보기에 아니고, 불가능해보여도 하나님이 '나를 위하여 돕는 배필'을 주셨음을 보게 된다(창 2:18). 사람의 결심이 아니라 하나님에 대한 신뢰로 오히려 순종하므로 지켜지는 혼인과 가정이 된다. 두 남녀의 사랑의 결과가 혼인이 아니라 오히려 혼인을 통하여 사랑을 배우고 지켜가는 것을 깨닫게 되기 때문이다.

3. 혼인은 언약 공동체의 구성과 체험이다.

성경은 혼인을 다양한 관계에서 사용한다. 구약에서는 하나님과 이스라엘의 관계로, 신약에서는 그리스도와 교회의 관계로 묘사하고 있다. 그 내용들을 일일이 다 열거하기 어려울 정도다. 하나님이 자기 백성과 맺으셨고, 그리스도와 교회가 누리는 관계가 혼인에도 동일하게 드러난다. 비유적인 표현이 아니라 성도가 경험하는 실재다.

사도 바울은 에베소교회에 편지하면서 남편과 아내에 대해 권면하고, 이를 그리스도와 교회의 연합의 비밀이라 말한다. "이 비밀이 크도다 나는 그리스도와 교회에 대하여 말하노라 그러나 너희도 각각 자기의 아내 사랑하기를 자신 같이 하고 아내도 자기 남편을 존경하라."(엡 5:32-33) 혼인을 통하여 남편과 아내는 피차 복종하며 사랑하는 것을 경험한다. 둘 사이 관계만 아니라 그리스도와 교회의 비밀을 알아가는 자리가 바로 혼인이다.

혼인은 하나님이 주신 명령과 약속을 이루며 누리는 장이다. 남녀의 결합은 자녀 생산만을 위해 필요한 것이 아니다. 창세기 1:28은 번성과 충만 외에 정복과 다스림에 대해 말씀하고 있다. 하나님의 형상인 남자와 여자에게 주신 명령이다. 이를 남녀가 함께 감당하는데 그것을 이루는 가장 기본적인 관계가 부부고, 가장 기본적인 단위가 가정이다. 그 부부와 가정은 혼인을 통하여 이루어진다. 혼인은 남녀가 함께 하나님의 백성으로, 예배자로, 주신 세계를 돌보는 청지기로서 소명을 감당하게 하는 보편적인 방식이다(웨스트민스터 신앙고백서 24장 3항).

그러하기에 혼인은 주 안에서 이루어져야 한다. "판단력을 가지고 자기의 동의를 표할 수 있는 모든 사람이 결혼하는 것은 합법적이다. 그러나 기독자는 의무적으로 오직 주님 안에서만 결혼하여야 한다."(웨스트민스터 신앙고백서 24장 3항) 믿지 않는 자와 멍에를 같이 멜 수 없다(고후 6:14). 언약은 믿음 안에서 이행되고 실현되기 때문이다. 오직 믿음 안에서만 하나님이 다스리시듯이 세상을 돌보고 다스릴 수 있다. 주 안에서 이루어지는 혼인만이 언약 공동체인 가정을 이루고 언약 백성으로 명령과 약속을 제대로 바르게 감당하게 한다.

혼인은 재정적인 상태에 따라, 현실의 상황과 감정 변화, 기호에 따라 결정하고 판단하는 것이 아니다. 혼인은 20-30대의 발달과업이나 사회적 요구도 아니다. 혼인은 하나님이 주신 약속과 섭리를 믿고, 그 믿음 안에서 순종하므로 누리는 복의 자리다. 그래서 이미 혼인 안에 있는 자들은 마주한 현실이 어렵더라도 하나님의 섭리를 기억할 때 인내할 수 있다. 미혼인 청년들은 세상의 기준과 수준에 따라 혼인 여부를 속단하지 않을 수 있다.

나의 성품과 재정과 상황이 여의치 않고, 녹록치 않더라도 다시금 하나님의 섭리와 언약을 믿음으로 바라보고 붙들 때, 가나의 혼인 잔치에서 예수님이 주신 포도주가 혼인을 더욱 풍성하게 하였듯이 우리 주님이 우리의 혼인을 인도하시고, 이루시고, 지켜주실 것이다(요 2:10). 어두운 세상 가운데 하나님이 주신 혼인의 아름다운 모습이 언약 백성의 삶을 통해 세상에 밝히 드러나 소망을 삶으로 펼쳐 보이는 영광이 있기를 기도한다.

교회사 속 결혼과 가정

박창원

결혼은 좋은 것이지만 결혼생활은 쉽지 않다. 우스개 이야기지만 결혼을 적과의 동침이라고 부르는 사람도 있다. 성경도 다투는 여인과 함께 사는 것보다 움막에서 혼자 사는 것이 낫다고 한다. 결혼생활이 쉽지 않다는 거다. 그러나 하나님은 결혼을 복으로 주셨다. 그래서 사람은 결혼을 통해 행복을 얻는다. 이 복은 말씀의 지혜 속에서 유효하다. 믿음의 선진들은 이 지혜를 소유했었다. 그들은 말씀의 지시하심을 따라 가정을 이루었다. 우리는 그들의 삶에서 하나님의 지혜를 엿볼 수 있다.

1. 고대 교회

고대 교회는 가정을 성도의 경건과 신앙의 계승을 위한 중요한 기관으로 이해했다. 알렉산드리아의 클레멘트는 그리스도인은 결혼하여 매일 아침 남편과 아내가 함께 기도하고 성경을 읽어야 한다고 가르쳤다. 터툴리안 역시 가정에서 매일 예배로 찬송하는 것이 중요하다고 강조했으며, 크리소스톰은 모든 가정이 교회가 되고, 모든 가정의 가장은 영적인 가장이 되어야 한다고 말했다. 초기 교회는 결혼과 가정을 귀히 여겼다. 하지만 영지주의의 영향으로 결혼과 가정이 영적으로 열등한 것처럼 인식되기 시작했다. 그래서 금욕을 따르는 독신주의가 거룩한 삶의 모범으로 서서히 간주되었다. 아우구스티누스 역시 젊은 시절의 방탕했던 삶의 반작용으로 결혼하는 것보다 독신으로 금욕하는 것을 더 나은 삶으로 인식했다.

2. 중세 교회

중세는 개인의 삶이 없는 시대였다. 따라서 가정 역시 중요하게 여기지 않았다. 특별히 여자가 죄를 지어 세상에 악이 들어왔다는 신학이 주류 신학이어서 여성에 대한 비하와 박해가 심했다. 노동력을 제공하는 남자는 귀한 존재였지만 여자는 그저 출산을 위해 필요한 존재로 여겨졌다. 여자가 세상에 죄를 가지고 왔다는 신학은 사제들의 독신을 더욱 강화시켰다. 성직자가 독신으로 사는 것은 여자의 죄로부터 해방되는 지혜로운 삶이었다.

중세교회의 결혼에 대한 비하는 성에 대한 왜곡으로 발전한다. 부부간의 성관계는 오직 출산을 위한 목적으로만 허용되었다. 그렇지 않은 성관계는 죄로 간주했다. 또 자녀를 얻기 위한 부부관계도 수요일, 금요일, 토요일에는 금지 했으며, 낮 시간, 임신 기간, 주일이나 교회의 성일, 성찬이 있는 날 등에도 금지했다. 기쁨의 집이 슬픔의 집으로, 신비로운 연합이 부정한 연합으로 간주되었다.

3. 종교개혁

종교개혁은 결혼의 개혁도 이끌었다. 그리스도인의 모든 삶이 거룩하기에 결혼과 가정도 거룩한 것이 되었다. 개혁자들은 결혼을 합당하고 정당한 것으로 간주했다. 무엇보다 독신주의를 비성경적인 것으로 여기며, 결혼한 부부에게 성의 기쁨을 돌려주었다.

·비브란디시 로젠블라트: 결혼의 개혁을 몸소 보인 여성
비브란디스 로젠블라트는 바젤의 개혁자 외콜람파디우스와 결혼했는데, 그

녀는 남편과 사별한 미망인이었다. 중세교회는 남편의 죽음이후 수절하는 것을 미덕으로 여겼지만 그녀는 그러한 관습을 타파했다. 더 나아가 외콜람파디우스가 죽자 그녀는 평소 신앙의 교제를 나누었던 카피도와 결혼했는데, 카피도 역시 자기 아내를 흑사병으로 잃은 뒤였다. 둘은 마르틴 부써의 중매로 결혼했는데, 카피도 역시 흑사병으로 세상을 떠나고 만다. 얼마후 부써의 아내 엘리자베스도 흑사병으로 죽는데, 그녀는 유언으로 남편에게 비브란디스와 결혼할 것을 부탁했다. 유언대로 두 사람은 결혼했고, 비브란디스는 부써가 죽을 때까지 남편 곁에서 그의 사역을 도왔다. 그녀는 흑사병과 핍박으로 인해 죽음이 가까이 있었던 시대를 살았다. 하지만 그녀는 결혼을 귀히 여기고, 이를 통해 하나님의 나라를 이루어 가려고 노력했다.

· 결혼의 신학을 정립한 불링거

취리히의 개혁자 불링거는 수녀 출신인 안나와 결혼했다. 그는 결혼의 아름다움과 선함을 적극적으로 피력했다. 하나님께서 결혼의 제도를 정하셨으며, 이는 타락 이전에 제정된 것이므로 결혼을 금지하는 것은 하나님의 뜻을 거스르는 것이라고 강조했다. 나아가 결혼은 타락한 인간이 죄로부터 보호받는 길이라고 가르쳤다. 그는 결혼을 통해 그리스도와 성도의 관계를 보다 잘 이해할 수 있다고 했다. 이는 결혼을 언약적 관점에서 이해한 것으로 그리스도와 교회의 유비를 결혼에서 설명하는 성경의 가르침에 부합한다. 또한 언약이 하나이듯 결혼도 한번만 허용되며, 언약이 양자 간에 의미 있는 약속이듯, 결혼도 부부 간에 의미 있는 약속이라고 했다. 그는 결혼의 목적을 다음과 같이 밝힌다. 첫째 자녀 출산과 둘째 간음방지와 셋째 성관계와 넷째 사회적 기여에 있다. 그는 결혼을 한 남자와 한 여자가 "함께 정직하게 그리고 친구처럼 더불어 살면서 불결함을 피하고 하나님을 두려워하는 자녀들을 양육하며 서로 돕고 위로하기 위함"으로 이해했다. 결혼을 위해 남녀가 서로의 육적, 영적 필요와 정서가 잘 맞는지 확인해야 하며, 법과 가족들의 동의하에, 강요가 아닌 자발적인 결정을 해야 한다고 조언한다.

·칼빈의 결혼과 가정

칼빈은 파렐에게 보낸 편지에서 자신의 이상형을 이렇게 밝힌다. "저에게 매력적인 아름다움은 이런 것들입니다 정숙하고, 순종적이고, 까다롭지 않고, 실용적이고, 인내심이 많고, 건강을 염려해 주는 사람이면 충분합니다."

그는 귀족 가문의 젊은 여성을 마다하고 일곱 자녀를 둔 미망인 '이들레뜨 드 뷔르'와 결혼한다. 그녀는 자녀들을 신앙으로 잘 교육했고, 지혜로우며 마음도 따뜻하다는 평판이 있었다. 또 굳건한 신앙과 헌신적인 사랑을 품고 살림에도 능숙했으며, 조용한 성격에 겸손하고 온화한 성품이었다. 그녀는 병약한 칼빈을 돌보고, 병자들과 어려운 사람들을 자주 방문하며, 칼빈을 찾아오는 많은 손님을 잘 대접했다.

칼빈의 결혼생활은 진지하고 조용하고 경외심과 의무감으로 가득했다. 그렇다고 행복하지 않았던 것은 아니다. 칼빈 역시 결혼을 언약적 관점에서 이해했다. 남녀가 자신들의 의지와 동의로 결혼을 했다하더라도, 하나님께서 이를 맺어 주신 것이기에, 결국 결혼 관계는 부부만이 아니라 하나님도 포함된 관계라고 보았다. 또 결혼이 창조의 원리에서 출발하기에 남편은 하나님을 경외함으로 가정을 이끌어 가고, 아내는 믿음직한 조력자가 되어야 한다고 강조했다.

·루터의 결혼과 가정

루터는 수도원과 수녀원을 해방시켜 사제와 수녀들에게 자유를 주었다. 그는 남자가 홀로 있는 것 좋지 못하며 하나님이 이유 없이 사람을 남자와 여자로 만드신 것이 아님을 들어 결혼을 지지했다. 하지만 정작 자신은 독신인 채로 있었다. 루터가 결혼하지 않았던 것은 첫째, 언제 죽을지 모르는 자기 신세 때문이요, 둘째, 자신의 결혼문제로 로마교회에 공격을 빌미를 주지 않기 위함 때문이었다. 하지만 자신이 수녀원에서 탈출 시킨 카타리나 폰 보라와 결혼에 이르게 된다. 처음에 루터는 그녀를 다른 사람과 결혼시키려고 애썼다. 하지만 자기주장이 확실했던 그녀는 쉽게 응하지 않았다. 루터는 자신의 지인에게 편지를 보내며 카타리나에 대해 이렇게 말한다. "아직 처리를 하지 못한 수녀가 한명 있는데 그녀의 이름은 카타리나 폰 보라입니다. 카타리나는 열정 있는 여인이며, '자부심이 가득하고 오만한' 여인입니다. 나는 '어떤 무모한 사람이 그녀를 원할지' 모르겠습니다."

결국 그 무모한 사람은 루터 자신이 되었다. 루터가 카타리나와의 결혼 계획을 말했을 때, 그의 친구들은 모두가 반대하며 절대적으로 다른 사람과 결혼해야 한다고 충고했다. 하지만 루터는 결혼 생활을 아주 즐거워하며 이렇게 고백했다. "이 여자를 보라. 그리스도께서 내게 선물로 주신 가장 아름다운 하나님의 작은 피조물! 하나님께 모든 영광과 찬미를!"

카타리나는 루터보다 16살이나 어렸지만 생활력이 강하고 지혜로웠다. 그는 경제관념이 희박한 루터를 대신하여 가계 살림을 도맡았다. 카타리나는 땅을 개간해 채소를 기르고, 축산과 양조 등 생계를 위한 많은 일을 감당했다. 루터의 사역은 아내의 희생과 섬김의 기초 위에 서 있었고, 그는 이에 대해 매우 감사했다. 그래서 아내를 향한 평가는 날로 높아만 갔다. "나의 여주인에게, 양조자이자 정원사이자 못하는 것이 없는 나의 여인", "나는 집안일을 제외한 모든 일에 있어서는 철저히 성령의 인도를 따릅니다. 그러나 집안일에 있어서만큼은 전적으로 아내의 인도를 따릅니다."

그렇다고 루터가 아내를 의존한 것만은 아니다. 그는 아내에게 성경 읽기와 경건 생활을 강조하고, 자녀들을 위해 성경을 읽어주고, 가르치는 등 남편으로서의 역할에도 충실했다. 루터는 영적 권위가 있는 가장이며, 아내는 현숙한 여인이었다. 둘은 성경적인 가정의 복된 원리를 잘 보여준다.

4. 훔쳐보기에서 따라하기

우리 시대 사람들은 남의 결혼생활을 훔쳐보며 재밌어한다. 보여주기 위해 설정된 장면을 보며 손뼉을 치고 즐거워한다. 하지만 보는 것과 사는 것은 다르다. 결국 보여주는 것은 보는 것으로 족할 뿐이다. 거기서 교훈과 유익을 기대하기란 어렵다. 이제 채널을 좀 바꾸어 보면 좋겠다. 예능 말고 교육방송으로 말이다. 잘 몰라서 그렇지 교육방송도 재밌다. 그리고 거기엔 유익함도 있다. 성경을 펼쳐 말씀의 교훈을 얻고, 그 원리에 따라 가정을 이루며 살아간 이들을 훔쳐보자. 그들에게서 재미와 유익과 지혜를 얻어 따라해 보자. 우리의 가정도 기쁨의 샘이 될 것이다. 하나님께서는 모든 믿는 가정에게 기쁨의 포도주를 부어 주시기 원하신다.

> 청년이
> 알아야
> 할
> 7가지

혼인에 이르는 여정
-만남, 사귐, 혼례-

안정진

성경은 "사람이 부모를 떠나 그의 아내와 합하여 둘이 한 육체가 될지니 이 비밀이 크도다' 고 말씀한다(창 2:24, 엡 5:31-32하). 혼인은 남자가 부모를 떠나서 여자와 한 몸을 이루기까지의 다소 복잡하고 때로는 힘든 여정(旅程)이다. 떠나고 만나고 하나가 되는 그 여정에서 그리스도인 남녀는 무엇을 준비해야 하고, 어떻게 안전하게 목적지에 도착할 수 있을까?

1. 만남, 하나님을 찾으라.

혼인이 신비이듯이 혼인에 이르는 과정도 그러하다. 인류의 첫 혼례에서, 하나님은 그 사실을 보여주신다. "여호와 하나님이 아담을 깊이 잠들게 하시니 잠들매 그가 그 갈빗대 하나를 취하고 살로 대신 채우시고 여호와 하나님이 아담에게서 취하신 그 갈빗대로 여자를 만드시고 그를 아담에게로 이끌어 오시니"(창 2:21-22).

이 두 구절의 주어는 하나님이시다. 시작부터, 혼인의 주체는 사람이 아니라 하나님이다. 그래서 혼인에 이르는 모든 여정에는 하나님이 계신다. 그가 한 남자와 한 여자를 한 몸으로 이루신다. "둘이 한 몸을 이룰지로다"(24절 하). 따라서 혼인을 준비하는 사람은 하나님의 신비로운 임재와 인도하심을 항상 의식해야 한다. 인류가 타락한 이후에도 그 원칙은 변하지 않는다. 창세기 24장의 이삭과 리브가의 혼인의 여정을 보면, 그 섭리가 어떻게 역사하는지를 볼 수 있다. 물론 특별한 계시의 사건을 일반화할 수는 없지만, 두 사람의 만남과 혼인에서 우리는 하나님의 주권을 본다. 만유의 주님은, 혼인에서도 주님이시다. 하나님은 그들을 서로에게로 이끄시고 그들은 순종한다. 이렇듯이 혼인은 하나님이 우리 가운데 계시는 것을 보여주는 놀라운 비밀이다. 그러므로 혼인을 앞둔 혹은 원하는 사람들은 하나님의 신비로우신 계획과 실행을 온전히 기대해야 한다. 이것이 혼인 적령기에 있는 성도의 출발점이다.

그러나 안타깝게도 몇몇 미혼의 기독 청년들은 이 출발점에 서 있지 않거나 원하지 않는 것 같다. 혼인의 영역만큼은 하나님보다 나의 촉과 선택이 더 존중받아야 한다고 믿는다. '다른 건 몰라도, 내 입맛에 맞는 사람은 내가 골라야 해!'라고 생각한다. 그러나 이것은 결코 성숙한 그리스도인의 생각이 아니며, 때로는 원치 않는 결과를 초래할 수도 있다. 성숙한 그리스도인은, 혼인을 포함해 만유가 하나님의 손안에 있음을 알기에, 배우자를 찾기 전에 먼저 하나님의 섭리와 인도하심을 구한다! 나의 변덕스러운 촉보다 하나님의 선하신 뜻이 이루어지기를 기도한다. 즉 만남에서부터 하나님을 찾는다! "내 영혼이 주를 찾기에 갈급하니이다"(시 42:1). 다음으로, 어떤 배우자를 찾을 것인가? 역시 하나님을 찾는 사람이다. 한 남자와 한 여자가 하나님의 '주되심'을 공유한 채 하나님의 언약 아래서 하나가 되어야만 그리스도인의 참된 결혼생활을 누릴 수 있다. 성숙한 그리스도인이 되지 못하면 성숙한 남편이 될 수 없다. 역시 성숙한 아내가 되려면 먼저 성숙한 그리스도인이 되어야 할 것이다. 주를 찾는 성숙함이 혼인에 가장 선행되어야 할 조건이다.

2. 사귐, 그리스도를 닮아가라.

주를 찾는 성숙한 사귐은 혼인을 전제로 한다. 꽃 같은 젊은 시절을 봄철 벚꽃놀이처럼 한시적으로 즐긴다면, 결국에는 시들어 떨어진 꽃잎처럼 아픈 상처만 남게 될 것이다. 혼인을 전제한 사귐이어야 서로에게 책임 있는 언행을 요구할 수 있다. 건강한 남녀가 서로에게 호감을 느끼게 될 때 자연스럽게 나타나는 특징은 서로를 향한 성적인 끌림이다. 힘들게 마련한 소개팅에서 돌아온 30대 자녀에게 대게 묻는 첫 질문은 이런 종류다. "어때, 잘 생겼어?" 이 말 속에는 여러 가지 뜻이 포함되어 있는데 거기에는 성적인 매력도 들어있다. 사실, 창조의 관점에서, 성(性)은 좋은 것이다. 그것을 지으신 하나님이 선한 분이기 때문이다(창 2:22-25). 그러나 우리는 타락한 세상에 살고 있기에 그리스도인들은 자주 음욕과 부정과 간음에 대한 유혹과 싸우게 된다. 특히 혼인 전에 이 싸움은 지독하다. 성경은, 우리가 경건에 힘쓰면 신비롭게도 그러한 유혹들이 고통 없이 지나가게 될 것이라 말하지 않는다. 적령기 남녀에게 성적인 끌림은 거의 고문에 가깝다. 불행하게도 성적인 죄와 싸우는 그리스도인들은 "오 주님! 당신의 뜻대로 하옵소서"라고 말하고 싶어 한다. 성경은 우리가 겪는 이러한 싸움이 새로운 것이라고 말하지 않는다. 베드로는 우리에게 "영혼을 거스려 싸우는 육체의 정욕을 제어하라"(벧전 2:11)고 했다. 바울은 전투적인 이미지를 사용하면서 "땅에 있는 지체를 죽이라 곧 음란과 부정과 사욕과 악한 정욕과 탐심이니 탐심은 곧 우상숭배니라"고 했다(골 3:5). 감사하게도, 하나님은 이러한 싸움을 하고 있는 그리스도인 남녀를 향하여 매우 실제적인 가르침을 주신다. 혼인하라! "결혼하라 정욕이 불같이 타는 것보다 결혼하는 것이 나으니라"(고전 7:9). 이렇듯 부부간의 성적인 연합은 성적인 유혹과 싸우는 그리스도인에게 주시는 하나님의 은혜로운 계획이다. 그러므로 은혜의 울타리 안에 들어오기 전까지, 그리스도인의 사귐은 서로를 보호하고 지켜 주어야 한다. 혼인 전에 절제할 수 없는 사람은 혼인 후에도 절제할 수 없다. 외도는 혼전에 성적인 경험자에게서 더 많이 나타나는 경향이 있다. 거듭 말하지만, 싱글일 때 절제하지 못하는 사람은 결혼 후에도 결코 절제할 수 없다!

그러나 끌림이 성적인 것만 있는 것은 아니다. 신체적인 면을 넘어서는 더 깊은 매력을 서로가 발견한다면 사귐은 더 견고하게 될 것이다. 더 깊고 근원적인 끌림은 무엇일까? 그것은 '성령의 열매'이다(갈 5:22-23). 사람이 가진 '됨됨이'는 성적인 매력 그 이상이다. 조나단 에드워드는 복음에서 오는 만족, 평안, 기쁨과 같은 참다운 미덕이 우리의 내면에 존재하고 그것의 아름다움에 대해서 말한 바 있다. 내면의 아름다움을 보지 못하는 사람이라면 빨리 헤어지는 게 좋다! 그러나 혼인은 완벽한 사람들이 만나서 이루는 것이 아니다. 불완전하고 미숙한 두 사람이 만나 하나님의 형상을 회복하고 영광스럽게 이루어가는 여정이다. 그래서 혼인을 앞둔 사람은 상대방을 향해, "나는 당신이 변화되어가고 있는 것을 알아요. 그리고 누구를 닮아가고 있는지도 알아요. 그래서 당신의 장래가 빛나고, 그 빛나는 광채가 나를 이끌어요"라고 고백할 수 있어야 한다. 그렇다! 혼인에 이르는 여정은 주님을 닮아가는 과정이다. 미숙함이 온전함으로, 부족함이 채워짐으로, 거친 것들이 부드럽게 다듬어지는 성화의 과정이다. 그러므로 혼례에 이르려는 그리스도인들의 사귐은 그 자체가 축복이 아닐 수 없다.

3. 혼례, 부모의 축복을 구하라.

하나님을 찾고, 그리스도를 닮아가는 것만큼 중요한 것이 부모의 축복이다. 혼인을 통해 남편을 머리로 한 새로운 권위의 구조를 이루기 전에, 미혼의 그리스도인은 부모를 공경하는 경건한 자녀이어야 한다. "자녀들아 주 안에서 너희 부모에게 순종하라 이것이 옳으니라 네 아버지와 어머니를 공경하라 이것은 약속이 있는 첫 계명이니"(엡 6:1-2).

그러므로 부모 혹은 부모 중 한 사람의 반대를 무릎 쓰고 하려는 혼례는 하나님의 뜻을 이루지 못한다. 우리는 하나님의 인도하심을 부모의 허락을 통하여 확신한다(사실상, 처음 만남과 사귐에서부터 부모의 허락과 축복을 받아야 한다. 무엇보다 아버지의 역할은 중요하다). 내가 간절히 원하는 혼인을 부모가 반대할 때 어떻게 해야 할까? 그것은 정말이지 큰 고통이 될지 모른다. 대중적인 드라마가 보여주는 시대의 정신은 "내 인생은 나의 것"이다. 그러나 성숙한 그리스도인은 "사나 죽으나 나는 내 것이 아니요, 나의 몸도 영혼도 그리스도의 것"이라고 고백하는 사람이다. 그래서 우리는 부모의 축복을 위해 공손하게 설득해야 한다. 비록 그 시간이 길고 지루하고 힘든 과정이라도 말이다. 그러함에도 불구하고 끝까지 반대한다면 어떻게 할까? 그 혼인은 재고되어야 한다. 부모의 가시적인 축복은 하나님의 축복을 나타낸다. 우리가 만나는 수많은 가정의 불행의 시작은 내 인생의 행복을 너무 내세운 결과일지도 모른다. 말라기 선지자는, 경건한 자녀를 얻는 것이 혼인의 또 다른 목적이라고 말씀한다. "이는 경건한 자손을 얻고자 하심이라"(말 2:15). 믿음의 가정을 세우려 한다면, 그리고 경건한 자녀를 얻기를 원한다면, 나 역시 (혼인하기 전까지) 내 부모에게 순종하는 경건한 자녀가 되어야 마땅하다. 비록 내 부모가 믿지 않는 사람이라 할지라도 성숙한 그리스도인은 그들의 축복을 얻기까지 인내하며 사랑하며 기다릴 수 있어야 한다. 그래야만 장래에 믿음의 가정을 세우고 믿음으로 자녀를 양육할 수 있는 담력과 간증을 얻게 될 것이다.

4. 나가면서, 혼인보다 더 큰 인생의 목적

혼인은 인생의 목적이 아니다. 그래서 바울은 독신으로 지내는 유익함에 대하여 말했다(고전 7장 참조). 혼인은 더 큰 인생의 목적을 이루는 하나의 방편일 뿐이다. '우리 마음속에서 가장 크게 울려야 할 인생의 목적은 무엇인가? 그것은 "하나님을 영화롭게 하는 것이며(섬김), 그분을 영원토록 즐거워하는 것(즐김)"이다. 우리는 혼인을 통하여, 하나님을 섬기고, 그분과의 친밀함을 누리기 위해 마음과 목숨과 뜻을 다해야 한다. 혼인이 하나님을 영화롭게 하는 가장 큰 이유는 무엇인가? 그것은 복음을 선포하기 때문이다. 바울은, 남자가 부모를 떠나 아내를 맞이하는 것(혼인의 여정)은, 그리스도와 교회가 결혼했음을 선언하는 것이라고 말한다. 혼인은 놀라운 복음의 비밀이다. "이 비밀이 크도다"(엡 5:32). 혼인은 그리스도와 교회의 관계를 선포하고, 새 언약을 보여주는 그림이다. 어쩌면 인간이 하나님을 영화롭게 할 수 있는 가장 좋은 방법이 혼인일지도 모른다.

혼인과 교회

조재필

　오늘날 혼인은 다분히 사적인 문제로 여겨집니다. 혼인을 결정하는데 개인과 개인의 의사가 거의 유일한 토대입니다. 과거에는 혼인이 집안과 집안의 만남이라는 전통적 사고방식 아래 진행되었습니다. 이런 강력한 전통에 거슬러 자리를 잡기 때문에 현재의 혼인관은 상당히 견고합니다. 여기에 다른 토대를 거론하는 것은 마치 혼인의 경이와 신성을 침해하는 것으로 여겨지기까지 합니다.

　그럼에도 불구하고 우리는 혼인이 단지 두 사람의 의사 결정만으로, 혹은 두 집안의 만남으로만 탄생한다고 말할 수 없습니다. 혼인은 하나님께서 하와를 아담에게 이끌어 오시고 한 몸이 되라고 말씀하신 최초의 사건에서 유래합니다. 혼례식에서 '하나님이 짝지어주신 것을 사람이 나누지 못할지니라'고 성혼을 선언합니다. 하나님께서 혼인을 제정하셨고, 하나님께서 혼인을 승인하십니다. 참으로 혼인은 하나님의 일이며, 이로써 혼인은 경이롭고 신성하게 됩니다.

　더불어 신자의 모든 삶의 국면은 그리스도의 몸인 교회와 결부되어 있습니다. 신자 개인들의 어떤 만남도 교회적인 관계에서 분열되어 있을 수 없습니다. 혼인 역시 하나님의 백성인 두 성도의 만남입니다. 이런 연유로 혼인에 대해서 교회의 책임이 발생하고, 혼인의 당사자는 교회의 돌봄과 관할을 배제할 수 없습니다. 본 글은 혼인하는 청년 성도를 위한 교회의 역할에 대해 다루고자 합니다. 교회는 무엇을 해야 합니까?

1. 혼인을 가르치라.

첫째, 혼인을 가르쳐야 합니다. 우리는 교회 안팎에서 배움의 중요성을 인정합니다. 하나님께서 수여하신 본능 이외의 영역에 대해서 우리는 배움이 필요합니다. 그런데 이상하게도 혼인에 대해서는 배움이 없습니다. 언어도 배우고 사람의 마음도 배우고 기술도 배우는데, 이상하게도 혼인은 본능이나 산발적인 정보의 짜깁기 수준의 지식으로 진행하려고 합니다. 기껏 또래 집단의 선례를 통해 혼인을 배우는 것이 고작이라고 평가해도 과하지 않습니다. 그러나 혼인은 배워야 할 분야입니다. 그리고 교회가 가르쳐야 할 부분이 있습니다.

오늘날 신자 개인을 향한 교회의 가르침이 복음진리를 가르치는 것에 머물러 있습니다. 그러나 교회는 복음진리가 현세의 삶과 내세에 어떻게 적용되는지도 구체적으로 알려주어야 합니다. 구원은 전인격적이고 총체적이기 때문입니다. 복음은 신자의 삶 전반을 변혁시킵니다. 혼인과 가정에 대해서도 복음적인 관점에서 가르침이 이루어져야 합니다. 교회는 혼인의 의미, 혼인의 절차, 혼인의 결과로서 가정, 그리고 자녀 양육의 성경적 원리에 대해서 가르쳐야 합니다.

무엇보다 혼인이 하나님을 위한, 즉 하나님의 영광을 드러내는 일임을 가르쳐야 합니다. 존 파이퍼는 "결혼은 하나님에게서 비롯되어 하나님을 통해 이루어지는 일일 뿐 아니라, 또한 하나님을 위한 일"이라고 정의했습니다. 사실 이러한 가르침은 현실에서는 생소한 가르침입니다. 신랑신부와 하객들과 주례자의 관심은 온통 두 사람의 행복과 그것의 과시에만 집중되어 있습니다. 오늘날 "먹든지 마시든지 무엇을 하든지 하나님의 영광을 위해 하라"는 가르침은 혼인의 영역에서 실종되고 있습니다. 그러나 교회는 하나님의 영광을 위한 혼인을 가르쳐야 합니다. 사족을 더하자면, 하나님을 위한 혼인을 인정할 때 불신 결혼이나 혼전 임신이나 동성혼 등의 문제는 자연스럽게 정리될 것입니다.

교회가 혼인을 가르칠 때 설교 이외의 방식도 개발해야 합니다. 예를 들어, 결혼예비학교를 시행할 수 있습니다. 필자의 경우, 혼인을 원하는 청년들과 3~4번 정도의 만남을 가집니다. 그 때 독서와 과제를 요구합니다. 도서로는 '나는 너와 결혼하였다'(월터 트로비쉬), '혼인, 가정과 교회'(김홍전), '이혼'(데이비드 엥겔스마) 등과 같은 책의 전부나 일부를 읽도록 합니다. 그리고 마지막에 '인생계획서'를 작성하여 함께 나눕니다. '인생계획서' 양식을 미리 전달하고, 결혼예비학교를 하는 동안 천천히 작성하게 합니다. 예비 신랑신부는 신앙성장, 교회와 관계, 직장, 자녀 등과 같은 주제를 구분하여 서로 의논하여 작성합니다. 이를 받아서 필요한 권면을 함으로 결혼예비학교를 마무리 합니다.

그러나 가장 중요한 가르침은 모범적인 가정의 모델을 통해 이루어집니다. 교회에서 자란 청년들은 앞서 믿음의 가정을 이룬 신앙선배들의 가정을 통해 혼인과 가정에 대해서 배울 기회를 얻어야 합니다. 오늘날 교회 안팎의 청년들이 결혼을 미루거나 포기하거나 거부하는 이유 중에 혼인의 부정적인 면을 너무 많이 목격했기 때문입니다. 모범적인 가정과 아름다운 혼인예식을 보면서 청년들이 혼인에 대한 소원을 품을 수 있게 해야 합니다. 혼인과 가정을 사모하는 그리스도인 청년들은 혼인과 가정을 거부하는 우리 사회를 치유하게 될 것입니다.

2. 혼례를 주관하라.

둘째, 혼인예식을 주관하여야 합니다. 오늘날 가정이 주관적인 영역이 된 것처럼 혼례도 사적인 행사가 되어버렸습니다. 개인 행사 화 되어버린 혼례는 세상의 그것을 주로 참조합니다. 그 결과 예식이 혼인의 의미를 담아내지 못합니다. 하객들은 그저 '들러리'가 되어 버립니다. 주례자는 사라지고 '이벤트' 수준의 식순이 이어집니다. 비용이 더 많이 드는 이벤트가 계속 창작

되지만 오늘날의 혼례는 품위를 잃어버렸습니다. 혼례를 교회가 주관함으로 혼례의 품위와 의미를 회복해야 합니다.

그렇다고 혼례가 예배이거나 로마교가 주장하는 것처럼 성례는 아닙니다. 예배 형식과 요소들로 진행되지만 신자의 혼례는 예배나 성례가 아닌 예식으로서 치러져야 합니다. 그럼에도 불구하고 혼례가 교회의 관할 아래 진행되기 때문에 신앙적인 의미를 담아낸 예식순서로 구성되어야 합니다. 이를 위해서 교단이 제안한 예식서(《예전예식서》, 고신총회, 105~112)를 보완할 필요가 있습니다. 혼례를 통해 드러나야 할 것들에 대한 연구와 제안이 교단 차원에서 이루어지기를 기대합니다.

혼인이 하나님의 일이며 혼례를 통해 하나님이 영광을 받으시고, 하나님의 복 주심으로 가정이 탄생한다는 사실이 혼례를 통해 드러나야 합니다. 또한 하객들은 단순히 축하자요 부조자의 역할만 하는 것이 아니라 혼인의 증인으로 역할 해야 합니다. 주례자는 교회와 국가의 대표로서 혼례를 관할해야 합니다. 무엇보다 혼례가 하나님 앞에서 이루어지는 언약식임이 드러나야 합니다. 신랑신부가 서로에 대해 언약적 헌신을 다짐할 수 있도록 교회는 혼례 순서를 준비하고 진행해야 합니다.

3. 혼인 가정을 돌보라.

셋째, 혼인 가정을 돌보아야 합니다. 혼인 이후 목사와 교회는 공적으로 새 가정을 주목하고 돌보아야 합니다. 혼인 이후 사랑의 감정은 점점 사그라질 것이라는 일상적인 권면에 멈춰서는 안 됩니다. 그리스도인의 혼인은 사랑을 유지하는 것이 아니라, 배우자와의 언약을 지키는 것을 가장 중요한 목적으로 삼아야 합니다. 언약은 하나님 앞에서 이루어졌기 때문입니다. 비록 솜사탕 같은 감정은 녹아 사라져도 강철 같은 언약은 가정에 서 있습니다. 이 일이 쉽지 않기 때문에 교회의 협력이 필요 합니다. 하나님은 가정들을 향한 교회의 돌봄을 통해 혼인 언약이 지켜지게 배려하십니다.

혼인 가정에 대한 교회의 돌봄은 여러 모습으로 나타납니다. 그 가운데 소그룹의 역할을 강조하고 싶습니다. 혼인 이후 교회는 즉시 새 가정을 소그룹(구역)에 편성해야 합니다. 일정한 규모가 되는 교회는 소그룹 사역에 힘쓰는 것이 유익합니다. 소그룹은 새 신자나 새 가정이 교회의 일원으로 뿌리내리는데 유익한 방편입니다. 특별히 모범적인 신앙 선배 가정과의 만남이 소그룹을 통해서 이루어질 때가 많습니다.

더불어 목사와 장로를 통한 목회적 돌봄(pastoral care)이 이루어져야 합니다. 필자의 경우 결혼예비학교 때 함께 나눈 인생계획서를 보관해 두었다가 정기심방 때 참조합니다. 신혼 가정에 대한 목회적 돌봄 가운데 유아세례와 준비교육은 가장 중요한 목회적 돌봄에 해당합니다. 일반적으로 혼인 후 몇 년 안에 자녀를 가지게 됩니다. 유아세례 교육은 결혼예비학교에서 미처 가르치지 못한 가정과 자녀 양육에 대한 교육의 기회가 됩니다. 필자는 유아세례를 앞두고 6번 정도의 만남을 가집니다. 이 때 도서를 읽고 나눔을 가집니다. '언약 자손으로 양육하라'(조엘 비키), '성례란 무엇인가'(김홍전) 등과 같은 도서를 사용합니다. 출산 이후 자모와 아기가 예배에 처음 참석하는 주일, 유아세례를 베풀면서 온 교회가 자모와 아이를 환영합니다.

개인적으로는 필자가 주례한 혼인식 사진을 한 장씩 받아서 앨범에 보관하려고 합니다. 예전 어떤 목사님이 그리했다는 이야기를 듣고 필자도 따라 하고 있습니다. 때때로 앨범을 펼쳐보면서 주례한 가정을 위해 기도합니다.

사실 이런 목회적 돌봄은 권징의 영역입니다. 권징이라는 것이 단지 책망만을 의미하는 것이 아닙니다. 권징은 교회가 신자와 가정을 돌보고 복음적인 지도를 하기 위해 다가가는 행위입니다. 그 가운데 징계도 있고 권면도 있고 위로도 있습니다. 권징이 사라진 한국교회는 혼인 가정을 신실하게 돌보지 못하는 안타까운 형편에 놓여 있습니다. 그러나 권징이 사라졌다고 한탄할 것만 아닙니다. 교육과 심방과 기도라는 목회적 돌봄을 통해 넓은 의미의 권징을 시행할 수 있습니다. 이런 목회적 돌봄 가운데 혼인 가정들은 자신들을 돌보시는 그리스도의 손길을 확신하게 될 것입니다.

결혼을 다시 묻다
조엘 비키의 결혼 신학을 중심으로

전영욱

1. 들어가며 : 언약을 잃은 시대, 결혼을 다시 묻다

인스타그램에 '#웨딩'을 달아 올린 사진은 4억 장을 넘어섰다. 반짝이는 드레스와 꽃비가 흩날리는 영상 속에서 결혼은 한 편의 동화처럼 포장된다. 그러나 통계는 다른 이야기를 들려준다. 한국 20·30대의 초혼율은 2000년대 초반 대비 절반 이하로 곤두박질쳤고, 기독 청년 55 %는 "교회 안에서도 싱글이라는 이유로 편견을 경험했다"고 고백한다. 결혼은 더 이상 '인생의 필수 코스'가 아니라, 특히 MZ세대와 기독 청년들 사이에서는 결혼이 선택 사항에 불과한 '옵션'으로 전락하고 있다. 자아실현의 우선, 경제적 불안, 가정 해체의 경험 등 다양한 요인이 결혼을 기피하거나 지연하게 만든다. 심지어는 결혼을 '속박의 멍에' 또는 '필요악'으로 여기기도 한다. 그렇다면 이 거대한 냉소 앞에서 교회는 무엇으로 응답할 수 있을까? 개혁주의 신학자 조엘 비키(Joel R. Beeke)는 그의 조직신학서 『개혁파 조직신학(Reformed Systematic Theology)』에서 결혼을 하나님의 은혜의 방편이자 성도의 거룩을 위한 수단으로 제시한다. 그는 결혼을 단순한 제도나 문화적 산물이 아닌, 하나님께서 친히 제정하신 언약적 관계로 보며, 그리스도와 교회의 신비로운 연합을 드러내는 모형으로 설명한다. 그의 눈에 결혼은 로

맨틱한 감정의 절정을 보존하는 장치가 아니다. 오히려 타락 이후에도 보존된 거룩한 창조 질서이자, 그리스도와 교회의 신비로운 연합을 드러내는 복음의 무대인 것이다.

이 글은 조엘 비키의 결혼신학을 중심으로 결혼이 왜 오늘날 교회와 청년에게 복음적 대안이 되는지 제시하려 한다. 나아가 혼인 여부와 상관없이 하나님 나라를 세우는 언약 백성으로 부름 받았다는 사실을 새롭게 발견하게 될 것이다.

2. 성경적 기초

1) 창조 질서로서의 결혼

성경은 "남자가 부모를 떠나 그의 아내와 합하여 둘이 한 몸을 이룰지로다"(창 2:24)라고 선언한다. 청교도들은 창세기 2장을 근거로 결혼이 하나님이 제정하신 최초의 사회적 기관임을 강조했다. 하나님은 세상을 창조하시고 그 모든 것을 보시기에 심히 좋았다고 말씀하셨으며(창 1:31), 그 안에는 결혼도 포함되어 있었다. 조엘 비키 역시 결혼이 타락 이전의 거룩한 창조 질서임을 강조하며, 선택이 아닌 신앙적 소명으로 받아들이라고 촉구한다.

2) 결혼의 세 가지 목적 — 동반자, 경건한 자손, 그리고 정결의 방편

성경과 조엘 비키의 해석에 따르면, 하나님께서 결혼을 제정하신 주된 이유는 동반자의 은혜, 경건한 자손의 양육, 그리고 정결을 위한 보호라는 세 가지로 수렴된다. 이 세 목적은 서로를 배제하지 않고 유기적으로 맞물려 하나님 백성의 삶을 지탱한다.

첫째, 동반자의 은혜(companionship)는 인간이 본질적으로 관계적 존재임을 드러낸다. 창세기 2장 18절에서 하나님은 "사람이 혼자 사는 것이 좋지 아니하니"라고 선언하셨고, 이는 다수의 사람에게 결혼이 하나님이 주신 보편적 복임을 시사한다. 비키는 이 구절을 통해 "배우자는 나의 결핍을 메우는 소모품이 아니라, 하나님이 주권적으로 붙여 주신 동역자"라고 설명한다. 그는 히브리서 13장 4절이 '혼인을 모든 사람에게 존귀하게' 하라고 명령하는 사실을 상기시키며, 부부가 서로를 통해 그리스도와 교회의 언약적 사랑을 체험하도록 부름 받았다고 말한다.

둘째, 경건한 자손의 양육은 창세기 1장 28절의 "생육하고 번성하라"는 명령과 말라기 2장 15절의 "경건한 씨(godly seed)"라는 표현에 기초한다. 비키는 결혼을 통해 태어난 자녀가 단순히 '후손'이 아니라 언약 공동체의 다음 세대라는 시각을 제시한다. 그는 부모를 자녀의 '첫 목자'로 규정하며, 신앙 전수는 교회의 부가 활동이 아니라 결혼 제도 자체에 내재된 소명이라고 강조한다. 따라서 부부는 육아를 가족 내의 사적 영역으로 축소하지 않고, 하나님 나라를 확장하는 공적 사역으로 받아들여야 한다.

셋째, 정결을 위한 방편으로서의 결혼은 타락한 인간이 성(性)의 영역에서 경험하는 혼란과 유혹을 절제하도록 돕는 은혜의 울타리다. 사도 바울은 "음행을 피하기 위하여 남자마다 자기 아내를 두고 여자마다 자기 남편을 두라"(고전 7:2)고 교훈한다. 청교도 조지 스윈녹은 "결혼만이 남자와 여자의 정결한 결합을 가능하게 한다"고 말했다. 부부 관계만이 하나님이 허락하신 유일한 합법적 성(性)을 누릴 수 있다. 결혼은 성적 욕망을 죄로 흐르지 않도록 붙드는 동시에, 부부가 서로를 향한 헌신 안에서 거룩을 이루어 가게 한다.

이처럼 동반자적 사랑, 신앙 계승, 성적 정결이라는 세 목적을 포괄적으로 이해할 때, 결혼은 자아실현을 위한 낭만적 제도가 아니라 하나님의 영광을 드러내는 언약의 터전임이 분명해진다.

3) 결혼 : 언약과 복음의 모형

에베소서 5장 22-33절에서 사도 바울은 부부 관계를 그리스도와 교회의 연합에 빗댄다. 이것은 곧 결혼이 '복음이 가시화되는 언약의 장소'라는 의미이다. 혼자 사는 것은 여자가 "주께 하듯이"(엡 5:22) 남편에게 순종하는 법을 배울 수 없고, 남자는 "그리스도께서 교회를 사랑하는 것처럼"(엡 5:25) 자기 아내를 사랑하는 법을 배울 수 없다. 이러한 관점에서 결혼은 언약과 복음의 모형이라 할 수 있다.

3. 조엘 비키의 결혼신학 : 네 가지 축

조엘 비키가 제시한 결혼 신학의 중심축은 ① 창조 질서와 언약, ② 성화의 통로, ③ 가정 예배와 신앙 전수, ④ 언약적 결혼과 싱글의 소명, 네 가지로 정리된다. 이 네 축은 청교도의 가르침과도 맥을 같이 하며, 오늘날 결혼을 재해석할 튼튼한 신학적 토대를 제공한다.

1) 창조 질서와 언약

결혼은 단순한 문화적 제도나 사회적 계약이 아니다. 조엘 비키는 결혼을 하나님의 창조 질서 안에 내재된 거룩하고도 언약적인 제도로 이해한다. "남자가 부모를 떠나 그의 아내와 합하여 둘이 한 몸을 이룰지로다"(창 2:24)는 결혼이 단순한 남녀 관계가 아닌 하나님이 창조질서 가운데 허락하신 거룩한 연합의 원형이다. 비키는 결혼을 창조 질서 안에 내재된 언약이라는 사실을 강조한다. 따라서 배우자 선택은 '취미'가 아니라 '소명'이며, 혼인 서약은 예배적 행위이다. 청교도 윌리엄 구지(William Gouge)는 『Of Domestical Duties』에서 "부부는 하늘의 작은 교회를 이룬다"고 말했는데, 비키는 이 전통을 계승하여 결혼을 '하나님-남편-아내'라는 삼각 언약으로 설명한다. 결혼이 이런 언약적 틀을 지킬 때, 가정은 하나님의 거룩을 증언하는 사랑의 무대가 된다.

2) 성화의 통로

비키는 결혼을 "나를 행복하게 하기 위한 수단이 아니라 나를 거룩하게 하기 위한 하나님의 수단"이라 정의한다. 부부 사이는 죄성과 이기심을 노출시키는 거울이자 그리스도를 닮아가게 하는 훈련장이다. 존 파이퍼가 부부를 "은혜의 증류기(distillery of grace)"라 부른 것도 같은 맥락이다. 청교도 리처드 백스터(Richard Baxter)는 "결혼은 육체적 연합만이 아니라 영혼의 훈련"이라 했고, 존 플라벨(John Flavel)은 "배우자를 섬기는 작은 행위들이 천국의 예행연습"이라 보았다. 비키는 이러한 청교도 전통을 소화해 결혼을 성화의 학교로 규정하며, 부부가 서로의 거룩을 돕는 '상호 목자'라고 부른다.

3) 가정 예배와 신앙 전수

『Family Worship』에서 비키는 "경건한 가정이 경건한 교회를 낳고, 경건한 교회가 경건한 문화를 세운다"고 강조한다. 그에게 가정은 교회 교육부서의 '보조 기관'이 아니라 '교회 이전의 교회'이다. 부모는 자녀의 첫 목자이며, 가정 예배는 말씀과 기도를 일상에 심는 언약의 리듬이다. 팀 켈러는 '복음으로 재해석된 가정' 개념을 제시하며, "부부가 서로를 복음으로 변화시키는 가장 강력한 힘은 조건 없는 헌신"이라고 밝힌다. 비키는 이 켈러의 통찰을 확장해, 가정 예배를 통해 부부가 서로에게 복음을 적용하고 자녀에게 복음을 전수한다고 설명한다. 청교도 토머스 맘튼(Thomas Manton) 역시 "가정 예배가 무너지면 교회가 무너진다"고 경고했는데, 비키는 현대 교회가 이 전통을 시급히 복원하는 방편으로 결혼을 강조하는 것이다.

4) 언약적 결혼과 싱글의 소명

조엘 비키는 『Married for God』에서 결혼을 "하나님 앞에서 이루어지는 평생의 언약 관계"라고 정의한다. 이 언약은 감정이나 상황에 따라 변하지 않으며, 하나님과의 언약을 반영하는 신성한 결속이다. 따라서 결혼은 그 자체로 경건한 순종이자, 복음적 증언이 된다. 동시에 그는 고린도전서 7장을 근거로 "결혼하지 않은 삶도 하나님께 헌신하는 귀중한 소명"이라 인정한다. 언약 백성의 가치는 결혼 여부가 아니라 그리스도와의 연합에 달려 있기 때문이다. 팀 켈러도 결혼뿐 아니라 독신도 복음적 소명일 수 있음을 역설하며, 교회가 싱글을 '미완성'이 아닌 '완전한 동역자'로 품어야 한다고 권면한다. 청교도 필립 헨리(Philip Henry)는 "하나님이 결혼을 축복하듯 독신에도 은혜를 주신다"고 말했는데, 비키는 이 전통을 이으며 교회가 싱글 사역을 '대안'이 아닌 '소명 현장'으로 재구성해야 한다고 제안한다.

이렇게 네 축으로 정리된 비키의 결혼신학은 결혼을 창조 질서와 언약, 성화, 가정 예배, 그리고 교회 공동체 속 싱글의 소명까지 아우르는 통합적 비전으로 재해석한다.

4. 조엘 비키를 중심으로 한 개혁신학적 대안

오늘날 청년 그리스도인들이 결혼을 기피하거나 미루는 현상은 단순한 개인의 취향이나 시대적 유행으로 볼 수 없다. 2025년 목회데이터연구소의 통계에 따르면, MZ세대 기독 청년의 약 86%는 결혼 의향이 있다고 응답했지만, 동시에 '혼전순결'에 대해서는 찬성이 44%, 반대가 25%로 나타났다. 이는 제도 자체로서의 결혼에는 긍정적인 태도를 보이지만, 그 신학적 의미나 가치에는 동의하지 않는 인식이 광범위하게 퍼져 있음을 시사한다. 이러한 흐름은 결혼을 단지 개인의 선택과 상황의 산물로 환원시키며, 점차 신학적 의미가 사라지고 있음을 보여준다.

1) 결혼의 언약성과 창조 질서 회복

이러한 상황에서 조엘 비키는 결혼의 본질을 창조 질서 안에 있는 하나님의 언약적 제도로 다시 회복할 것을 요청한다. 그는 창세기 2:24에 근거하여, 결혼이 인간의 취향이나 시기의 문제가 아니라 하나님의 창조 목적 안에 이미 포함된 필수적 질서임을 강조한다. 이는 "결혼하지 않더라도 성경적으로 문제 될 것이 없다"고 답한 일반인의 52%, 기독 청년 중 일부의 응답과, 결혼을 미루는 주요 이유로 '적절한 배우자 없음'(33%), '경제적 여유 부족'(20%)이라는 현실을 정면으로 마주하게 한다. 비키는 결혼을 단지 '현실적으로 준비된 자만이 감당할 수 있는 특권'이 아니라, 하나님의 언약 백성으로 살아가는 공적 소명으로 규정한다. 이는 교회가 청년들에게 결혼을 '해야만 하는 일'로 강요하기보다는, 그 의미를 바르게 가르치고, 언약 안에서 결혼을 준비하도록 도와야 할 책임이 있음을 드러낸다.

2) 자아실현의 문화에 대한 성화의 대안

MZ세대는 자기 결정권과 자아실현을 중시하는 세대이다. 결혼은 이들에게 공동체적 책임과 제약을 요구하는 제도로 비칠 수밖에 없다. 실제로 35%의 청년들은 결혼의 필요를 느끼지 않거나 독신의 자유를 선호한다고 응답하였다. 조엘 비키는 이러한 흐름 속에서 결혼을 '행복의 완성'이 아니라, 거룩을 위한 훈련의 장, 곧 성화를 위한 하나님의 방편으로 강조한다.

결혼은 자신을 드러내는 무대가 아니라, 그리스도를 닮아가는 과정이며, 부부는 서로를 성화시키는 '상호 목자'로 부름 받는다. 이는 단순히 결혼을 옹호하는 것이 아니라, 결혼에 대한 기준과 기대 자체를 복음적으로 재구성하는 작업이다. 교회는 청년들에게 결혼을 통해 어떻게 복음이 구체화되는지를 보여주어야 하며, 이를 통해 자아실현 중심의 결혼관을 거룩 중심의 공동체적 결혼관으로 전환해야 한다.

3) 경제적 현실과 교회의 구조적 대응

고용 불안, 높은 주거비, 학자금 대출 등 현실적 압박은 청년들에게 결혼을 '불가능한 선택'으로 인식하게 만든다. 교회는 이 문제를 단순히 청년 개인의 신앙심 문제로 돌리기보다는, 실제적이고 구조적인 공동체적 지원과 제도적 접근이 필요하다. 조엘 비키는 가정을 교회 이전의 교회, 즉 작은 교회로 보며, 그 기반 위에 신앙 전수와 경건한 공동체가 세워진다고 말한다. 이는 교회가 결혼과 가정에 대한 신학적 교육뿐 아니라, 현실적 제도적 지원을 병행해야 함을 시사한다. 교회 내 교육 부재와 싱글에 대한 편견(55%가 경험), 미혼 친화적 공동체 부재(오직 32%가 긍정적으로 응답) 등의 문제는 단지 인식의 문제가 아니라 공동체 구조의 문제이기도 하다. 결혼과 가정을 언약의 관점에서 재정의하고, 이에 걸맞은 공동체 문화와 교육 구조를 마련하는 일이 절실하다.

4) 독신의 소명성과 공동체 포용

'결혼의 필요성 미인식'(14%)이나, 교회 안에서의 결혼 중심주의는 싱글 성도에게 소외감을 줄 수 있다. 특히 청년 세대의 많은 수가 결혼을 선택하지 않거나 지연시키는 가운데, 교회는 그들을 '아직 완성되지 않은 존재'로 여기기 쉽다. 조엘 비키는 언약 백성의 정체성은 결혼 여부가 아니라, 그리스도와의 연합에 달려 있다고 강조하며, 고린도전서 7장을 근거로 독신 또한 귀한 복음적 소명으로 받아들여야 한다고 주장한다. 이는 청년 세대의 독신 선택을 정죄하거나 비정상으로 보지 않고, 그들 역시 하나님 나라의 완전한 동역자로 포용하는 포괄적 교회 공동체를 요청하는 신학적 근거가 된다.

5. 결론: 결혼을 넘어서 언약 백성으로

우리는 지금, 결혼을 잃어버린 시대를 살아가고 있다. 결혼은 더 이상 당연한 삶의 단계가 아니라, 선택 가능한 옵션이 되었고, 때로는 회피하고 싶은 부담으로 여겨진다. MZ세대의 청년 그리스도인들조차 결혼을 하나님 나라의 부르심으로 여기기보다는, 개인의 행복과 여유가 충분히 보장된 이후에나 생각해볼 문제로 미루는 경향이 뚜렷하다. 그러나 성경은 분명히 말한다. "남자가 부모를 떠나 그의 아내와 합하여 둘이 한 몸을 이룰지로다"(창 2:24). 이 말씀은 단지 고대의 문화적 산물이 아니라, 오늘을 살아가는 언약 백성 모두에게 여전히 유효한 하나님의 창조 명령이다. 조엘 비키는 결혼을 그리스도와 교회의 언약적 연합을 드러내는 거룩한 모형으로 해석한다. 그는 결혼이 자기실현의 수단이 아니라, 성화를 위한 훈련장이며, 복음을 삶으로 살아내는 무대라고 강조한다. 오늘날 교회가 이 진리를 잃어버린다면, 거룩을 말할 수 없으며, 언약 공동체로서의 정체성도 위협받게 된다. 그 언약은 공동체 안에서 살아가야 하며, 그 공동체는 결국 각 개인의 신실한 응답 위에 세워져야 한다.

이 글은 단순히 결혼을 권면하기 위한 글이 아니다. 결혼을 하든 하지 않든, 하나님 나라의 부르심 앞에 선 언약 백성으로서, 각자가 어떻게 복음을 살아낼 것인지를 묻는 글이다. 결혼이든 독신이든, 그 모든 삶은 그리스도와의 연합 안에서 복음을 증언하는 방식이 되어야 한다. 청년은 이제 그 부르심에 응답해야 한다. 세상이 말하는 결혼관이 아니라, 하나님이 주신 언약의 관점으로 삶을 다시 바라보아야 한다. 두려움이 아닌 믿음으로, 자기중심이 아닌 복음 중심으로, 지금 이 자리에서부터 언약 백성으로 살아가기로 결단해야 한다. 그때 비로소 우리는 결혼이라는 틀을 넘어서, 하나님 나라를 향한 진정한 순례를 시작하게 될 것이다.

> 청년이 알아야 할 7가지

한번 뿐인 결혼식 꼭 알아야 할 6가지

심성현

"여호와 하나님이 아담을 깊이 잠들게 하시니 잠들매
그가 그 갈빗대 하나를 취하고 살로 대신 채우시고
여호와 하나님이 아담에게서 취하신 그 갈빗대로 여자를 만드시고
그를 아담에게로 이끌어 오시니
아담이 이르되 이는 내 뼈 중의 뼈요 살 중의 살이라
이것을 남자에게서 취하였은즉 여자라 부르리라 하니라
이러므로 남자가 부모를 떠나 그의 아내와 합하여 둘이 한 몸을 이룰지로다"
창세기 2:21-24

들어가며

성경에 등장하는 최초의 결혼은 하나님께서 친히 주도하신 사건이다. 위 구절의 주어가 하나님이라는 사실이 보여주듯, 결혼의 주체는 인간이 아니라 하나님이시다. 예수님께서도 결혼에 관하여 "그러므로 하나님이 짝지어 주신 것을 사람이 나누지 못할찌니라"고 말씀하시며, 결혼이 하나님의 일임을 확증하셨다. 결혼은 시작부터 인간의 일이 아니라 하나님의 일이었다. 그러나 오늘날 적지 않은 성도들이 이 사실을 망각한 채 결혼을 단순히 인간의 일

로만 여기고 있는 듯하다. 그 결과, 결혼식은 점점 가벼워지고 불신자의 결혼과 구별되지 않게 되었다.

주례자, 서약, 성혼공포, 증인 등 결혼의 본질적인 요소들은 점차 주변부로 밀려나거나 아예 사라지는 추세이다. 과거에는 엄숙하고 경건하게 치러졌던 결혼식이 이제는 친구와 지인을 초대해 파티처럼 치러지기도 한다. 많은 비용과 시간이 든다는 이유로, 결혼식 없이 혼인신고만 한 채 동거하는 경우도 점점 늘고 있다. 성경이 말하는 결혼에 대한 기본적인 가르침이 무시된 결과, 평생에 한 번뿐인 결혼식이 각자 자기 소견에 옳은 대로 행하는 시대가 되어버렸다. 이 세대를 본받지 않고, 결혼에 관하여 하나님의 선하시고 온전하신 뜻이 무엇인지 분별하여, 여러분의 결혼이 하나님의 영광을 드러내는 복된 자리가 되기를 바란다.

질문1. 주례가 꼭 필요하나요? 주례자를 세운다면 목사가 아닌 존경하는 집안 어른이나 교수님을 세우면 안 되나요? 혹 불신자라 하더라고도요.

말씀드린 바와 같이, 결혼은 하나님의 일이다. 이 사실을 가장 분명하게 드러내는 순서가 바로 '서약'이다. 혼인 서약은 단지 신랑과 신부 사이에서 이루어지는 약속이 아니라, 신랑과 신부가 각각 하나님 앞에서 엄숙하게 드리는 서약이다. 이 서약을 가볍게 여기는 것은 결혼에 대한 이해가 불신자와 크게 다르지 않다는 방증이 된다.

웨스트민스터 신앙고백서 22장 1항에 따르면, 결혼예식에는 이처럼 '서약'이 포함되기에 종교적 예배 행위로 간주한다. 그렇다면 하나님의 이름으로 이루어지는 일을 집례하기에 가장 합당한 사람은 누구일까? 십계명 제3계명에서 하나님께서는 "내 이름을 망령되게 부르는 자를 죄 없다 하지 아니하리라"고 경고하셨다. 하나님의 이름으로 이루어지는 서약을 인도하거나 그 서약에 참여하는 사람은 모두, 그 서약이 지닌 무게를 깊이 이해하고 있어야 한다.

그렇다면 불신자라 하더라도 명망이 있거나 존경받는 인물이라면 주례자로 세울 수 있을까? 결론은 그렇지 않다. 결혼식의 주례는 하나님의 말씀을 합법적으로 맡아 선포하는 사역자에 의해 진행되는 것이 바람직하다.

질문2. 결혼식을 할 때 목사님께 꼭 인사를 드려야 하나요? 마치 허락을 받는 것 같은 느낌이 드는데요?

어떻게 받아들일지 모르겠지만, 교인의 결혼은 교회의 허락을 받아야 하는 일이다. 성도는 세례를 통해 제멋대로 살던 삶을 내려놓고, 이제는 하나님의 뜻대로 살아가기로 서약한다. 또한 당회가 하나님의 말씀으로 교회를 치리할 때 순종하겠다고 서약한다. 결혼은 두 사람이 한 몸이 되는 일이기에, 배우자는 혼인을 통해 교회의 회원으로 받아들여진다. 따라서 결혼은 회원권을 관리하는 목사와 당회의 지도와 감독 아래에서 이루어져야 한다.

만일 성도가 불신자나 이단자와 혼인을 결정하고 목사에게 주례를 부탁한다면, 목사는 어떻게 해야 할까? 단순히 복을 빌어주고 덕담을 해주는 것으로 그쳐도 될까? 성도를 사랑하고 그의 영혼을 위한다면, 이 결혼이 지닌 영적 위험성과 하나님의 뜻에 비추어 올바른 결정을 내릴 수 있도록 충분히 설명하고 권면해야 한다. 성경은 "오직 주 안에서" 결혼하라고 명령하고 있으며, 당회는 이 말씀에 따라 배우자가 세례를 받은 신자인지를 확인함으로써 세례 받지 않은 불신자가 교회 공동체 안으로 들어오는 것을 막아야 한다.

결혼식 전에 담임목사에게 인사를 드리는 일은 단순한 예의 차원이 아니다. 그것은 이 결혼이 하나님의 규례에 따라 합법적인 혼인인지 확인받는 의미를 지닌다. 교인의 결혼이 하나님의 은혜가 머무는 복된 결혼이 되도록, 당회는 교인을 보호하고 인도할 책임을 지닌다. 담임목사의 허락을 받는다고 느끼기보다는, 온 교회가, 목사와 장로들이 한마음으로 여러분의 결혼을 위해 기도하고 돕고 있다는 사실을 기억하길 바란다.

질문3. 지인이나 교인들 초대 없이 가족끼리 스몰웨딩을 하면 어떤가요?

결혼식에서 서약이 본질적인 요소라면, 그 서약에는 당연히 증인들이 있어야 한다. 당회가 성도의 결혼을 허락하면, 이어서 교회에 그 사실을 광고하게 된다. 이는 단순히 하객을 많이 초청하라는 의미가 아니라, 가능한 한 많은 성도들이 언약의 증인으로 참여하라는 강한 권면이다.

불가피한 사정이 아닌 이상, 성도들은 함께 모여 하나님 앞에서 맺어지는 거룩한 언약의 자리를 지켜보아야 한다. 만일 성도가 당회로서는 허락할 수 없는 불신결혼을 끝까지 고집할 경우, 당회는 다른 성도들이 그 결혼식에 참여하지 않도록 공지하게 된다. 결혼 광고를 하지 않는 것은 물론이고, 분별 없이 그 결혼식에 참석하는 경우에는 교회의 치리가 따를 수 있다.

하나님께서 친히 제정하신 결혼의 의미를 바르게 이해한다면, 그 거룩한 예식에는 가능한 한 많은 증인이 있어야 마땅하다. 당회는 성도의 결혼식 자리가 텅 비어 있지 않도록 기도하며 협력하고, 필요한 모든 도움을 아끼지 않을 것이다.

질문4. 혼인신고만 하고 같이 살면 안되나요?

결혼은 언제 이루어지는 것인가? 주민센터에 방문해 혼인신고를 하면 그때부터 부부가 되는 것일까? 얼마간 함께 살다가 법원의 판결로 이혼이 확정되면, 그때부터는 부부가 아닌 것이 되는가? 이러한 고민과 질문들이 생기는 이유는 결혼을 하나님의 일이 아닌 사람의 일로만 생각하기 때문이다.

하나님께서 짝지어주신 관계는, 주민센터의 공무원이 도장을 찍고 혼인관계증명서를 발급할 때 비로소 성립되는 것이 아니다. 마찬가지로 법원에서 이혼서류에 서명했다고 해서 그 관계가 완전히 깨어지는 것도 아니다. 하나님과 많은 증인들 앞에서, 하나님의 이름으로 성혼이 공포될 때 혼인관계는 성립되는 것이다.

그러므로 당회의 지도를 받아 목사를 주례자로 세우고, 성도들을 증인으로 참여시켜 하나님 앞에서 거룩한 예식을 드린 후에야, 부부로서 한 이불을 덮는 것이 마땅하다. 결혼은 단지 법률적 절차를 따르는 행정 행위가 아니라, 하나님 앞에서 맺는 거룩한 언약이다.

질문5. 예식장은 어디가 좋을까요?

불신 친구들의 결혼식에 참여해본 경험이 있는가? 그때의 느낌이 어땠는지 되짚어보면 좋겠다. 아시다시피 예식장 관계자의 가장 큰 관심은 결혼식을 정해진 시간 안에 마치는 데 있다. 그래야 최대한 많은 예식을 소화하고 이윤을 올릴 수 있기 때문이다. 이로 인해 결혼식은 분주하고 소란스러운 분위기 속에서 치러질 때가 많고, 하객들 간에 동선이 겹치거나 섞이는 일도 자주 일어난다. 조금이라도 시간이 지체되면 직원들이 재촉하는 일이 흔하다. 이러한 분위기 속에서는 결혼식이 거룩한 예식이라기보다는 빨리 끝내야 할 '숙제'처럼 느껴지기 쉽다.

물론 충분한 주차 공간이나 식사 제공을 고려하면 예식장이 불가피한 선택처럼 보일 수 있다. 그러나 제대로 된 결혼식을 원한다면, 예배당에서 예배로 드리는 결혼식이 가장 바람직하다. 예식장을 선택하게 되더라도, 원형 테이블 형식보다는 정면을 바라보는 채플 형식의 예식장을 택하는 것이 좋다. 또한 예배와 사진 촬영까지 포함하여 최소 80분 이상 예식 시간을 확보하는 것이 바람직하다. 식사의 경우에도 뷔페보다는 서빙이 있는 코스식으로 준비하는 예식장이, 오랜만에 만난 지인들과의 교제와 나눔을 누리는 데 더 적합하다. 예식 장소와 형식이 거룩한 언약의 의미를 담을 수 있도록 신중히 선택하는 것이 필요하다.

질문6. 사랑과 복종이라는 문구로 꼭 서약해야 하나요?

최초의 사람인 아담과 하와의 결혼은 그리스도와 교회의 결합을 보여주는 모형이자 그림자이다. 하와가 아담에게서 나와 아담과 합하여 한 몸이 된다는 것은, 교회가 그리스도 안에서 택함을 받고 창조되어 그분과 하나 되는 모습을 예표한 것이다. 아담이 하와를 향해 "너는 내 뼈 중의 뼈요 살 중의 살이라"고 고백한 말은, 그리스도께서 교회를 향해 부르시는 사랑의 노래로 이해해도 무방하다. 아담이 깊은 잠에 들었을 때 하나님께서 그의 옆구리를 열어 하와를 만드셨듯, 예수님께서 죽음이라는 깊은 잠에 드셨을 때, 창에 찔린 옆구리에서 흘러나온 물과 피로 교회가 탄생하였다.

바울은 이 아담과 하와의 결혼이 단순한 부부의 연합이 아니라, 그리스도와 교회의 신비한 관계를 보여주는 '비밀'이라고 선언한다. 그렇기에 결혼 서약 가운데 '사랑'과 '복종'이라는 상호 보완적인 언어는 중요한 의미를 가진다. 남편의 사랑은 그리스도께서 교회를 향해 보이신 자기 희생적 사랑을 나타내고, 아내의 복종은 교회가 그리스도를 향해 보이는 신실한 순종을 상징한다. 그래서 바울은 남편에게 "그리스도께서 교회를 사랑하신 것 같이 사랑하라"고 명령하고, 아내에게는 "교회가 그리스도께 복종한 것 같이 복종하라"고 가르친다.

이와 같은 이유로, 신랑과 신부가 동일한 서약을 하는 것은 성경적 의미를 왜곡하는 것이다. 따라서 예식장에서 미리 준비된 서약서를 아무 생각 없이 사용하는 일, '복종'이라는 단어가 부담스럽다는 이유로 '순종'이나 '사랑'으로 바꾸어 사용하는 일, 혹은 서약 자체를 생략하는 일은 모두 매우 신중해야 한다. 오히려 그리스도와 교회의 관계를 더욱 분명히 드러내기 위해, 사랑과 복종이라는 표현이 담긴 서약으로 하나님 앞에서 분명하게 약속하는 것이 바람직하다. 그럴 때 하나님께서는 그 언약 위에 복을 내리시고, 새 가정을 주 안에서 세워가도록 인도하실 것이다.

나가며

결혼식을 올리기 전에 기초적인 가르침을 잘 정리하여, 자기 소견에 옳은 대로가 아니라 하나님의 뜻을 따르는 복된 결혼식이 되기를 바란다. 결혼은 사람의 일이나 집안의 일이 아니라 하나님의 일이므로, 그 결혼식을 하나님 앞에서 경건하게 진행함으로써 신앙의 가문의 명예를 높이고, 하나님과 많은 증인들 앞에서 축복받는 자리가 되기를 기도한다. 모든 이의 결혼이 주 안에서 복되기를 바란다.

청년이 알아야 할 데이트

> 청년이
> 알아야
> 할
> 7가지

그리스도인의 데이트 무엇이 다른가?

양명지

자고로 연애의 시대다. 언제 그러지 않았던 적이 없었다. 문학과 미술, 음악 중에 연인 간의 사랑을 뺀다면 문화가 이렇게 융성할 수 있었을까 할 정도다. 남자와 여자가 사랑하는 것이 하나님이 주신 질서요 선물이기에 그러하고, 연애, 데이트는 시대와 지역, 문화에 따라 다양하기 때문에 그러하다. 그래도 같은 지역과 시간을 사는 사람들의 모습은 공통점이 있다.

그리스도인과 비그리스도인의 데이트는 지역과 시대를 뛰어넘는 공통점과 차이점이 있을까? 시대와 지역이 다르더라도 신자의 데이트이기에 발견할 수 있는 공통점이 있을까? 아니면 신자와 불신자의 데이트는 신앙의 유무와 상관없이 시대와 문화를 극복할 수 없을까? 과연 그리스도인의 데이트는 무엇이 다른가?

1. 선명한 관계로 시작한다.

데이트와 관련해서 보편적으로 사용되는 신생어로 '썸'이라는 말이 있다. '사귀는 사이는 아니지만 다른 사람들보다 더 특별한 사람과의 관계'를 표현할 때 '썸'이라는 말을 쓴다. 실제 데이트 이전에 서로에게 특별한 호감을 느끼는 시기가 있다. 하지만 신자의 데이트는 거기에서 머물지 않고, 선명한 관계로 시작한다. 이도저도 아닌 애매한 관계로 자신들을 오래 두지 않는다. 적당한 시기가 지난 후에는 관계를 정확히 정의한다.

그리스도인의 데이트는 연인 사이의 교제다. 부부는 아니지만 어느 정도의 헌신을 서로에게 요구한다. 하지만 애매한 관계는 책임감 없이 각자에게 필요한 감정적 결핍만을 해소한다. 각자의 필요만을 채우는 이기적인 관계로 변질될 위험이 그 속에 숨어있다. 그래서 신자의 데이트는 거절할 용기와 물러날 용기를 전제로 하고 있다. 내가 호감이 있더라도 상대가 아니라면 물러난다. 거절당하기를 두려워하여 애매한 관계를 유지하거나 거절당했다고 상대에게 분을 품지 않는다.

반대로 상대의 호감과 용기를 소중히 하기에 내가 아니라면 정중히 거절한다. 상대가 나에게 호감을 먼저 표시하였다고 나에게 주도권과 우선권이 있다고 생각하지 않는다. 나를 향한 호감을 소중히 여기고, 감사할 줄 안다. 그러나 상대도 소중한 인격이기에 내가 아니라면 상대의 인격을 존중하여 분명한 대답을 한다. 소극적인 의미에서 책임감 있는 반응을 하는 것이다. 서로에게 대한 책임과 헌신을 전제로 한 선명한 관계 정립이 그리스도인의 데이트의 시작이다.

2. 성도가 서로 교제한다.

아무리 남녀사이의 교제요, 데이트라 하더라도 그리스도인의 데이트는 기본적으로 두 성도의 교제다. 아무리 특별한 관계처럼 보여도 두 성도가 교제한다는 큰 범주 안에서 신자의 데이트를 이해하면 무엇을 해야 할지 금방 이해할 수 있다.

1) 인격의 교제

얼핏 보면 신자의 데이트와 불신자의 데이트는 다를 것이 없어 보인다. 밥 먹고, 영화 보고, 카페를 가는 것. 특정 행동과 활동을 지속적으로 함께 한다거나 독점적으로 공유하는 것을 데이트라고 할 수도 있겠다. 하지만 그리스도인의 데이트는 좋은 추억만 쌓아가는 것을 의미하지 않는다. 서로를 깊이 알아가고 두 인격이 교제하고 알아가는 것이 신자의 데이트다. 그 안에 서로의 필요를 채우는 노력과 자기 인격의 결함을 발견하는 과정이 있다.

신자의 데이트는 필연적으로 갈등을 전제하고 그 갈등을 해소하고 해결하는 과정이다. 다른 두 사람이 만나 서로를 이해하고, 필요를 채우는 과정을 통해 서로 알아간다. 상대의 필요와 성품과 기질을 알아가고, 자신의 성격과 한계를 마주한다. 자기를 사랑했던 사람이 상대를 사랑하는 과정을 통해서 나와 상대를 깊이 이해하게 되는 것이 그리스도인의 데이트다. 그 과정에 즐거운 일도 있고, 아름다운 추억도 있고, 가슴 아픈 일도 있고, 몸이 부들부들 떨릴 만큼 화가 나는 일도 있다. 죄악 된 본성의 밑바닥을 서로 들추는 것은 아니지만 데이트를 통해 서로의 한계를 다양하게 마주하면서 각자의 기질과 성품을 이해하고 알아간다.

더 나아가 각자의 강점과 장점을 깨닫고 배워간다. 서로의 필요를 채우는 과정은 자기를 소진하는 과정이 아니다. 서로의 필요를 채우면서 이루어지는 전인격적인 교제는 상대의 장점을 닮아가는 열매를 맺게 한다. 건강한 교제는 성숙으로 나아간다. 교제가 성화의 장(場)이기 때문이다. 참으로 상대의 필요를 채우고 자기의 한계를 보며 상대의 강점을 닮아가는 것은 오직 신앙 안에서만 가능하다. 죄인은 서로를 사랑할 수 없고, 오직 주님이 주신 사랑으로만 사랑할 수 있기 때문이다.

2) 신앙의 성숙

참된 인격의 교제는 오직 신앙의 기초 위에서만 가능하다. 두 사람이 깊이 사랑하고 진심으로 노력만 한다고 되는 일이 아니다. 그냥 두 사람이 친밀해진다고 성숙해지지 않는다. 교제가 성화의 장(場)이라는 말의 기본 뜻은 그리스도와의 교제를 전제로 하고 있기 때문이다. 그런데 이 신앙에 사람마다 색깔이 있다. 같이 그리스도를 구주로 고백해도 우선순위와 가치에 차이가 있을 수 있다. 본질적인 성경의 중요한 가치에 대한 이해의 정도에 차이가 있을 수도 있고, 다양하게 선택할 수 있는 비본질적인 부분에 대한 가치관에 차이가 있을 수도 있다.

그리스도인의 데이트는 서로 다른 신앙의 깊이와 차이를 무시하거나 정죄하거나 판단하지 않고, 돕고 섬기는 것을 통해서 함께 자라간다. 우월한 누군가가 미진한 상대를 이끌어 올리는 것이 아니라 서로가 신앙의 본질에 대해 함께 이해하고 공유해간다. 비본질적인 것과 상대적인 것에 대해서는 서로의 다름을 인정하고 서로 양보하고 협조해서 하나 되는 것을 경험해간다. 더 깊이는 무엇이 본질인지 아닌지를 같이 알아가고, 조율하기도 한다. 이런 과정을 통해서 신앙이 성숙해진다.

인격의 교제는 두 사람만의 깊이 있는 교제가 필요할지 모르지만 신앙은 일상과 공동체를 통해 확인할 수 있다. 신앙은 교회 생활만을 말하는 것이 아니다. 기본적으로 교회생활에 대해 서로 이해하고 나누는 것이 중요하다. 하지만 신앙은 일상을 제외하고 생각할 수 없고, 공동체와 더불어 형성되고 자란다. 그래서 신자의 데이트는 다양한 관계 안에서 서로의 신앙의 모습을 확인하고 성숙을 경험한다. 친구들과의 관계에서, 교회 공동체 안에서, 섬김의 자리에서, 주변과 사회의 문제에 대한 생각에서 신앙적 가치관을 알아간다. 그리고 성도의 교제이기에 교회와 직분자의 적절한 지도와 보호 아래 이루어지는 것이 안전하다.

이는 헌신을 통해 가능해진다. 나한테 맞는 상대인지 상대를 가늠하고 평가하는 것을 의미하지 않는다. 오히려 상대를 나보다 낫게 여기고 상대의 필요를 채우고, 차이를 인정해가는 과정을 통해 신앙이 성숙해진다. 나와 상대의 차이가 본질적인 신앙의 문제인지, 용납하고 인정하여 함께 노력해야 할 일인지 분별해가는 것을 통해 신앙이 자라간다. 머리로 아는 이웃 사랑을, 말과 행동과 인격의 뒤엉킴을 통해서 체득하는 과정이 그리스도인의 데이트다.

3. 데이트 이후를 염두에 둔다.

두 사람이 서로 알아가며 사랑하는 연애, 데이트는 그 자체로 가치와 의미가 있다. 하지만 데이트 그 자체가 궁극적인 목적이나 완성은 될 수 없다.

인생이 거기에서 끝나지 않기 때문이다. 그리스도인의 데이트는 늘 데이트 이후를 염두에 둔다. 부부 관계를 생각한다면 이해하기 쉽다. 부부 사이에 허락하신 성관계는 그 자체의 즐거움과 가치가 있다. 서로를 향유하고, 누리며 사랑할 수 있기 때문이다. 하지만 부부 사이의 성관계는 그 자체의 의미와 가치 이상이 있다. 바로 자녀의 생산인 생명과 연결된다. 데이트도 그러하다. 데이트는 두 가지 결과를 마주하게 되는데 하나는 이별이고, 다른 하나는 결혼이다.

평생 데이트만 하며 살 수 없다는 말이다. 그 이후가 있고, 그것을 생각한다면 신자의 데이트가 어떠한지 알 수 있다. 데이트 이후 두 사람은 부부가 되든지, 연애했던 사이였지만 각자가 다른 사람의 남편, 다른 사람의 아내가 될 것이다. 이것을 염두에 두는 것이 중요하다. 누군가의 아내와 남편이 될지도 모르기에 서로를 정중하게 대해야 한다. 데이트가 결혼으로 이어진다 하더라도 아직 부부는 아니다. 그렇다면 거기에서 멈추어야 할 것이 있다는 것을 알 수 있다. 결혼할 것이라도 아직 결혼하지 않았고, 사랑하더라도 부부는 아니다. 부부 안에서만 허락하신 것을 함께 기대하며 기다리는 것이 그리스도인의 데이트다. 그래서 데이트의 다음을 생각한다면 교회와 부모의 지도와 조언을 경청하고 유념하는 것은 유익이 있다. 공동체의 유익을 누릴 수 있기 때문이다.

그리스도인은 전인격과 삶으로 신앙을 고백하는 사람이다. 겉모양은 비슷할지 몰라도 내면의 동기와 목적은 다르며, 때로는 전혀 다른 방식과 문화를 세상에 드러내는 사람이다. 신자의 데이트도 예외일 수 없다. 세상이 말하고 공유하는 방식과 다른 그리스도인의 데이트와 교제가 어지러운 세상에 메시지가 되길 바란다. 때로는 세상에서는 답답하고, 경직되어 있다고 손가락질 받을지 모르겠다. 하지만 하나님이 보시기에 좋았다고 인정받게 될 것이다. 그리스도인의 데이트가 당위로 주장하는 것이 아니라 신앙에 어울리는 삶의 방식으로 세상이 흠모할만한 그리스도의 향기로 표현되길 기도한다.

> 청년이 알아야 할 7가지

결혼 결심 무엇을 고려해야 하나?

김명일

최근에 결혼을 고민하는 한 청년을 만났다. 이 청년은 직장도 다니고 여자친구가 있는데도 결혼을 고민하는 청년이다. 왜 결혼을 그렇게 고민하는지에 대해서 아내가 직장이 없으면 결혼을 할 수 없다는 답을 했다. 우리 가정은 아내가 돈을 벌지 않고 있다고 말하면서 결혼을 하는데 그런 이유가 중요하지 않다고 하니 이 친구는 "목사님은 집이 있잖아요"라고 답변했다. (사실 집도 없고 빚만 잔뜩이다.) 또 다른 청년이 있는데, 최근에 소개를 받았다. 커피숍을 운영하다가 다른 곳에 커피숍을 운영하기 위해서 일을 쉬고 있는 청년이다. 소개를 받은 자매에게 지금은 자기가 일을 쉬고 있다고 말하자 연락이 오지 않는다고 한다. 허탈해 하는 모습이다.

결혼을 결심하는데 무엇을 고려하는지 잘 보여주는 사례이다. 이러한 고려사항은 교회 밖의 기준은 아니다. 오늘날 그리스도인들도 매우 중요하게 생각하는 기준이다. 상대방의 학벌이 어떤지, 경제적인 능력이 있는지가 매우 중요하다.

그렇다면 그리스도인들은 결혼을 결심할 때, 무엇을 고려해야 할 것인가? 필자는 성경이 말하는 한 가지 기준을 제시하고자 한다. 우리가 자주 말하지만 그러나 오늘 한국사회의 그리스도인들이 잊어버리고 있는 것이다. 결혼은 하나님께 영광을 돌려야 하는 공동체를 만드는 것이다.

교회 공동체의 원형인 가정이 추구해야 하는 것은 하나님께 영광을 돌리는 것이다. 바울은 교회를 강조하는 에베소서를 시작하면서 교회가 하나님의 영광의 찬송이 될 것을 언급한다. 특별히 하나님의 영광은 창세전부터 삼위 하나님께서 공유하시던 것이다.

요한복음 17장 5절은 이렇게 말한다. "아버지여 창세전에 내가 아버지와 함께 가졌던 영화로써 지금도 아버지와 함께 나를 영화롭게 하옵소서." 요한의 언어로 하면 이 영광은 성부 하나님과 성자 하나님이 함께 가지고 계셨던 것이다. 그런데 이 영광을 예수님께서 우리 교회에 주셨다고 말한다. "내게 주신 영광을 내가 그들에게 주었사오니 이는 우리가 하나가 된 것 같이 그들도 하나가 되게 하려 함이니이다." (요 17:22)

영광은 공동체가 하나가 되는 것과 밀접한 관련이 있다. 영광을 돌리는 것과 이 공동체의 하나 됨에 있어서 로마서 15:6-7은 이렇게 말한다. "한 마음과 한 입으로 하나님 곧 우리 주 예수 그리스도의 아버지께 영광을 돌리게 하려 하노라 그러므로 그리스도께서 우리를 받아 하나님께 영광을 돌리심과 같이 너희도 서로 받으라."

바울은 한 마음과 한 입으로 하나님께 영광을 돌릴 것을 권면하고 예수 그리스도께서 우리를 받아서 하나님께 영광을 돌림같이 너희도 서로 받으라고 권면한다. 영광을 돌리는 것의 구체적인 적용은 교회 공동체가 하나가 되는 것이라고 할 수 있다.

교회의 하나 됨과 영광을 가장 기본적인 공동체인 가정에 적용해보면 다음과 같이 말할 수 있다. 가정은 하나님의 영광을 담지하는 공동체가 되어야 하며 하나 됨에서 그리고 서로 사랑으로 받음에서 하나님께 영광을 돌려야 한다.

이점을 결혼을 결정하는 중요한 여러 기준들 중 하나라고 할 수 있겠다. 가정을 이루어 하나님께 영광을 돌리는 하나 됨을 청년들에게 권면해야 한다. 결혼을 결정할 때 무엇을 고려해야 할 것인가? 먼저 하나가 되는 목적을 잘 이룰 수 있는 배우자인 것인가 하는 점이 중요한 점이다.[1] 그리고 이 하나 됨의 중요한 방향은 하나님께 영광을 돌리는 것이다.

돈이나 외모 혹은 다른 여러 가지 기준들이 결혼을 결정하는데 고려해야 할 사항일 수도 있겠지만, 내가 결혼하려고 하는 배우자가 영광의 찬송이라는 목적에 더 합당한 사람인가 한 것이 더욱 중요한 기준일 것이다. 우리는 오늘 이 땅에 흔들리며 살아가는 많은 기독 청년들에게 이와 같은 권면을 지속적으로 해야 하겠다.

> 청년이
> 알아야
> 할
> 7가지

공동체 내에서의
이성교제

조재필

서울의 모 교회 대학부 담당 교역자로 부임했을 때입니다. 부서에 대한 이런 저런 인계를 받는 중에 깜짝 놀랄 이야기를 들었습니다. 근래 공동체 내에서 교제하다가 헤어진 커플이 무려 열 몇 쌍이라고 했습니다. 당시 공동체 내에서 상당히 중요한 이슈였습니다. 문제는 그렇게 헤어진 커플들 가운데 현재 교회 출석하는 지체가 거의 없다는 점입니다. 해당 부서는 소속 지체 중에 90퍼센트 이상이 지방에서 유학 온 지체들이었습니다. 그러다 보니 어렵사리 교회에 정착을 했더라도 쉽게 떠날 수 있는 여건이었습니다. 당시 출석 인원이 60~70명이었으니 상당히 많은 수의 청년들이 이별로 교회를 떠났던 것입니다. 다행히 다른 교회에 다시 정착하는 경우도 있었지만 아예 신앙을 떠나버리는 경우도 빈번했습니다. 그래서 부임 직후부터 공동체 내에서의 이성교제에 대한 '조치'를 취해야만 했습니다. 부임 초기였고 유학생이 많다는 공동체의 특징을 고려하여 공동체 내에서 교제에 대한 몇 가지 지침을 세웠습니다.

1. 공개적으로 교제하라.

두 사람이 교제를 결정하면 일정 시간 내에 반드시 공동체에 공개를 해야 합니다. 공개 교제의 목적은 공동체의 지도와 돌봄을 받도록 하기 위한 것입니다. 공개 교제란, 두 가지 차원인데, 공동체 전체에 알리는 차원과 담당 교역자와 소수의 리더에게만 알리는 차원입니다. 공동체 전체에 알리는 것이 원칙이지만 어떤 경우에는 소수만 알고 있어야 할 때가 있습니다. 예를 들어, 리더와 돌보는 조원이 교제할 경우입니다. 이 경우 공개 교제는 조장으로서의 리더십에 어려움을 줄 수 있기 때문에 선배 조교들만 알고 있기로 했습니다. 조장은 특별한 사람만이 아닌 모든 조원들을 특별하게 돌보아야할 책임이 있기 때문입니다.

이 규칙의 몇 가지 유익이 있습니다. 우선 교제에 대해 목회자의 지도가 즉각 이루어질 수 있습니다. 사실 청년들은 교제에 대해서 막연한 이해를 가지고 시작합니다. 공개 과정에서 목회자를 통한 교제에 대한 교육이 이루어지고, 이후 지속적인 돌봄이 가능합니다. 또 다른 유익은 공개 교제는 두 당사자를 보호합니다. 의외로 두 당사자를 힘들게 하는 것은 공동체 구성원들일 때가 많습니다. 성숙하지 못한 지체들이 교제를 가십거리로 삼을 가능성이 많습니다. 공개 교제를 통해 공동체 구성원들을 지도하고 커플을 조심스럽게 돌볼 수 있습니다.

2. 삼말사초에 교제하라.

가능하면 삼말사초 교제를 권장하였습니다. 대학생 선교단체들의 지침인데, 대학 3학년 말, 4학년 초 어간에 교제를 허락하는 원칙입니다. 이 원칙을 교회에서 강제할 수는 없으나 권장하였습니다. 이 권장 사항은 큰 유익이 있습니다. 1, 2학년 지체들은 아무래도 자기 관리에 성숙하지 못합니다. 이성교제는 스스로 인지하지 못하지만 상당한 에너지가 소비됩니다. 저는 이를 '마취상태'라고 말하곤 했습니다. 이성교제를 하는 중에는 자신이 어떤 상태인지 잘 인지하지 못합니다. 학업, 우정, 신앙 훈련 등에 분명 집중력이 떨어집니다. 그러나 그 사실을 본인은 잘 인지하지 못합니다. 게다가 저학년의 이성교제는 많은 상처를 남긴 채 끝나는 빈도가 상당히 높습니다. 그러므로 대학생활에 적응을 하고, 공동체에 정착하고, 일정한 신앙훈련을 마친 이후에 이성교제를 하는 것이 유익합니다. 더구나 공동체 내에서의 교제는 더욱 준비와 훈련이 필요합니다. 사실 이른 시기 교제를 경험한 지체는 공동체 내에서 리더의 위상을 얻기가 쉽지 않습니다. 리더로서 덕망을 갖추는데 시기를 놓치는 경우가 많기 때문입니다.

3. 때와 장소를 가려 교제하라.

공동체 내에서 교제하는 지체들은 주목을 받습니다. 그래서 전체 모임, 소그룹 모임 등에서 처신을 잘 해야 합니다. 성숙한 지체들은 모임 중에는 마치 서로 교제하지 않는 것처럼 행동하는 모습을 보여줍니다. 하나의 공동체 구성원으로서 다른 지체들과 함께 하는 태도를 취해야 합니다. 이것은 다른 지체들에 대한 배려이면서 모임이 주는 영적 유익을 잃어버리지 않는 길입니다. 커플로서 드러나는 모임 참석은 모임이 주는 유익(영적, 관계적)을 상당히 파괴합니다. 무엇보다 스킨십은 절대 불가합니다. 간혹 모임 중에 커플이 스킨십을 하는 경우가 있습니다. 이런 모습에 불편함을 느끼는 지체들이 많습니다. 이런 경우 공개적으로 무안을 주지 말고 동성의 선배가 조용히 권면을 하는 것이 좋습니다.

4. 우정을 먼저 쌓으라.

공동체 내에서 교제를 하려는 지체들에게 급격히 '연인'이 되려고 하지 말고, 먼저 좋은 '친구'로서 시간을 많이 보내라고 권면합니다. '연정'과 더불어 '우정'을 쌓아야 한다는 말입니다. 감성적인 호감으로 시작하였지만, 의지적으로 우정을 쌓아갈 때 두 사람은 성숙한 사랑으로 발전하게 됩니다. 이성교제는 서로에게 특별한 존재가 됩니다. 그런데 이런 관계는 다분히 감정적이고 지속성이 떨어집니다. 사랑의 지속성과 안정성은 시간의 흐름 속에서 우정과 함께 나타납니다. 부부의 사랑도 세월을 따라 우정이 쌓이면서 견고

해집니다. 부부는 가장 좋은 친구가 되는 것입니다. 예수님도 우리를 벗으로 불러주십니다. 예수님과 우리 사이에도 우정이 자리합니다. 연정, 부부애, 공동체 사랑, 심지어 믿음도 우정이 자리하고 있습니다.

이러한 우정-연인 단계는 서로를 더 객관적으로 바라보게 할 것입니다. 소위 '콩깍지'를 쓰지 않고 서로를 살피게 해 줄 것입니다. 무엇보다 중요한 것은, 우정을 쌓아가던 이성교제는, 혹시 연인으로서 관계가 정리되더라도 친구로서 관계는 계속될 수 있게 합니다. 그래서 이별의 아픔이 있음에도 불구하고 공동체를 떠나지 않게 합니다. 연정은 사라졌지만 우정은 남아 있기 때문입니다.

5. 나가면서

이성교제는 두 사람의 영성과 경건만 아니라 삶에 대단히 큰 영향을 미칩니다. 그러므로 공동체는 교제하는 지체들을 세심히 돌보아야 합니다. 강제성을 띄거나 지나친 사생활 침해를 주의하면서 목회적 돌봄을 해야 합니다. 또한 당사자들은 공동체의 돌봄과 지도를 귀하게 여겨야 합니다. 이러한 공동체 내에서의 이성교제는 밖에서의 교제보다 복된 것입니다.

> 청년이
> 알아야
> 할
> 7가지

갈등 어떻게 해결할 수 있을까?

안정진

사라는 이제 스물아홉 살의 그리스도인 자매다. 그녀는 두 살 위의 이삭과 교회에서 만나 이년 넘게 교제하고 있다. 둘은 서로를 결혼상대로 생각하며 진지하게 기도하고 있다. 그러나 시간이 지날수록 둘 사이에는 미묘한 감정의 골이 생겨났다. 최근에는 그 갈등이 조금씩 깊어지기 시작했다. 얼마 전부터, 사라는 이삭을 생각하며 아버지를 생각했다. 사실, 사라의 아버지는 전형적인 가부장적인 가장으로 아내나 자녀들에게 군림하는 분이었다. 사라는 아버지가 가정에서 권력자요, 지배자라 생각했다. 사라는 그런 아버지와는 달리 자신을 존중해 주는 이삭에게서 안도감을 느꼈다. 그러나 시간이 갈수록 이삭에게서 지배자 같은 아버지의 모습이 겹쳐졌다. 그러자 사라의 마음은 조금씩 불안해지고 있었다. 무엇보다, 그녀를 참을 수 없게 했던 것은 '남자가 여자 위에 군림할 권리가 있다'는 이삭의 생각 때문이었다. 지난 주말에는 터질 것이 오고야 말았다. 그 시작은 '페미니즘'이었다. 이삭은 페미니즘과 관련하여 여성을 비하하는 말을 서슴지 않았다. 그때 수개월 동안 쌓인 사라의 감정이 마침내 폭발하고 말았다.

당황한 이삭은 사과를 했지만, 화를 내는 그녀를 이해하기 어려웠다. 무엇보다 억울한 마음이 들었다. 그동안 그는 사라에게 헌신적이었다고 자부하고 있었다. 그도 그런 것이 사라는 지나치게 이삭에게 의존적이었다. 사라는 관계를 획득하고 유지하기 위해 이삭의 삶에 지나치게 밀착되어 있었다. 확실하지는 않지만, 둘이 가까워지는 시간은 다른 모든 친구와 멀어지는 시간이기도 했다. 이삭은 이런 생각이 밀려오자 억울한 마음이 들었고, '내가 뭘 잘못 했기에...' 하는 생각에 울컥했다. 집으로 돌아오면서 둘은 생각했다. '내가 너무 심했나?' '뭐가 잘못된 것이지?' '무엇을 어떻게 해결해야 할까?'

1. 창조의 러브스토리

성경은 모든 사람이 "하나님의 형상"으로 창조되었다고 말씀한다(창 1:26-27, 5:1, 9:6, 약 3:9). '하나님의 형상'은 '사회적'인 면을 가지고 있다. 성부, 성자, 성령은 구원의 드라마 전체에서 서로 협력하며, 의존하는 관계다. 물론, 이 세상이 있기 전부터 삼위일체는 서로 사랑하시며, 교제하셨다(요 17:24). 이런 사회적인 맥락에서, "사람이 혼자 사는 것이 좋지 아니하니 내가 그를 위하여 돕는 배필을 지으리라"고 하신 말씀은 전혀 놀라운 것이 아니다(창 2:18). 이것이 여자를 창조하신 이유다. 남자와 여자가 서로 다른 성(性)을 가지고 있지만, 서로 협력하며, 서로 보완하며 살아가도록 당신의 형상으로 지으신 것이다. 이성과의 교제는 이렇게 하나님을 드러낸다.

하나님은 남자와 여자를 '평등하게' 지으셨다. 하나님은 남녀 모두에게 땅 위에서 충만하고 땅을 정복하라고 하셨으며, 남녀 모두에게 생육하고 번성하라고 하셨으며, 남녀 모두에게 다른 모든 생물을 다스리라고 말씀하셨다(창 1:28). 우리가 "문화명령"이라 부르는 이 소명은 남녀 모두에게 주어진 것이다. 확실히 해 둘 것은, 창조 기사 그 어디에도 남자가 여자보다 우월하다거나 지배권을 가지고 있다고 암시하는 곳은 없다. 가령, 아담이 "이는 내 뼈 중의 뼈요, 살 중의 살이라"고 하와에게 말한 것은(창 2:23), 기쁨의 노래였지, 여자를 향하여 어떤 지배권을 주장한 것이 아니다. "돕는 배필"은 어떤가? 여자는, 남자보다 낮은 조력자가 되어야 한다는 말인가? '돕는'이라는 단어는, "하나님은 우리의 도움이요"(시 70:5), "우리의 도움이 여호와께로다"(시 121:2)라고 할 때도 사용된다. 하나님이 우리의 도움이시라고 말할 때 누가 하나님을 자신보다 낮은 조력자로만 보겠는가? 하나님의 형상으로 여자는, (하나님같이) 남자를 돕는 자 혹은 남자와 "함께 일하며" 이 세상을 다스리는 자이다.

2. 낙원에서 생긴 문제

그러나 죄가 들어오면서 이 러브스토리는 망가져 버리고 말았다. 가장 먼저, 남자와 여자는 벗은 몸을 가리고 하나님과 서로에게 숨어 버렸다. 하나님이 불순종의 이유에 대하여 묻자, 남자는 여자를 비난하면서 마지못해 죄를 고백했다(창 3:12). 한편, 여자는 죄를 고백하면서 자신이 남편에게 미친 영향은 말하지 않고 뱀에게 탓을 돌렸다. 이렇게 남자는 여자를 비난함으로써 대적하고, 여자는 남자를 무시함으로써 자신을 남자로부터 자신을 분리시켜 버렸다. 죄와 불순종이 두 사람에게 미친 결과는 출산의 고통과 노동하는 수고, 그리고 그 마지막은 죽음이었다. 그러나 하나님은 창세기 3:15에서 이 모든 일그러지고 망가진 것을 회복할 구속자에 대한 소망을 주신다. 그는 "뱀의 머리를 상하게"하실 분이다. 이 모든 타락의 결과를 되돌릴 분이다. 그분이 오기까지 남자와 여자는 갈등과 긴장 속에 놓여 있을 것이다. 하나님은 여자에게 말씀하신다. "너는 남편을 사모하고 남편은 너를 다스릴 것이니라"(창 3:16). 이 말씀은, 남자와 여자의 갈등이 하나님의 형벌이라는 것을 말해준다. 여자는 남자에게 사랑과 친밀함을 갈망한다. 그러나 남자는 아내의 갈망을 채워주지 않고 오히려 그녀를 지배하려고 한다. 여자는 남편을 원하지만, 지배자를 얻게 된 것이다. 다스림의 왜곡이 일어난 것이다.

실제로 모든 시대의 남성이 여자(아내)를 문자 그대로 노예로 만들거나 군림하려고 하지 않았다. 남자는, 하나님이 새로운 본성을 창조하여 주시지 않는 한 그런 악함에 기울어지기 쉬운 본성을 가지고 있다는 말이다. (사라의 아버지와 이삭처럼) 모든 남자는 여자들 위에 군림할 어떤 권리가 자신에게 있다고 잘못된 생각을 한다. 그래서 우리 주변에는 남자들의 불법적인 다스림에 고통하고 신음하는 여자들이 있다. 합법적이고 책임감 있어야 하는 다스림(섬김)이 죄로 인하여 불법적으로 군림하고, 심지어 폭력적인 지배로 둔갑해 버린 것이다.

이와 반대로, 여자는 남자와의 관계를 획득하거나 유지하기 위하여 과도하게 남자에게 밀착하려고 한다. 그런 나머지 하나님이 주신 문화적 소명을 성취하는 일에는 소극적이거나 침묵한다. 아내와 엄마로서의 역할을 성공적으로 감당하는 것만으로 자기 역할을 축소하기도 한다. 물론 자녀를 양육하고 가정을 돌보는 일은 어떤 가치와도 바꿀 수 없이 중요한 일이다. 그러나 이보다 더 큰 부르심이 있다. 그것은 하나님께로 나아와 그분의 나라를 건설하는 일에 참여하는 신자로서의 부르심이다(마 6:33). 낙원에서, 그 부르심은 구원자가 오시기까지 결코 회복할 수 없는 상처를 받고 말았다.

3. 타락의 결과 뒤집기

그리스도께서 이 땅에서 하신 일 중의 하나는 창세기 3:16의 결과를 바꾸신 일이다. 그 일은 혁명적인 일이었다. 첫 사람 아담과 달리, 마지막 아담이신 주님은 그의 신부인 교회를 위하여 자신의 목숨을 대속물로 내어 주셨다. 그의 다스림(섬김)으로 남녀의 갈등을 포함하여 하늘과 땅의 모든 일그러지고 뒤틀린 것을 올곧게 하시었다. 사복음서 안에서, 여자에 대하여 비하하거나 부정적인 말씀을 하시는 주님을 결코 만날 수 없다. 심지어, 주님은 부활의 첫 증인으로 여자를 세우신다(마 28:1), 오순절 후에, 사도들이 가는 곳마다 여자들이 복음을 받아들이고, 하나님 나라의 동역자들로 여자들이 활동하는 것을 본다. 주님은 여자들을 그리스도의 나라를 받는 공동의 상속자로 준비시키신다. 오순절에 성령이 오셨을 때, 베드로는 요엘 선지자의 예언이 성취되었다고 말씀한다. "하나님이 말씀하시기를 말세에 내가 내 영을 모든 육체에 부어 주리니 ... 그때에 내가 내 영을 남종과 여종들에게 부어 주리니..."(행 2:17-18). 그리스도는 그의 남녀 종들을 준비하셨고, 마침내 성령이 강림하시던 날에 창세기 3:16의 결과가 뒤엎어졌다. 사도 바울은 오순절 이후로 유대인과 비유대인, 종과 자유인 사이의 장벽뿐 아니라, 남자와 여자

사이의 막힌 장벽도 무너졌다고 말씀한다(갈 3:28). 그리고 선언한다. "그리스도 예수 안에서 하나이니라!"

오순절에 남녀는 그리스도 안에서 하나가 되었다. 그 나라의 동역자, 그 나라의 공동 상속자로 부름을 받았다. 이제 예수 그리스도 안에서 성령의 충만을 받은 새 아담과 새 하와(그리스도인)는 공동의 목표인 하나님 나라를 향하여 나아가는 동반자이다. 물론 지금도 마귀가 우는 사자와 같이 삼킬 자를 두루 찾고 있다. 마귀는 삼위 하나님이 이루어 놓으신 새로운 질서를 할 수만 있다면 깨뜨리고 싶어 한다. 다스림(섬김)을 군림과 지배로 바꾸고, 차이를 차별로 평등을 불평등으로 바꾸려 한다. 그러나 주님이 다시 오시는 그 날에는 이 모든 왜곡과 비틀림과 불안전함이 비로소 완전해질 것이다. 신자는 종말에 올 그 승리를 소망하며 지금 현재에 말씀을 붙들고 싸우는 사람이다.

4. 샬롬을 향하여

이삭은 집으로 돌아와 성경을 묵상하며, 그 밤에 주님을 간절히 찾았다. 무엇보다 '샬롬'을 위하여 기도했다. 성령께서 이삭의 죄를 건드리셨다. 눈물이 쏟아졌다. 무엇보다, 주님처럼 섬기고 희생하려고 하지 않고, 군림하고 지배하려고 했던 자신의 못난 모습이 보였다. 사라를 비난하고 원망했던 자신의 모습으로 괴로웠다. "배우고 확신한 일에 거하지" 않고 세상의 지배적인 가치를 따라 생각하고 있었던 자신이 몹시 부끄러웠다. 이삭은 주님께서 자신의 죄를 용서해 주시기를 기도했다. 그리고 내일 사라에게 자신의 생각이 잘못되었다는 것을 말하고 용서를 구하기로 했다.

사라 역시 그 날 밤, 잠을 이룰 수 없었다. '이삭의 생각이 변화되지 않는다면 어떡하지, 그러면…' 사라는 다시 아버지의 모습이 이삭과 겹쳐져 절망감으로 우울해했다. 그러나 사라는 감정에 지지 않고 엎드려 하나님의 도우심을 구하기로 했다. 곧 성령께서 사라의 마음을 어루만지고 위로해 주셨다. 사라는 이삭의 마음이 변화되도록 간절히 성령께 구했다. 기도하는 가운데 성령께서 사라의 죄를 깨닫게 하셨다. 성령은 남자 친구와의 관계에서 자신이 얼마나 의존적이며, 이기적이었는지를 깨닫게 하셨다. 또한 아버지를 미워하고 정죄했던 죄를 깨닫게 하셨다. 사라는 마음이 아팠다. "주님 저는 죄인입니다. 저의 이기심과 사랑하지 않았음을 용서해 주십시오. 화를 참지 못한 것을 용서해 주십시오." 그리고 이삭과의 교제와 자신의 가정에 거짓된 평화가 아니라 주님이 주시는 참된 '평화'가 있기를 구했다. 그리고 하나님이 자신에게 주신 더 큰 부르심을 생각하며 사라는 조용히 찬송을 읊조렸다. "내 주의 나라와 주 계신 성전과 피 흘려 사신 교회를 참사랑 합니다."

그리스도인 이성교제
하나님 나라를 향한 여정

전영욱

들어가며: 사랑은 감정일까, 결단일까?

오늘날 청년들에게 연애는 일상적인 삶의 일부이자 인생의 중요한 질문 중 하나다. 방송은 수많은 연애 콘텐츠로 가득하고, 유튜브 알고리즘은 '썸', '밀당', '환승이별' 같은 단어를 우리의 머릿속에 가득 채운다. 그러나 그리스도인에게 연애는 단순한 문화적 취향의 문제가 아니다. 하나님을 믿는 이들은 연애라는 주제에 대해서도 하나님 앞에 신앙적으로 반응해야 하는 존재다. 성경은 우리의 관계, 감정, 몸, 미래에 이르기까지 모든 삶의 영역에 주 되신 하나님의 통치를 요구하신다. 그러므로 연애 역시 신자의 삶의 일부로서 하나님 나라의 통치를 받아야 할 중요한 영역이다.

우리는 연애에 대해 "이 사람과 연애해도 괜찮을까?", "하나님이 원하시는 연애는 무엇일까?"라는 질문을 하나님 앞에서 진지하게 던져야 한다. 이 질문은 단지 도덕적 판단이나 감정적 고민의 차원이 아니다. 그것은 신자의 삶 전체가 하나님 나라의 질서에 순종해야 함을 인정하는 신앙의 고백이며, 하나님을 경외하는 자의 실존적 응답이다. 이 글은 성경적 가르침과 하나님 나라의 세계관으로 이성교제를 바라보며, 감정과 책임, 관계와 정체성의 균형 있는 이해를 제시하고자 한다.

1. 연애, 그 시작은 하나님 나라에 대한 분명한 인식

연애는 단지 외로운 마음을 채우기 위한 수단도, 결혼을 위한 불가피한 단계도 아니다. 성경은 인간 존재 전체를 하나님 나라 안에서 바라보도록 우리를 이끈다. 하나님은 인간을 창조하시고 그들에게 사명을 주셨다(창 1:28). 그리고 그 사명을 감당하기 위해 아담에게 '돕는 배필' 하와를 주셨다(창 2:18). 이처럼 연애와 결혼은 단지 개인적인 선택이 아니라 하나님 나라의 비전과 부르심에 응답하는 행위다.

기독교 세계관은 '창조-타락-구속-완성'이라는 서사를 통해 인간 삶의 모든 영역을 설명한다. 연애도 예외가 아니다. 하나님께서 처음 연애와 결혼을 창조하셨을 때 그것은 "심히 좋았더라"는 평가를 받았다. 그러나 죄로 인해 관계는 깨어지고 사랑은 탐욕으로 변질되었으며, 연애는 수단화되었다. 이제 복음은 이 타락한 연애를 회복하신다. 하나님 나라의 관점에서 연애는 자기중심적인 만족이 아니라 하나님 중심적 소명을 실현하는 통로로 회복되어야 한다.

하나님 나라는 지금 여기에서 우리의 선택과 관계를 통해 나타나고 확장된다. 신자는 단지 신앙이 비슷한 사람과 연애하는 것을 넘어서, 하나님 나라를 함께 바라보고 살아갈 수 있는 사람을 만나야 한다. 그런 의미에서 연애는 곧 영적 동반자, 즉 함께 사명을 향해 나아갈 배필을 분별하고 준비하는 과정이다.

2. 사랑은 감정을 수반하는 의지의 작용이다.

현대 사회는 사랑을 감정으로 절대화한다. "설렘이 없다", "두근거리지 않는다"는 이유로 많은 관계가 시작되고 끝난다. 그러나 성경은 사랑을 존재적이며 윤리적인 개념으로 다룬다. 성경은 "하나님은 사랑이시다"(요일 4:8)라고 말하며, 그 사랑이 예수 그리스도의 화목제물 사건을 통해 구체화되었음을 강조한다(요일 4:10). 즉 사랑은 감정 이전에 하나님의 존재의 본질이며, 자기 희생적 의지의 행동이다.

이러한 맥락에서 아가서의 교훈은 매우 중요한 통찰을 제공한다. 술람미 여인은 다음과 같이 고백한다. "예루살렘 딸들아, 내가 노루와 들사슴을 두고 너희에게 부탁한다. 내 사랑이 원하기 전에는 흔들지 말고 깨우지 말지니라"(아 2:7). 이는 준비되지 않은 사랑을 성급하게 시작하는 것의 위험성을 경고하며, 하나님의 때에 따라 성숙된 관계를 시작하라는 지혜를 제시한다. 사랑은 설렘으로 시작할 수는 있지만, 진정한 사랑은 감정을 수반한 의지의 작용이다. 곧 사랑은 선택이다. 감정이 식었을 때에도 상대를 향한 헌신을 지속할 수 있는가? 연애의 본질은 그 선택의 연속에 있다.

오늘날 많은 이들이 "이 관계가 더 이상 의미 없어요"라며 이별을 선택하지만, 성경은 사랑이란 상대방을 위하여 인내하고 자기를 부인하는 삶의 태도임을 강조한다. 연애에서의 사랑은 단지 받는 감정이 아니라 기꺼이 주는 헌신이다. 예수께서 우리를 끝까지 사랑하셨듯(요 13:1), 우리도 끝까지 사랑을 실천할 의지를 배워야 한다.

3. 하나님 나라를 함께 바라보는 연애

연애는 단순히 감정적 위로의 도피처가 아니라 부르심의 여정을 함께 걸어가는 소명적 동행이어야 한다. 창세기 2장은 결혼을 '돕는 배필'을 통한 사명의 완성으로 설명한다. 여기서 '돕는 자'는 결코 열등한 조력자가 아니며, 오히려 하나님 자신에게도 사용되는 표현이다(시 121:1-2). 그러므로 진정한 연애는 한 사람의 부족함을 채우기 위한 관계가 아니라, 하나님의 사명을 함께 완수해나가는 파트너십이다. 현대 연애 문화는 '둘만의 세계'를 만들라고 속삭이지만, 성경은 연애를 통해 함께 '같은 방향'을 바라보라고 말한다. 단순히 같은 교회를 다니는 것이 아니라, 같은 하나님 나라를 지향해야 한다.

"우리를 위하여 여우 곧 포도원을 허는 작은 여우를 잡으라. 우리의 포도원에 꽃이 피었음이라"(아 2:15) 아가서는 연애를 파괴할 수 있는 작은 죄, 유혹, 무분별한 감정의 교류를 '작은 여우'로 표현한다. 이것은 결혼 언약을 준비하는 사랑의 포도원을 정결하게 지켜야 함을 강조한다.

서로의 감정만을 확인하는 데 그치는 것이 아니라, 함께 어떤 사명을 감당할 수 있는지, 하나님께서 이 관계를 통해 무엇을 이루시려 하는지를 분별하는 태도가 필요하다. 연애는 단지 두 사람이 서로를 만족시키는 것이 아니라, 하나님을 기쁘시게 하는 여정으로 자리 잡아야 한다.

4. 그리스도 중심적인 연애와 혼전순결

성은 하나님께서 창조하신 거룩하고 선한 선물이다(창 2:24). 그러나 오늘날 성은 종종 수치나 탐욕, 쾌락 중심의 소비로 왜곡되어 있다. 하나님은 성을 창조하시고 부부 사이의 언약 안에서만 그 선물을 온전히 누리도록 하셨다(히 13:4). 이로 인해 성은 단지 육체적 결합이 아니라 언약 공동체 안에서 완성되는 거룩한 연합의 상징이 된다(엡 5:31-32).

권율 목사는 혼전순결을 "언약의 신비를 보존하는 거룩한 결단"이라고 정의한다. 이는 단지 금욕적 삶의 형태가 아니라, 하나님이 정하신 질서를 존중하고 순종하려는 의지의 표현이다. 혼전순결은 억압이 아니라 준비이며, 미래를 위한 헌신이다. 육체적 결합은 결혼 언약의 완성과 함께 주어지는 복이지, 연애의 감정이 최고조일 때 허용되는 수단이 아니다.

연애 중에도 성을 거룩하게 지키는 법을 배워야 한다. 이는 상대를 존중하는 것이고, 더 나아가 하나님을 경외하는 신앙의 실천이다. 말씀과 기도 안에서 자기 절제와 정결을 훈련하는 관계는 결국 결혼 안에서도 하나님께 영광 돌리는 부부로 이어지게 될 것이다.

5. 연애의 현실, 그리고 청년들에게 주는 도전

오늘날 청년들은 연애가 어렵다고 토로한다. 취업, 불안정한 삶, 교회 내 만남 기회의 부족 등 현실적인 장벽이 많다. 더불어 세상의 연애 방식과 기독교적 가치 사이에서 혼란을 겪으며 방향을 잃기 쉽다. 그러나 그럴수록 우리는 더욱 하나님께서 주신 창조 질서와 복음의 진리를 붙잡아야 한다. 연애는 여전히 하나님이 주신 선한 선물이다. 하나님은 사람을 통해 일하시고, 가정을 통해 하나님의 나라를 이루신다. 우리는 "내가 누구를 통해 안정과 만족을 얻을 수 있을까?"가 아니라, "누구를 그리스도처럼 사랑하고 섬길 수 있을까?"를 질문해야 한다. 이 질문은 연애의 출발점이자, 모든 관계의 방향을 결정짓는 중심축이 되어야 한다.

복음 안에서 우리는 '다른 방식으로 연애할 수 있다.' 세상의 방식은 빠르고 가볍지만, 성경은 느리지만 깊은 연애를 가르친다. 말씀으로 분별하고, 기도로 다듬어지는 연애는 결국 결혼이라는 언약으로 성숙해진다.

결론: 청년이여, 하나님 나라를 향한 연애를 하라.

그리스도인의 연애는 세상과 달라야 한다. 단지 분위기나 감정으로 시작되는 관계가 아니라, 하나님의 비전과 소명을 함께 바라보는 여정이어야 한다. 그 여정에는 기쁨도, 고난도 있을 것이다. 그러나 그 길 끝에는 하나님의 나라, 그리고 그리스도와 교회의 신비로운 연합을 증거하는 결혼의 은혜가 기다리고 있다.

청년이여, 하나님께서 부르시는 연애를 시작하라. 감정을 넘어선 의지로, 쾌락을 넘어선 거룩으로, 문화의 흐름을 넘어선 성경적 분별로. 사랑은 하나님의 형상을 따라 빚어진 타인을 존중하는 경외감에서 시작되며, 결혼은 그 사랑이 언약의 이름으로 성숙해지는 축복의 장이다. 하나님께서 우리에게 허락하신 연애는 단지 사적인 기쁨만을 위한 것이 아니다. 그것은 공동체 안에서, 교회 안에서, 그리고 세상 가운데 하나님을 나타내는 도구가 된다. 청년의 때에 하나님을 기억하며(전 12:1), 그분의 뜻 가운데 사랑을 배우고 실천하는 삶은 세상과 구별된 거룩한 표지가 된다. 연애는 끝이 아닌 시작이다. 그 시작은 하나님의 비전을 함께 품는 연합의 여정이 될 것이다. "그런즉 너희가 먹든지 마시든지 무엇을 하든지 다 하나님의 영광을 위하여 하라"(고전 10:31)

사랑이 두려운 청년
인정과 회피 사이

정찬도

연애는 사랑의 기쁨을 주기도 하지만, 동시에 우리 내면의 욕심을 드러내는 거울이 되기도 한다. 특히 '인정받고 싶은 욕심'과 '상처받기 싫어 회피하려는 욕심'은 사랑을 왜곡시키고 관계를 병들게 한다. 이 글은 두 가지 욕심이 연애에 어떤 영향을 주는지를 살펴보고, 복음 안에서 진정한 친밀함으로 회복되어 가는 길을 모색하고자 한다.

1. 인정받고 싶은 욕심

오늘날 청년들이 겪는 연애의 어려움 중 하나는, 인정받고자 하는 마음이 지나치게 관계를 지배할 때 발생하는 문제다. 누구나 자신이 소중한 존재라는 사실을 누군가에게 확인받고 싶어 한다. 그러나 그 인정이 하나님의 시선이 아니라, 사람의 평가와 감정에 의해 좌우되기 시작할 때, 사랑은 점점 본질에서 멀어진다. 연애는 상호적인 헌신과 존중이 있어야 하는 관계이지만, 상대방으로부터의 인정에 대한 지나친 갈망은 이 관계를 정서적 거래로 변질시키고 만다.

청년기는 정체성이 아직 자리 잡는 과정에 있기 때문에, 연인의 한마디 칭찬이나 관심이 자존감에 큰 영향을 끼친다. 문제는 그 사랑이 아닌 자기 존재의 불안함을 덮기 위한 수단으로 연애를 선택하는 경우이다. 성경이 말하듯, 사람의 마음은 본질적으로 "거짓되고 심히 부패한 것"(렘 17:9)이기 때문에, 우리 안에 자리한 인정욕구 역시 하나님의 통치 아래 다루어져야 한다. 그렇지 않으면, 사람에게서만 존재의 가치를 확인받으려는 인간 중심적 사랑으로 치우치게 된다.

사람에게 인정받고자 하는 욕구는 단순히 문화적 환경 때문이 아니라, 하나님께서 우리를 인격적으로 창조하셨기 때문에 내면에 자연스럽게 자리한 욕구다. 그러나 아담의 타락 이후, 우리는 이 욕구를 하나님이 아니라 사람을 의지하는 방향으로 왜곡시켜 버렸다. 부모에게서 충분히 인정받지 못했거나, 경쟁 중심 사회에서 끊임없이 비교 속에 살아온 청년들은 특히 연인의 인정에 집착하기도 한다. 연인의 말과 반응 하나하나에 예민하게 반응하고, 자신의 가치를 상대의 태도에 의존하게 되는 것이다. 그러나 그 인정욕구는 결국 사람을 하나님 자리에 앉히는 위험으로 발전할 수 있다.

이러한 왜곡된 인정욕구는 결국 상대를 통해 나를 정당화하려는 감정적 이용으로 드러난다. 상대방을 향한 관심과 압박은 미묘한 차이가 있다. "오늘 하루 어땠어?" "기분이 안 좋아 보이네, 무슨 일 있었어?"와 "왜 내 기분이 어떤지 묻지를 않아?"은 다른 말이다. 전자는 일상적인 관심이라면, 후자는 상대가 반드시 "내가 원하는 방식"으로 반응할 것을 전제하고 강제하는 말이 될 수 있다. 문제는 강제된 요구가 상대를 '감정의 책임자'로 만들 게 될 때 관계의 긴장을 불러일으킨다는 점이다. 단순한 애정 표현이 아니라, 상대에게 나의 불안을 해소할 의무를 부과하는 행위가 될 수 있다. 점차 한쪽은 정서의 소비자가 되고, 다른 쪽은 감정의 공급자가 되어, 감정의 불균형이 형성된다. 나의 기쁨과 슬픔을 모두 상대에게 기대지만, 정작 상대의 내면은 돌아보지 않는 관계는 오래 갈 수 없다.

무엇보다 위험한 것은, 상대의 반응이 기대에 미치지 못할 때 터지는 분노와 슬픔의 감정 폭발이다. "정말 날 사랑하는 거 맞아?"라는 말은, 결국 연애의 본질인 사랑보다 자기 감정의 욕구 충족이 우선되고 있다는 증거일 수도 있다. 이런 관계는 갈수록 소모적이고 피로해지며, 결국 서로를 감정의 소비 대상으로 전락시키게 된다. 하나님 앞에서 서로를 바라보는 시선이 사라진 채, 나의 결핍을 채워줄 존재로만 상대를 대할 때, 연애는 '함께 자라가는 관계'가 아니라 '서로를 고갈시키는 관계'가 된다.

인간은 누구나 자신의 연약함을 숨기고 싶어 한다. 그러나 복음은 우리가 있는 모습 그대로 받아들여졌다는 사실을 선포한다. 그럼에도 불구하고 여전히 사람의 인정을 구걸하게 된다면, 그것은 하나님께 받은 은혜의 확신이 흔들리고 있다는 증거일 수 있다. 사랑 속에서도 끊임없이 상대의 인정과 확신을 요구하는 사람은, 잠깐의 평안을 얻더라도 곧 또 다른 확인을 위해 끊임없이 갈망하게 된다. 그렇게 되면 사랑은 기쁨이 아니라 불안의 순환 고리가 된다. 결국, 연애는 사랑의 이름을 한 인정 중독으로 흐르고, 상대는 끝없는 피로 속에 점점 멀어지게 된다.

이 악순환에서 벗어나기 위해서는 무엇보다 하나님 앞에서 나의 존재를 다시 바라보는 훈련이 필요하다. "나는 하나님의 형상으로 지음 받았고, 예수 그리스도 안에서 사랑받는 존재다"라는 정체성의 회복이, 외부로부터의 인정에 덜 흔들리는 마음을 만들어 준다. 하루하루를 돌아보며 하나님 안에서 '충분하다'고 느끼는 습관을 들여야 한다. 이것이 곧 자기 인정의 신앙적 방식이다.

참된 사랑은 내가 얼마나 사랑받고 있는가를 끊임없이 확인하는 데 있지 않다. 진짜 사랑은 복음 안에서 내가 받은 사랑을 기억하며, 상대를 자유롭게 사랑할 수 있는 힘을 길러 가는 것이다. 사람에게 인정받고 싶어하는 마음은 누구에게나 있지만, 그 욕망이 하나님보다 앞설 때, 우리는 사랑을 소비하고, 관계를 병들게 한다.

복음이 말하는 사랑은 나를 증명하는 수단이 아니라, 서로를 있는 그대로 존중하며 자라 가는 여정이다. 하나님께서 우리가 하나님 사랑을 증명함으로 인해 사랑하는 것이 아니라, 있는 그대로 사랑하시기 때문이다. 하나님 앞에서 자족하고, 은혜 안에서 자유할 때 우리는 비로소 누군가를 진정으로 사랑할 수 있다. 인정받으려는 욕심이 아닌, 그리스도의 사랑으로 사랑하는 연애가 우리 청년들에게 회복되기를 바란다.

2. 회피하려는 욕심

인정욕구가 관계를 집착으로 이끌며 상대방에게서 자신을 찾고자 했다면, 그 반대편에는 자기를 지키기 위해 상처받기 두려워 도망치려는 마음이 숨어 있다. 이 '회피욕구'는 표면상 거리 두기의 지혜처럼 보이나, 사실은 진정한 친밀함의 문을 스스로 닫아 버리는 또 다른 자기중심성이다.

사람 사이의 관계는 피조물로서 인간에게 본래 선한 선물이다. 하나님께서 아담과 하와를 창조하셨을 때, 그들은 서로의 벗이자 동역자로 지음을 받았다. 그러나 타락 이후 인간은 하나님과의 관계뿐 아니라 서로 간의 관계에서도 두려움과 회피를 경험하게 되었다. 하나님을 피하여 숨은 아담처럼, 인간은 연인과의 관계 속에서도 자신을 드러내고 가까워지는 것에 본능적인 저항감을 느낀다. 이 회피의 욕심은 연애의 친밀함을 깨뜨리는 가장 교묘한 형태의 자기중심성으로 작용한다.

특히 청년기에는 인격이 성숙하는 한가운데에서 관계에 대한 기대와 부담이 공존한다. 진지해지는 사랑은 설렘과 더불어 책임을 요구하고, 감정의 깊이는 더 큰 상처의 가능성도 동반한다. 그래서 인간은 어느 순간부터 관계 안에서 거리를 유지하려 하고, 상처받을 위험을 감수하기보다 침묵과 회피로 자신을 지키려 한다.

관계에서 회피하는 이유는 단순히 낯을 가리는 성향 때문이 아니다. 과거의 상처, 실패했던 관계, 신뢰가 깨졌던 경험은 인간 안에 '더는 다가가지 말자'는 결론을 내리게 만든다. 이러한 자기 보호는 외면상 조심스러운 배려로 보일 수 있으나, 실제로는 진실한 나눔을 방해하는 영적 회피로 이어진다.

하나님께서 사람을 부르실 때는 항상 내면 깊숙한 곳까지 마주하도록 하신다. 복음은 '숨지 말고 나오라'는 하나님의 외침이다. 마찬가지로 사람과 사람 사이의 관계, 특히 연애에서도 참된 친밀함은 자신의 내면의 노출과 용기의 과정을 통해 형성된다. 회피가 익숙해진 연애는 결국 서로를 보호하는 척하며 방어하는 관계가 되고, 영혼이 나눠지지 못한 채 피상적인 교제로 멈

취버린다.

회피의 욕심은 때로는 상대를 배려하는 모습으로, 또는 갈등을 피하려는 지혜로운 태도로 가장된다. 그러나 그 실체는 헌신을 유보하고, 책임을 미루며, 감정을 철저히 통제하려는 태도가 되기도 한다. 중요한 대화는 계속해서 다음으로 미뤄지고, 장기적인 관계의 계획이나 방향은 불분명하게 남는다. 상대방이 감정적으로 다가올 때면 유머로 넘기거나, 주제를 전환하며 자신을 드러내지 않는다.

결국 이런 회피적 행동은 상대의 신뢰를 약화시키고, 관계의 온도를 점차 낮춘다. 연애는 '함께 있으나 외로운 관계'가 되어가며, 연인은 자신이 독백하듯 관계를 이어가고 있다는 느낌에 사로잡힌다.

하나님과 인간 사이에 죄가 끼어들었을 때, 인간은 숨었다. 그때 하나님은 "네가 어디 있느냐?"고 물으셨다(창 3:9). 이 질문은 지금도 인간에게 향한다. 연애라는 관계 안에서 인간은 종종 감정과 책임을 회피하며 마음을 감춘다. 말하지 않은 감정, 외면한 질문, 미뤄둔 약속들은 관계의 균열을 조금씩 벌려놓고, 결국 정서적 단절을 초래한다.

회피는 언뜻 폭력이나 위협처럼 보이지 않을 수 있지만, 실상은 가장 치명적인 정서적 방기이다. 즉 상대방의 감정적 요구나 신호를 의도적으로 무시하거나 외면하는 태도이다. 말하지 않고, 묻지 않고, 피하기만 하는 사이에 연애는 소통을 잃고 냉각된다. 그 결과, 관계는 더 이상 서로를 향한 신뢰의 다리가 아니라, 단절의 침묵만 남는 다리가 된다.

그러나 회피를 이겨낼 수 있는 길은 열려 있다. 그것은 복음이 인간에게 먼저 다가오셨듯, 인간도 용기 있게 다가가는 연습을 통해 시작된다. 무엇보다 중요한 것은 상처받을 수 있다는 현실 앞에서 하나님의 은혜를 기억하며 담대하게 나아가는 용기이다. 완벽한 감정 조율보다 중요한 것은 감정의 연약함을 솔직하게 인정하고 함께 그것을 감당하려는 태도이다. 그때 인간은 서로를 다치지 않게 사랑하는 법을 배울 수 있다. 회피가 아닌 정직한 소통이 친밀감의 가장 안전한 울타리가 된다.

회피 욕심을 극복할 수 있는 힘은 결국 복음이 주는 은혜의 확신과 자아의 해방에서 나온다. 인간이 먼저 하나님 앞에서 숨지 않고 나아갈 때, 사람과의 관계에서도 비로소 깊이 있는 친밀함을 배워갈 수 있다. 연애는 두 사람의 감정이 오가는 것만이 아니라, 하나님 앞에서 서로를 어떻게 대할 것인가에 대한 신실한 책임의 장이다.

사랑은 늘 불완전하지만, 두려움을 함께 건너는 용기 속에서 인간은 하나님께서 의도하신 친밀함에 한 걸음씩 다가갈 수 있다. 진짜 사랑은 피하지 않고 마주하는 믿음의 실천이다. 하나님 안에서 자신을 받아들일 줄 아는 사람만이, 타인과의 관계에서도 회피가 아닌 헌신을 선택할 수 있다.

결론

하나님께서 사람을 창조하셨을 때, 인간은 '관계적 존재'로 지음을 받았다. 사람은 혼자 살아갈 수 없도록 설계되었고, 사랑하고 사랑받는 존재로 부르심을 받았다. 그러나 타락 이후 인간은 관계 안에서 끊임없이 흔들리고, 갈망하면서도 두려워하게 되었다.

그러나 복음은 인간에게 전혀 다른 방식의 사랑을 제시한다. 하나님께서는 인간이 아직 죄인 되었을 때 우리를 사랑하셨고(롬 5:8), 그 사랑 안에서 우리는 이미 완전히 받아들여진 존재임을 선언하신다. 이 복음의 확신 위에서 우리는 이제 더 이상 사람의 인정에 목매지 않아도 되고, 친밀함을 두려워 피하지 않아도 된다.

건강한 연애란 상대에게 나의 결핍을 채워달라고 강요하는 것이 아니라, 하나님께 받은 사랑의 충만함으로 서로를 존중하고 책임지는 관계이다. 진정한 친밀감은 자아의 욕심을 내려놓고, 하나님 앞에서 자유해진 존재들만이 나눌 수 있는 은혜이다. 사랑은 단지 감정의 흐름이 아니라, 복음 안에서 훈련되고 다듬어지는 성숙의 길이다. 청년들이 이 여정을 외롭지 않게, 흔들리지 않게 걷기를, 그리고 그 여정 속에서 하나님의 은혜가 관계를 새롭게 하기를 소망한다.

청년이 알아야 할 일

일에 대한 성경적 관점

조재필

"가장 열정적인 그리스도인이 결국 자기 일에 관심이 제일 적은 사람으로 드러날 경우가 대단히 많다는 인상은 사람을 고용하거나 다양한 업종에 종사하는 신자와 불신자 모두의 마음에 대체로 남아 있다."(마이클 호튼) 자기 직업에 대한 자부심이 사라져가고 있다. 사회 계급 차원에서는 자부심을 가진 이들이 있지만, 자기 일을 혐오하기까지 하는 이들도 있다. 자기 직업이 사회에 기여한다고 말하는 이는 드물고, 자기 직업으로 하나님 나라를 위해 일한다고 자부하는 그리스도인들도 찾기 어렵다. 성경적인 노동(직업)관이 청년 그리스도인들로부터 정립되어야 한다. '창조-타락-구속'의 성경적 관점은 일에도 적용된다. (여기서 일-노동-직업을 같은 개념으로 사용합니다.)

1. 창조: 통치 소명으로서 일

창조 시에 노동은 창조 질서 안에 정하신 제도였다. 그리고 사람에게 주어진 소명이었다. "하나님이 그들에게 복을 주시며 하나님이 그들에게 이르시되 생육하고 번성하여 땅에 충만하라, 땅을 정복하라, 바다의 물고기와 하늘의 새와 땅에 움직이는 모든 생물을 다스리라 하시니라."(창 1:28) "여호와 하나

님이 그 사람을 이끌어 에덴 동산에 두어 그것을 경작하며 지키게 하시고."(창 2:15)

하나님이 지으신 만물이 좋았다. 그러나 하나님은 만물을 다스림 받고 아직 발전해야할 가능성을 가진 대상으로 창조하셨다. 이 다스림과 발전에 사람이 기여할 때 노동이 이루어진다. 노동은 창조 이후에 사람에게 주어진 소명이며 하나님을 닮은 통치 행위였다. "그를 하나님보다 조금 못하게 하시고 영화와 존귀로 관을 씌우셨나이다. 주의 손으로 만드신 것을 다스리게 하시고 만물을 그의 발아래 두셨으니."(시 8:5~6) 노동을 통해 사람은 하나님의 대리 통치자 역할을 수행한다.

2. 타락: 징벌과 수고로서 일

그러나 통치 소명으로서의 노동은 타락과 함께 징벌이 되었다. "아담에게 이르시되 네가 네 아내의 말을 듣고 내가 네게 먹지 말라 한 나무의 열매를 먹었은즉 땅은 너로 말미암아 저주를 받고 너는 네 평생에 수고하여야 그 소산을 먹으리라. 땅이 네게 가시덤불과 엉겅퀴를 낼 것이라 네가 먹을 것은 밭의 채소인즉 네가 흙으로 돌아갈 때까지 얼굴에 땀을 흘려야 먹을 것을 먹으리니."(창 3:17~19상)

엄밀하게 보자면, 노동은 징벌로써 타락 후에 새롭게 부여된 것이 아니다. 여전히 노동은 소명이고 창조 질서 속에 있다. 타락 이후 땅에 내려진 저주가 노동을 변질시킨 것이다. 사람이 일할 영역인 땅이 가시와 엉겅퀴를 내자 노동은 수고가 되어버렸다. 아담이 수고의 땀을 흘리지 않으면 좋은 열매 얻기가 어려워졌다. 많은 노동, 즉 수고에도 불구하고 열매가 적다. 어떤 때에는 수고가 실패로 돌아온다. 인생들은 만족스럽지 못한 댓가와 절망스러운 실패를 경험한다. "너희가 일찍이 일어나고 늦게 누우며 수고의 떡을 먹음이 헛되도다."(시 127:2) 하나님을 배반한 결과이다.

하지만 하나님이 노동을 폐지하지 않으신 것은 자비이다. 노동을 통해 가시와 엉겅퀴가 제거된다. 나아가 노동은 정녕 죽을 생명을 다소간 연장시킨다. 또한 노동으로 연장되는 생명의 결과 자손이 이어지고 가정이 꾸려진다.

그럼에도 불구하고 타락 이후의 노동은 본질적으로 창조 시의 의미를 상실해버렸다. 노동으로 연장된 생명은 유보된 죽음일 뿐이요, 범죄 도시 바벨탑을 쌓을 죄인의 후손들만 생산해낼 뿐이다. 그래서 죄인들은 지금도 직업을 죽지 못해 하는 일이라 탄식하고, 노후, 즉 죽기 직전 잠시 누릴 행복을 위해 치르는 큰 손해를 보는 투자로만 여긴다. 모든 인생은 노동의 구속을 고대한다.

3. 구속: 그리스도를 닮는 행위로서 일

"예수께서 그들에게 이르시되 내 아버지께서 이제까지 일하시니 나도 일한다 하시매."(요 5:17) 예수님은 둘째 아담이시다. 예수님은 가시와 엉겅퀴, 그리고 타락한 후손이 득실대는 척박한 땅에 소명을 따라 오셨다. 그리고 땀이 핏방울이 되기까지 수고하셨다.(눅 22:44) 끝내 십자가에서 죽기까지 일하시고 모든 것을 이루셨다.(요 19:30)

십자가에서 모든 일을 완수하셨을 때 땅이 갈라졌다.(마 27:51~52) 이것은 저주 받은 땅이 심판을 받은 것을 의미한다. 이제 땅은 부활하신 그리스도께 복종한다. 그리스도의 신부인 교회는 하나님의 자녀들을 생산해 낸다. 교회를 향한 그리스도의 수고는 헛되지 않다.

이제 그를 믿는 자들은 "썩을 양식을 위하여 일하지 말고 영생하도록 있는 양식을 위하여 하라."(요 6:27)는 소명을 다시 받는다. 그리스도인들이 이 소명을 따라 여전히 가시와 엉겅퀴가 자라는 세상 속으로 나아가 일한다. 하나님 나라와 의를 위해 일한다. 이러한 그리스도인의 노동은 그리스도를 닮은 것이다. 하나님의 형상을 회복하는 것이다. 창조 질서를 따라 살아가는 것이다.

그러면 하나님은 그리스도인들의 수고를 책임져주신다. "의인의 수고는 생명에 이르고 악인의 소득은 죄에 이르느니라."(잠 10:16) "여호와를 경외하며 그의 길을 걷는 자마다 복이 있도다. 네가 네 손이 수고한 대로 먹을 것이라 네가 복되고 형통하리로다. 네 집 안방에 있는 네 아내는 결실한 포도나무 같으며 네 식탁에 둘러앉은 자식들은 어린 감람나무 같으리로다. 여호와를 경외하는 자는 이같이 복을 얻으리로다."(시 128:1~4)

4. 나가면서

하나님 나라를 구현하고자 소명을 따라 일하는 그리스도인들은 '이미와 아직'의 긴장을 경험한다. 우리의 직업 현장에는(교회 안 일터이든, 교회 밖 일터이든) 여전히 타락의 흔적이 깊이 남아 있다. 불법부당의 가시와 실패의 엉겅퀴가 자란다. 이것을 하나님의 법을 따라 경작할 때 수고의 땀을 흘리게 된다. 그러나 그 가운데 우리는 창조 질서를 회복하고, 그리스도의 모범을 뒤따르게 된다. 청년 그리스도인! 당신의 직업 현장이 회복된 에덴동산이 되기까지 그리스도께서 함께 하심을 믿으시라.

루터가 말하는
일과 소명

최정복

오늘날 많은 청년들이 자신이 어떤 직업으로 부르심을 받았는지 알고 싶어 합니다. 어린 시절부터 장래에 어떤 직업을 가질 것인가 주변 어른들로부터 질문을 받습니다. 초등학교부터 적성검사 혹은 직업을 소개하는 교육과정에 참여하게 됩니다. 상급학교로 입학을 앞두고 이 고민은 좀 더 현실감 있게 다가옵니다. 그리고 사회에 진출할 시점이 되면 이 고민은 더욱 치열해집니다. 자신이 갖고 싶은 직업이 경쟁률이 높아 진입하기가 어려울수록 이 고민은 더욱 깊어집니다.

우리는 어떻게 이 직업이 자신에게 주신 '소명'인지 알 수 있을까요? 아쉽게도 오늘날 존재하는 많은 직업들은 성경이 기록된 시기에 존재하지 않았기 때문에 성경도, 목사님도 이 질문에 대한 답변을 하기 어려워 보입니다. 물론 자신이 선택한 직업이 하나님이 주신 소명인지 아닌지 꿈이나 예언이나 환상을 통해 알 수 있는 것은 아닐 것입니다. 아쉬운 것은 '일'이 무엇인가, '소명'이 무엇인가에 대한 지식이 없이 좋아 보이는 '일'과 '소명' 그 자체만을 찾으려 한다는 점입니다. 우리는 "무엇이 나의 소명인가"라는 질문에 답하기 전에 우리는 먼저 "일이란 무엇인가", 그리고 "소명이란 무엇인가"라는 질문을 숙고해 보아야 합니다. 이 글에서는 종교개혁가 루터가 말하는

"일"과 "소명"에 대해 소개하려고 합니다.

마르틴 루터가 말하는 일과 소명에 대해 이해하기 위해서는 중세 교회에서 일과 소명을 어떻게 이해했는지 살펴볼 필요가 있습니다. 중세 로마 교회는 하나님을 섬기기로 작정하고 모든 것을 버리고 헌신한 수도사들이야말로 영적인 그리스도인들이요, 일등급 그리스도인이었던 반면, 세속적 일에 참여하는 사람들은 이등급 그리스도인 취급을 받았습니다.

종교개혁가의 선봉에 섰던 루터는 사제들과 일반 백성들 사이에 존재하는 이분법적 구별을 무너뜨리기 시작했습니다. 루터는 중세 로마교회의 구별이 "기회주의자들에 의해 만들어진 허울 좋은 고안물"이라고 비판했습니다.[2] 중세교회는 영적이고 종교적인 직분자들을 제사장이라고 불렀지만, 루터는 고린도전서 12장 12절, 베드로전서 2장 9절 등의 말씀을 따라 세례 받은 자는 모두가 제사장이라고 했습니다.

루터는 하나님이 기뻐하시는 일에 대한 기준이 미사를 섬기는 일이냐, 혹은 푸줏간의 일이냐의 구분에 있지 않다고 여겼습니다. 그는 "오직 믿음"으로 행하는 일이라야 하나님이 기뻐하시는 것이라고 보았습니다. 그래서 일반 성도들과 주교 사이에 존재하는 구별은 "직무의 차이 이외에 아무것도 없고, 그리스도인으로서 지위는 차이가 전혀 없다"고 했습니다.[3] 믿음으로 하나님을 섬긴다면 그가 서 있는 자리가 예배당이나 수도원이 아닌 시장 한복판이라 하더라도 거룩한 장소가 될 수 있다고 본 것입니다. 루터는 이렇게 말했습니다. "매일 하는 집안일은 수도사들의 엄격한 경건생활이나 성자들과 비교해도 훨씬 거룩합니다."[4] 루터가 이렇게까지 일에 대해 긍정적인 이유는 그리스도인이 가진 자유의 중요성 때문이었습니다. 루터는 "그리스도인의 자유"라는 글에서 "그리스도인의 삶은 모든 것을 할 수 있고 모든 것을 소유하며 아무것도 부족한 것이 없다"[5]고 하면서 중세 로마 교회는 이러한 자유를 억압한다고 한탄했습니다.

루터는 일반 성도들의 노동을 다음과 같은 말로써 격려했습니다. "세속적인 통치자, 관리, 구두수선공, 대장장이, 농부는 각기 자기들의 일과 직무를 맡고 있으면서도 다 성별 받은 사제와 주교와 같다."6) 그는 심지어 "세속적인 일로 보이는 일은 사실은 하나님께 대한 찬양"이라고까지 말했습니다.7) 오늘 날에는 루터의 만인제사장 교리를 당연하게 가르치지만, 루터의 이러한 가르침은 중세 시대에는 파격적이었습니다. 루터의 파격적인 가르침은 세속을 떠나 은둔하는 것이야말로 하나님 나라를 위해 필요한 것이라고 믿었던 사람들의 인식을 변화시키기 시작했습니다. "오직 믿음"이라는 구호를 통해 평범해 보이는 세상적 직업도 긍정할 수 있는 토대가 만들어진 것입니다.

물론 루터가 세상에서 행하는 일을 일방적으로 긍정한 것은 아니었습니다. 루터는 그리스도인의 "중도"를 가르쳤습니다.8) 루터는 교회의 직분적 일의 중요성을 분명히 인식하고 있었습니다. 하나님께서 교회를 통해 영적으로 우리를 먹이고 다스릴 뿐 아니라, 세속 군주를 통해서도 우리를 다스리시며, 또한 제빵사의 손을 통해 우리를 먹이신다고 본 것입니다. 루터는 「세속 권세: 어느 정도까지 복종하여야 하는가」라는 글에서 하나님께서 영적인 통치를 통해 신자를 경건하게 하시고, 세속 군주를 통해 악한 자를 다스리시고 "평화"를 유지시킨다고 했습니다. 하나님께서 우리에게 세속 군주의 가면, 혹은 제빵사의 가면을 쓰고 나타나시는 것입니다. 내가 수행하는 직업은 곧 내 이웃을 향한 "하나님의 가면"인 것입니다.9)

루터는 세상에서 살아가는 그리스도인들이 영적인 직분과 원리 뿐 아니라 세속 세계의 원리를 따라서도 하나님의 일을 수행할 수 있다고 본 것입니다. 각각의 다른 장소에서 각각 다른 일을 통하여 이웃의 유익을 도모하고 섬김으로서 한 분 하나님의 "부르심"을 수행하는 것입니다. 루터는 영적인 소명과 세상에서의 소명을 구분했습니다. 그는 그리스도인으로서의 소명을 '영적 소명'으로 불렀고, 세상에서의 일을 '외적 소명'이라고 불렀습니다.10)

이 외적 소명은 "성령 그리스도인이 아니고 복음을 믿지 않는다고 하더라도" 자부심을 가질 만큼 고귀한 것입니다.11) 하물며 그리스도인의 외적 소명은 어떠해야 할까요? 하나님을 향한 감사를 이웃 사랑으로 표현할 수 있는 좋은 기회로서 전적으로 하나님과 관련한 일이라고 볼 수 있는 것입니다. 이제 우리는 왜 루터가 일상적 일을 "찬송"이라고까지 지칭했는지 알 수 있습니다. 이 외적 소명을 통해 그리스도인은 예수 그리스도를 닮아 모든 사람을 섬기는 자발적 종의 역할을 수행합니다. 이것은 "무엇이든지 남에게 대접을 받고자 하는 대로 너희도 남을 대접하라"는 예수 그리스도의 계명으로 종합된다고도 볼 수 있습니다.12)

루터는 이처럼 자기에게 주어진 부르심의 자리에 최선을 다하라고 권면하면서, 이로써 하나님을 기쁘시게 할 수 있다고 가르쳤습니다. 이 가르침은 중세의 이분법적인 사제주의를 깨뜨렸고, 모든 직업이 평등하다는 사실을 인식시켰습니다. 나아가 이 소명을 통해 하나님이 창조하신 이 세상을 섬기는 "창조의 동역자"가 된다고 가르쳤습니다.13)

이러한 루터의 일과 소명에 대한 관점은 오늘날 현대인들에게 시사하는 바가 큽니다. 자신의 직업에 대해 허탈감을 느끼는 현대인이나, 반대로 자신의 직업적 소명 자체에 높은 의미를 두고 성취감을 느끼고 싶어 하는 현대인들 모두에게 유익이 있습니다. 자신의 일상의 일에 권태감과 허탈감을 느끼고 "해외 선교"나 "복음 사역"만을 의미 있는 것으로 보는 사람들에게, 루터는 "당신의 일상이 바로 그 현장"이라고 권고할 것입니다. 반대로 자신의 꿈을 투사하여 이기적인 직업적 소명에 집착하는 사람들에게도 루터는 "당신이 서 있는 그 자리에서 이웃 사랑을 실천하라"고 권고할 것입니다. 루터는 하나님이 주신 일상의 소명을 매우 중요하게 생각했지만, 결코 그것을 목표로 삼지는 않았기 때문입니다. 루터는 오히려 언제 어디서나 일하시는 하나님께 감사하라고 말해 주었을 것입니다.14)

대부분의 종교개혁가들은 루터의 세속적 직업에 대한 긍정적 태도를 공유한다고 해도 과언이 아닙니다.15) 루터를 통해 일상의 일을 "소명(부르심)"으로 여기는 강조점이 확산되었습니다.16) 열등한 것으로 여겨지는 세속의 일은 창조세계에서 일하시는 하나님의 사역에 동참하는 고귀한 일로 격상되었습니다.17) 심지어 하나님께 드리는 찬양이었습니다.

그런데 오늘날 우리 주위의 많은 그리스도인들은 여전히 교회의 일과 세속의 일을 구분하는 이분법적 사고를 극복하지 못하고 있습니다. 또 다른 극단으로 쉼 없이 일에 중독되어 살면서 일을 통한 성취만을 위해 살기도 합니다. 이를 위해서 오늘날 우리는 루터의 일과 소명에 대해 심사숙고해야 할 필요가 있습니다. 루터의 가르침을 통하여 이미 하나님 나라의 백성으로 부르신 것을 기쁜 마음으로 찬송하고, 지금 서 있는 바로 그 자리에서 하나님을 섬기듯이 이웃을 섬기는 거룩한 소명자들, "창조의 동역자들"이 확산되기를 소망합니다. Soli Deo Gloria!

청년이 알아야 할 7가지

내 일, 하나님 나라와 관련 있나?

정찬도

"나는 왜 이 일을 하는가?" 혹은 "이 일이 하나님과 무슨 관련이 있을까?"라는 질문은 단순한 커리어 고민이 아니라, 신앙의 본질을 묻는 질문이다. 특히 현대 사회에서 그리스도인들은 주일에는 예배자로 살고, 월요일부터는 직장인으로 분리된 삶을 살아가기 쉽다. 교회에서는 신앙이 중심이지만, 직장에서는 신앙이 배제된 일이 중심이다. 이처럼 신앙과 일의 괴리는 오늘날 교회와 그리스도인이 맞이한 중요한 영적 과제 가운데 하나이다.

우리는 끊임없이 "무엇을 할까?"를 고민한다. 그런 측면에서 일은 단순히 생계를 위한 수단일까? 혹은 개인의 자아실현을 위한 무대일까? 둘 다 맞는 말이다. 그렇다면 하나님 나라와 연결된 신성한 사명은 어떨까? 인간의 타락 이전부터 생육 번성 충만의 명령(창 1:28)은 창조 질서 가운데 인간의 일로 주어진 사명이었다.

하지만 우리가 종종 빠지는 오류가 있다. 그것은 바로 '거룩한 일'과 '세속적인 일'을 구분하는 것이다. 목회자나 선교사와 같은 영적 직분만이 하나님의 사역이고, 일반 직업은 믿는 사람이라도 어쩔 수 없이 감당해야 할 '세상 일'이라고 여긴다. 이러한 이분법은 로마가톨릭교회가 위대하게 만들어낸 성속 이원론의 잔재이다. 종교개혁자들은 이를 강력하게 부정했다. 루터와 칼빈을 위시한 종교개혁자들은 모든 신자가 자기 삶의 자리에서 하나님의 부르심에 응답해야 함을 강조했다.

1. 영역주권과 일터의 의미

자! 그렇다면 그리스도인의 '세상에서의 일'이 어떻게 하나님 나라와 연결될까? 그 일은 단순한 개인적 성공의 수단을 넘어, 공공선을 이루는 하나님의 도구가 될 수 있는가? 아브라함 카이퍼(Abraham Kuyper, 1837-1920)는 이 문제에 대해 '영역주권'(Sphere Sovereignty) 개념으로 답하고 있다. 이 개념은 모든 삶의 영역, 곧 가정, 교회, 국가, 예술, 학문, 노동 등 각각의 영역이 하나님으로부터 직접 주권을 부여받은 독립적 단위이며, 무엇보다 중요한 점은, 모든 영역의 궁극적 주권자는 만물 위에 주 되신 오직 그리스도시다는 말이다. 즉 그리스도인의 일터와 직업 세계가 하나님 나라의 일부로, 모든 만물은 하나님의 주권 아래 있는 영역이다.

영역주권 사상의 강조점은 그리스도인이 각자의 위치에서 하나님 나라의 가치와 질서를 구현해야 한다는 적극적 사명감에 있다. 어떤 직업인으로 살아가든 간에 모든 성도는 각자 자기 영역에서 하나님의 정의와 질서, 자비와 공의를 드러내야 한다는 것이다.

이러한 관점에서 본다면 일은 더 이상 세속적 공간으로만 여겨질 수 없다. 복음의 외곽에 위치하는 별개의 일이 결코 아니다. 그리스도의 통치가 반드시 실현되고 하나님 나라가 임해야 할 현장이다. 일의 영역은 창조질서를 따라 하나님의 나라를 확장해 가는 신적 소명의 공간인 것이다. 하나님의 주권 아래 '구속된' 영역이다. 이 땅에서의 일 자체도 하나님께 속하고, 그 일을 통해 그리스도인은 하나님 나라 백성으로 살아가며 그에 준한 책임과 헌신을 실천하게 된다.

2. 하나님 나라의 관점에서 본 '일'의 의미

우리의 일터는 하나님 나라가 실제로 드러나는 '현장'이다. 하나님 나라는 영적인 차원에서 교회 안에서만 이루어지는 것이 아니다. 하나님의 나라는 이곳에 임하는 것이다(마 6:10). 교사들이 다음세대를 가르치는 일, 의료인들이 환자를 치료하는 일, 법관이 정의로 판결하는 일, 농부와 어부가 생산과 관리하는 일, 예술가와 디자이너가 창조성을 발휘하는 일, 경영자가 회사를 운영하는 일 등은 모두 하나님 나라의 가치가 구현되는 행위들일까? 그럴 수 있다. 가능성으로 대답한 이유는 그 모든 일 자체가 하나님 나라의 목적에 봉사해야 한다는 조건이 충족되어야 하기 때문이다.

하나님 나라의 관점에서 보면, 일은 단지 개인적 차원에서 소득 창출과 성공의 도구가 아니다. 오히려 이웃 사랑과 섬김을 통한 하나님의 뜻을 실현하는 수단이다. 단순한 생계 수단으로서가 아니라, 하나님과 이웃을 섬기는 신령한 부르심으로서 일터를 재해석하는 것이 개혁신학이 제시하는 길이다. 일은 하나님의 정의를 세우고, 불의와 불평등에 저항하며, 사회의 조화와 평화를 증진하는 역할을 감당해야 한다.

더 나아가, 하나님 나라의 일은 창조와 회복, 선한 질서의 유지와 확장이라는 넓은 의미를 포함한다. 하나님이 창조하신 세상을 돌보고 섬기는 것이 곧 하나님 나라의 '실천'이다. 그리스도인은 자기 일터에서 이러한 하나님 나라의 원리를 적용하며, 하나님의 통치가 삶의 모든 영역에서 나타나도록 힘써야 한다. 이처럼 일은 하나님 나라 신학의 중요한 현장이며, 그리스도인은 자신이 맡은 직분과 역할을 통해 하나님 나라 확장에 기여하는 '하나님의 동역자'임을 자각해야 한다.

결국, 개혁신학은 우리로 하여금 '내 일이 단지 돈벌이가 아니라, 하나님의 뜻과 나라를 위해 존재한다'는 확신을 갖게 하며, 일의 가치와 존엄을 회복시킨다. 이는 각 개인뿐 아니라 교회와 사회 전체에까지 긍정적인 영향을 미치며, 일터에서의 신앙 실천과 윤리적 책임을 강조하는 현대 그리스도인의 삶에 깊은 뿌리를 제공한다.

3. 일터에서 하나님 나라를 실현하는 실천 방안

첫째, 무엇보다 그리스도인은 자신의 일터가 하나님께 속해 있음을 고백하며, 모든 영역 위에 군림하시는 하나님 주권을 인정해야 한다(시 24:1). 일상에서 마주하는 크고 작은 결정들을 하나님의 뜻과 일치하도록 구하며, 직장에서의 윤리와 정직, 공정함을 지키는 것은 하나님께 순종하는 구체적 행위다.

둘째, 일터를 통한 섬김과 이웃 사랑을 실천해야 한다. 예수님은 "네 이웃을 네 자신같이 사랑하라"(마 22:39)고 명령하셨다. 일터는 다양한 사람들이 만나고 교류하는 공간이기에, 동료, 상사, 고객, 협력자 등 모든 사람을 존중하고 배려하는 태도가 필요하다. 갈등 상황에서도 화평을 도모하고, 도움이 필요한 이에게 적극적으로 손을 내미는 것은 하나님 나라의 사랑을 구체화하는 행위이다.

셋째, 사회 정의와 공공선에 대한 책임 의식을 가져야 한다. 그리스도인은 개인의 성공을 넘어서 사회 정의와 공동선을 위해 일해야 한다. 불공정한 관행을 묵인하지 않고, 공정한 노동 환경과 평등한 기회를 촉진하는 데 힘써야 한다. 일터에서 직장 내 괴롭힘, 차별, 부정행위를 발견할 때 용기 있게 문제 제기하고 변화를 위해 노력하는 것이 하나님 나라 확장에 기여하는 길이다.

넷째, 창조 질서 회복을 위한 지속 가능성 추구해야 한다. 하나님이 맡기신 창조 세계를 돌보는 것도 중요한 사명이다(창 2:15). 직업이 환경과 자원을 사용하는 방식에 영향을 미친다면, 그리스도인은 지속 가능한 방식으로 일하며, 낭비와 과잉 소비를 경계해야 한다. 친환경적이고 윤리적인 경영과 생산은 하나님 나라의 선한 질서를 지키는 실천이다.

다섯째, 일터에서의 영적 성장과 공동체 형성해야 한다. 일터는 영적 성장과 신앙 공동체 형성의 기회이기도 하다. 동료들과 신앙을 나누고, 기도 모임이나 성경 공부를 조직하는 등, 그리스도인의 정체성을 드러내는 공동체를 만들어가는 것이 필요하다. 이를 통해 서로 격려하고 세워지는 가운데, 일터가 하나님의 임재와 축복이 넘치는 공간으로 변화될 수 있다.

일터에서 이러한 구체적 실천들이 모일 때, 그리스도인은 자신이 속한 영역에서 하나님의 나라를 확장하는 역동적인 주체가 될 수 있다. 이는 카이퍼가 강조한 영역주권 사상과 맞닿아 있으며, 하나님 나라의 통치가 삶의 모든 영역에서 실현됨을 보여주는 증거다.

우리가 살아가는 일터는 단순한 생계 수단을 넘어, 하나님 나라가 임하고 확장되는 실제적 공간이다. 영역주권 사상은 각 영역이 하나님 주권 아래 독립적으로 존중받으며, 동시에 하나님 나라의 통치가 모든 영역에 미쳐야 함을 강력히 선포한다. 이 원리에 따라 그리스도인의 일은 개인적 차원을 넘어 공동선을 추구하고, 사회 정의와 창조 질서 회복에 기여하는 신성한 부르심이다.

개혁신학은 '소명'이라는 개념을 통해, 우리의 직업과 일터가 하나님께 영광을 돌리고 이웃을 섬기는 현장임을 분명히 한다. 이는 일의 가치와 존엄을 회복시키고, 그리스도인이 자신의 영역에서 하나님의 뜻을 실천하는 '하나님의 동역자'로서 살아가도록 부른다. 나아가, 일터에서의 구체적 실천—하나님 주권 인정, 이웃 사랑, 사회 정의 실천, 창조 질서 회복, 영적 공동체 형성—은 하나님 나라의 통치가 현실 속에서 구현되는 구체적 방법이다.

따라서 "내 일은 하나님 나라에 무슨 의미가 있을까?"라는 질문은, 그리스도인이 자신의 삶과 신앙을 통합적으로 성찰하는 기회가 되어야 한다. 우리의 노동과 직업은 하나님 나라를 세우는 소중한 터전이며, 이를 통해 하나님은 세상을 새롭게 하시는 사역에 우리를 초대하신다. 이 부르심에 응답하며, 모든 영역에서 하나님의 주권을 인정하고 충실히 살아가는 것이 바로 오늘을 사는 그리스도인의 사명이다.

청년이 알아야 할 7가지

소명을 찾아가는 여정

안정진

우리는 이전에 경험하지 못한 새로운 시대로 진입했다. 그동안 일하던 방식이 통하지 않고, 평생직장이라는 개념도 사라지고 있다. 익숙하던 것이 사라지고 있으며 듣지도 보지도 못한 신개념의 직업들이 생겨나고 있다. 세상은 지금 직업에 대한 참신한 접근을 요구한다. 하지만 해 아래 새것이 있던가? 전도자의 말대로, 이미 있던 것이 나중에 다시 있을 것이고, 이미 한 일을 후에 다시 하게 될 것이다(전 1:9). 사람의 눈에는 새로운 것처럼 보일지 모르나 그것들도 다 이전에 있던 것들일 뿐이다. 역설적이지만, 참신한 것을 찾기 위해서는 오래된 것을 찾아야 할지도 모른다. 직업만 아니라, 그 직업을 준비하는 과정도 그렇다. 오래된 것은 버려야 할 무가치한 것이 아니라, 오히려 새롭고 참신한 것을 위한 토대다. "무엇을 해야 할까?" "어디로 가야 할까?" "내 소명을 어디서 찾을 수 있을까?" 오래된 것들을 눈여겨보라.

1. 과거에 귀를 기울이라.

소명은 계시처럼 주어지지 않는다. 사람들은 소명이 밖에서 오며, 시간적으로는 미래의 것이라 생각한다. 그러나 어떤 의미에서 "소명은 이미 내 안에 와 있는 것"일 수 있다. 비록 내가 무엇을 해야 할지 확실하지는 않지만 삶에 귀를 기울이면 들을 수 있다. 그래서 파커 팔머는 "무엇을 하고 싶은지 내 삶에 말할 수 있으려면 먼저 내가 누구인지 내 삶의 말부터 들어야 한다"라고 말했다.

과거의 의미 있는 사건과 일들을 노트에 적어보라. 나를 감동시킨 이야기들, 처음으로 한 아르바이트, 재능이 있다고 칭찬받았던 일들, 열정과 에너지를 쏟았던 사건들, 그래도 피곤하거나 지치지 않았던 그 일 등등. 다음에, 그들 속에 어떤 공통된 주제나 연결고리가 있는지를 찾아보라. 그 모든 것을 하나로 묶어주는 분명한 주제를 발견할 수 있는가? 물론 시작부터 선명하지는 않지만 지나온 삶에서 실마리를 발견하는 것이 시작이다. 과거에 귀를 기울이면, 삶이 말을 한다. 다시 말하지만, 부르심은 갑작스러운 사건이 아니라, 내가 내린 모든 의지적인 결정의 점들이 하나로 연결되어 만들어진다.

2. 공동체의 조언을 들으라.

혼자 소명을 찾을 수 있는 사람은 아무도 없다. 우리는 누군가의 도움이 필요한 존재다. 자녀들이 소명을 발견해 가는 과정에서 부모의 역할은 실로 중요하다. 부모의 한계를 신앙 공동체가 보충하고 채워준다. 신앙 공동체 안에는 이끌어줄 사람들이 있다. 배움은 또래 집단이나 친구보다 어른들(부모님, 목사님, 선생님, 멘토 등)로부터 일어난다. 어떻게 그들을 찾고 만날 수 있을까? 그것은 우리의 일이 아니다. 소명을 발견하려고 한다면 하나님은 나를 응원해 줄 사람들을 공동체 안에서 만나게 해 주신다. 우리가 할 일은 눈을 크게 뜨고 그들을 알아보고, 귀를 활짝 열고 그들의 조언을 듣는 것이다.

3. 노력, 고통, 숙련이 필요하다.

소명을 발견한 사람에게는 일이 마냥 즐겁고 쉬운 것일까? 아니다. 그렇게 믿는 것은 일종의 신화다. 소명은 노력을 요구하며 고통이 따르며 숙련이 필요하다. 소명은 내가 시도하는 무엇이 아니라, 내가 되어가는 그 사람이다. 노력과 고통과 반복된 숙련을 통하여 성품이 만들어지고 거기서 탁월함을 낳게 된다. 노력은 배신하지 않는다거나, 모든 것이 당신의 노력 여하에 달려 있다고 말하는 것이 아니다. 하나님의 말씀과 인생의 크고 작은 경험을 통해 깨닫듯이, 인생은 타고난 재능이나 피나는 노력으로만 되지 않는다. 우리는 우리의 한계를 매 주일 예배 안에서 고백하며 하나님의 도우심과 은혜를 구한다. 그러나 가만히 위대해지는 사람은 결코 없다.

4. 모든 성공담은 실패의 누적이다.

진로를 탐색하는 모든 이에게 가장 오래되고 중요한 교훈은 실패에 대한 것이다. 가령, "실패는 성공의 어머니다." "실패는 나의 가장 좋은 친구다." "성공의 계절은 실패의 계절 후에 찾아온다"이다. 그런데 이 교훈이야 말로 귀중한 진리다. 당신의 주변에 있는 모든 탁월한 사람들에게 가서 그들의 성공담을 들어보라. 그들은 한결같이 실패가 주었던 교훈을 들려줄 것이다. 모든 성공담은 실패의 누적에 대한 것이다. 내가 지금까지 들었던 가장 끔찍한 실패담 중 하나는 운전면허를 따기 위해 수십 번 아니 그 이상의 실패를 경험한 한 사람의 이야기였다. 하지만 그는 지금 하나님의 말씀을 전하기 위하여 전국의 고속도로를 누비고 있다. 모든 소명에는 의미 없이 방황하는 광야의 시기가 있다. 허공을 잡으려 하거나 시간을 낭비하는 것처럼 보이는 때가 있다. 사람들의 눈에는 그 시기가 실패처럼 보인다. 그러나 그때가 가장 중요한 시간이다. 누군가의 말처럼, "실패는 평생에 일어난 두 번째 최고의 일이다."

5. 인생을 포트폴리오로 보라.

우리는 소명을 평생 해야 할 딱 한 가지 직업으로 생각한다. 하지만 소명은 그런 것이 아니다. 오히려 인생 전체를 아우르는 중요한 목적과 방향이다. 평생 한 직장만 다니다가 은퇴하고 연금을 받는 시대는 사라진지 오래다. 사람은 한 가지 일만 하도록 프로그램화된 기계가 아니다. 하나님은 당신의 창조 세계 전체에 대한 이해와 관심을 촉구하신다. 직업과 진로를 선택하기 위해서 우리가 해야 할 일은 창조 세계에 대한 복합적인 관심사와 열정과 활동을 의미 있는 다발로 만들고 또한 아름답게 장식하는 일이다. 즉 하나의 일에서 나의 정체성을 찾는 것이 아니라, 내가 하는 일 전체를 하나의 포트폴리오로 보는 것이다. 예를 들어, 나는 매주 설교와 성례를 집행하고, 성도를 교육하고 심방하며 축복하고 기도하는 일을 하는 목사다. 이렇게 복음으로 사는 것이 나의 정체성이다. 하지만 그것이 전부는 아니다. 나는 기독교 대안학교와 홈 스쿨 가족들과 지역의 청소년들에게 성경과 문학을 가르치는 일도 한다. 그리고 신학 서적을 번역하는 전문 번역가로, 책을 쓰는 작가로 활동한다. 이처럼, 내 활동과 열정과 복합적인 관심사가 하나의 포트폴리오를 이루어 나의 소명을 형성한다. 말하자면, 소명이란 나의 일과 직장만이 아니라, 나라는 사람 곧 자체다. 제프리 고인스는 『일의 기술』에서 일반적으로 소명을 발견했을 때 아래와 같은 징후가 나타난다고 말한다.[18]

-친숙하다/ 지금까지 해 온 일들을 돌아보아야 한다.
-다른 사람들이 알아본다/ 공동체 안에서 분명하게 드러난다.
-도전적이다/ 쉽게 할 수 없다.
-믿음을 요구한다/ 설명이 안 될 만큼 신비롭다.
-시간이 걸린다/ 거듭되는 실패를 경험한다.
-소명은 한 가지 이상이며 나머지 삶과 잘 융합된다/ 삶의 부분들이 경

쟁이 아니라 서로 보완한다.

-소명은 나보다 크다/ 혼자 성취할 수 없다.

6. 나가면서

어떠한가? 직업과 진로의 선택으로 고민하는 자신에게 이 소명의 징후를 적용해 보라. 진로와 직업의 선택은 어떤 직장을 얻느냐 어떤 일을 하느냐가 본질이 아니라 되어가는 사람이며, 내 인생 전체에 대한 것이다. 그 일은 나에게서 끝나지 않는다. 나의 발자취를 따라오는 그 누군가에게 의미 있고 중요한 유산을 남기게 될 것이다.

청년과 노동
성경과 개혁신학이 답하다

전영욱

들어가며: 청년의 현실과 교회의 응답

오늘날 많은 청년들은 경제적 어려움과 불안정한 사회 환경 속에서 점점 고립되고 있다. 청년 실업률은 여전히 높은 수준을 유지하고 있으며, 대학을 졸업하고도 안정된 직장을 구하는 것이 쉽지 않다. 한국고용정보원의 최근 자료에 따르면 청년층의 약 76%는 최소 한 번 이상 직장을 옮긴 경험이 있으며, 첫 직장에서는 평균 3년 정도만 근무한 후 이직하는 경향이 뚜렷하다. 이는 청년들이 직장 내 안정감을 느끼지 못하고 있음을 보여주는 증거이다.

이러한 고용 불안정은 청년들의 경제적 자립을 방해하고, 연애, 결혼, 출산, 주택 마련 등을 포기하게 만드는 'N포 세대' 현상을 낳고 있다. 최근에는 MZ세대라 불리는 새로운 세대가 등장하면서 노동에 대한 인식도 변화하고 있다. 이들은 과도한 업무 부담을 거부하고, 직장 내 성공보다는 개인의 삶의 질을 더욱 중시하는 경향을 보이며, '조용한 사직(Quit Quitting)'이라는 새로운 트렌드를 만들어냈다. 노동은 더 이상 단순한 생계유지 수단이 아닌, 자신만의 가치를 실현하는 수단으로 인식되고 있는 것이다. 그러나 이러한 변화는 때때로 현실 문제에 대한 책임 회피로 비춰지며, 성과 저하, 협업 약화 등의 부정적인 결과를 낳기도 한다. 특히 교회 내 청년들 가운데 경제적·사회적 문제를 오직 신앙적 차원에서만 해결하려는 경향이 있다. 신앙은 개인적인 안위와 구원의 차원에 머무르고, 사회적 변화와 참여로 이어지지 않는 것이다.

이제 교회는 이러한 경향을 극복하고, 신앙이 사회 속에서 구체적으로 실천될 수 있도록 돕는 역할을 해야 한다. 청년들이 신앙의 토대 위에서 세상을 변화시키는 주체로 설 수 있도록 교회가 동반자 역할을 감당해야 할 시점이다. 교회는 청년들이 신앙과 삶을 통합하도록 돕는 실천적 방안을 고민해야 하는데, 단순한 성경 공부와 예배 참여를 넘어 삶의 현장에서 하나님의 뜻을 실현하고자 하는 구체적인 삶의 전략을 제시해야 한다. 이와 같은 논의는 개혁주의 신학의 토대 위에서 더욱 풍성하게 전개될 수 있으며, 청년 세대가 직면한 노동과 삶의 문제를 신앙적으로 해석하고 응답하는 데 유익한 통찰을 줄 것이다.

1. 성경과 개혁주의 신학에서 말하는 노동

성경은 노동을 단지 생계를 위한 활동으로 보지 않는다. 하나님은 인간에게 창조의 질서를 돌보고 관리하는 사명을 주셨으며, 이는 곧 하나님과의 관계 속에서 그분의 뜻을 실현해 나가는 대제사장적 사명이다. 창세기 2장 15절의 "경작하다"(히: 아바드)는 단순한 농업 노동이 아닌, 하나님이 창조하신 세상을 돌보고 보존하는 사명으로 해석된다. 노동은 성경 전체의 서사 속에서 긍정적인 활동으로 등장한다. 타락 이전에도 노동은 인간 존재의 본질적인 요소였다. 이는 노동이 본질적으로 죄의 결과가 아님을 보여주며, 오히려 하나님이 주신 창조 질서의 일부임을 의미한다. 노동은 하나님의 형상을 따라 창조된 인간이 하나님을 본받아 창조하고 돌보는 방식이기도 하다.

개혁주의 신학 역시 노동을 하나님과의 동역으로 이해한다. 마르틴 루터,

장 칼뱅, 아브라함 카이퍼는 모두 노동을 신앙적 소명으로 간주하며, 모든 직업이 하나님을 섬기는 신성한 활동임을 강조하였다. 노동이 구원의 조건은 아니지만, 구원받은 자의 삶에서 필연적으로 나타나는 열매이다. 일상의 직업 활동은 곧 하나님을 예배하는 삶의 연장이며, 이는 신자 개인의 거룩뿐 아니라 사회적 책임으로도 확장된다.

1) 루터의 직업 소명론: 모든 직업은 하나님의 부르심

마르틴 루터는 중세교회의 직업관을 뒤흔들었다. 당시 '소명'은 성직자나 수도사에게만 해당하는 것으로 여겨졌으나, 루터는 모든 직업이 하나님께서 주신 신성한 소명이라 주장했다. 그는 농부든 상인이든 각자의 자리에서 하나님을 섬기며, 세상에 긍정적인 영향을 미칠 수 있다고 보았다. 루터에게 직업은 단순히 생계유지가 아니라, 하나님께서 그 사람을 통해 세상을 돌보시고 이웃을 섬기시는 통로였다. 그는 각 직업이 하나님의 섭리 안에 있다는 점을 말하면서 일상적인 일을 통해 신자는 하나님께 순종하는 삶을 살아가야 한다고 강조했다. 이러한 관점은 직업의 귀천을 없애고, 모든 노동을 하나님을 향한 예배의 연장선으로 바라보게 만든다. 이러한 루터의 가르침은 오늘날 직장 생활 속에서도 신자가 소명의식을 갖고 일에 임하도록 하는 데 중요한 신학적 근거를 제공한다.

2) 칼뱅의 소명론: 활동하시는 하나님과의 동역

장 칼뱅은 노동을 단순한 생계 수단이 아니라, 하나님의 사역에 동참하는 활동으로 이해했다. 그는 모든 일이 하나님의 섭리 안에 있음을 강조하며, 각자가 맡은 일을 통해 하나님과 동역하고 질서를 이루어야 한다고 가르쳤는데, 노동은 하나님과의 관계를 실천하는 수단이며, 하나님의 뜻을 이 땅에 구현하는 방편으로 보았던 것이다. 칼뱅에게 있어 하나님의 '섭리'는 매우 적극적인 개념이며, 신자는 하나님의 활동하심에 응답하는 동역자로서 삶의

모든 영역에서 부르심에 응답해야 한다. 따라서 직업 활동은 단지 개인의 생계 문제를 해결하는 것을 넘어, 하나님의 통치를 구현하는 소명적 현장이 된다. 칼뱅의 가르침은 신자의 일상이 경건의 연장임을 강조하며, 노동의 영적 가치를 회복시킨다.

3) 아브라함 카이퍼: 문화 명령과 영역 주권

아브라함 카이퍼는 '영역 주권'(Sphere Sovereignty) 개념을 통해, 세속적 영역까지도 하나님께 속해 있다고 주장했다. 카이퍼는 "우리 인간 존재의 모든 영역 전체를 통틀어 단 한 치의 땅도 그리스도께서 '내 것'이라고 외치지 않으시는 곳은 없다"(There is not a square inch in the whole domain of our human existence over which Christ, who is Sovereign over all, does not cry: 'Mine!')고 말했다. 그는 신자들이 각자의 직업을 통해 세상의 질서를 하나님의 뜻에 따라 변화시켜야 한다고 보았으며, 노동을 하나님이 주신 문화 명령을 실현하는 중요한 수단으로 이해했다. 노동은 신자의 신앙이 삶 속에서 구현되는 자리이며, 사회 구조를 변화시키는 힘이기도 하다.

따라서 카이퍼는 교회, 가정, 정치, 교육, 경제 등 모든 사회 영역이 하나님께 속해 있으며, 각각의 영역은 하나님께로부터 주어진 고유한 권위를 지니고 있음을 강조했다. 이러한 관점은 신자가 세상 속에서 위축되지 않고, 담대하게 자신의 소명을 실천할 수 있도록 해준다. 노동은 문화 명령에 대한 순종이며, 신자는 자신에게 맡겨진 영역에서 하나님 나라의 가치를 실현하는 청지기 역할을 감당해야 한다.

2. 웨스트민스터 신앙고백서와 직업 소명

웨스트민스터 신앙고백서는 모든 직업이 하나님께서 신자에게 주신 소명임을 분명히 밝히고 있다. 노동은 단순한 생계유지 수단이 아니라 하나님의 뜻을 실현하는 신앙적 활동이다. 각자의 직업은 하나님을 섬기고 사회에 기여하는 수단이 되어야 하며, 이는 모든 신자에게 주어진 사명이다. 고백서는 중세교회의 이원론을 극복하고, 일상 속 노동에도 신학적 의미를 부여하는 혁신을 이루었다. 특히 제16장 "선행"(Of Good Works)에서는 신자의 모든 삶이 하나님께 드려지는 선한 행위가 되어야 한다고 명시하고 있다. 이는 단지 예배나 봉사활동뿐 아니라, 직업 활동 역시 선한 행위가 될 수 있음을 의미한다. 고백서는 노동이 구원의 조건은 아니지만, 구원받은 자의 삶 속에서 자연스럽게 나타나는 열매라는 점을 강조한다. 또한 제5장 "섭리"(Of Providence)에서는 하나님께서 모든 피조물을 보존하시고 섭리하신다는 점을 밝히며, 신자의 직업과 일상 역시 하나님의 주권 아래 있다는 신학적 기초를 제공한다. 세상의 모든 일들이 우연이 아니라 하나님의 뜻 가운데 이루어짐을 선포함으로써, 우리의 노동이 하나님의 섭리에 동참하는 거룩한 행위임을 뒷받침하는 것이다. 더불어 제3장 "하나님의 영원한 작정"(Of God's Eternal Decree)에서는 하나님께서 모든 것을 그 뜻대로 작정하셨음을 고백한다. 이로 인해 각자의 삶의 자리, 직업, 사명도 하나님의 계획과 목적 속에 있다는 확신을 갖게 된다. 이는 직업을 단지 인간의 선택이 아닌, 하나님의 부르심으로 이해하게 하는 중요한 근거이다. 제20장 "그리스도인의 자유와 양심의 자유"(Of Christian Liberty and Liberty of Conscience)에서는 신자가 각자의 양심에 따라 자유롭게 하나님을 섬기며 살아갈 수 있는 자유를 강조하는데, 이 자유는 직업 선택과 수행에 있어서도 하나님께 대한 경외심 속에서 자율적으로 임할 수 있도록 도와준다.

결론적으로 직업은 개인의 선택이 아니라 하나님의 부르심이며, 그 부르심에 대한 순종은 경건의 실천이다. 웨스트민스터 신앙고백서는 신자들이 사회 속에서 어떻게 하나님을 영화롭게 할 수 있는지를 제시하며, 노동을 통해 이웃을 사랑하고 공동체를 섬기는 삶을 강조한다. 이는 직업에 대한 영적 자부심을 회복하고, 기독교적 노동 윤리를 확립하는 데 중요한 토대를 제공한다.

3. 현대 사회의 청년과 직업, 그리고 교회의 역할

현대 사회의 그리스도인은 직업을 단순한 경제 활동으로 보아서는 안 된다. 골로새서 3장 23절의 말씀처럼, "무슨 일을 하든지 주께 하듯 하라"는 자세로 임해야 한다. 직업은 하나님의 뜻을 이 땅에 실현하는 수단이며, 그분과 동역하는 신성한 영역이다.

오늘날 청년들은 일터에서 다양한 윤리적 갈등과 부정의에 직면하고 있다. 교회는 그들에게 신앙적 해석과 구체적인 대응 방안을 제시해 주어야 한다. 노동을 통한 하나님 섬김, 사회적 책임 실천, 그리고 일상 속 신앙의 통합을 가르쳐야 합니다. 단지 안위의 복음이 아니라, 세상을 변화시키는 실천적 신앙을 회복하도록 도와야 한다. 청년들은 직장에서의 갈등과 실패, 사회적 불공정 속에서도 하나님을 신뢰하고, 신자의 정체성을 잃지 않아야 한다. 따라서 교회는 이들이 고립되지 않도록 공동체의 지지를 제공하고, 그들의 고민을 함께 나누며 실천적 해답을 제시해야 하는데, 이를 통해 신자는 직업 활동을 통해 하나님의 성품을 드러내고, 사회의 소금과 빛으로 기능하게 된다.

교회는 청년들에게 노동의 신학적 의미를 교육하고, 그들이 일상과 직장에서 하나님의 뜻을 실현할 수 있도록 훈련시켜야 한다. 이를 통해 청년들은 개인의 성취를 넘어 공동선, 정의, 공의 실현에 동참하게 될 것이다. 세상 속에서 신앙을 살아내는 삶은 교회의 사명이며, 청년 세대와 함께 교회는 이 사명을 이어가야 한다.

결론 : 소명을 따라 살아가는 청년, 교회가 함께 걸어야 할 길

오늘날 청년들이 겪는 문제는 경제적 어려움만이 아니라, 신앙과 사회 사이에서 균형을 찾지 못하는 데에 있다. 성경은 노동을 하나님의 창조 질서를 구현하는 소명으로 이해하며, 루터, 칼뱅, 카이퍼는 각자의 자리에서 하나님을 섬기고 사회적 책임을 다해야 한다고 가르쳤다.

그러나 오늘날의 청년들 중 다수는 신앙을 개인의 내면과 안위로만 이해하며, 사회적 불의에 대한 실천적 저항은 부족한 경우가 많다. 교회는 이러한 경향을 넘어서 청년들이 신앙을 통해 세상에 참여하고, 하나님의 뜻을 구현하는 존재로 설 수 있도록 도와야 한다.

청년들은 각자의 직업과 삶의 자리에서 하나님의 뜻을 실현하는 주체이다. 예수님의 교훈처럼, 우리가 하는 모든 일이 하나님을 섬기는 활동임을 기억하며, 각자의 자리에서 정의와 공의를 실현해 나가야 하는데, 교회가 이 사명을 감당할 수 있도록 구체적이고 실질적인 동반자가 되어야 한다. 그럴 때 청년들은 변화의 주체가 되어 세상 속에서 하나님의 나라를 확장하는 일에 헌신할 수 있을 것이다.

교회는 청년들에게 신앙의 언어만이 아니라 실천의 언어를 가르쳐야 한다. 교회 안에서 배운 말씀과 진리가 세상에서 어떻게 살아내야 하는지, 어떤 삶의 결정을 이끌어야 하는지를 훈련시켜야 한다. 단지 도덕적 기준을 제시하는 것을 넘어, 구체적인 선택과 행동을 동반한 신앙의 삶이 가능하도록 도와야 한다. 이러한 접근은 청년들이 단지 교회 내 구성원이 아니라, 세상을 변화시키는 하나님의 일꾼으로 자라나도록 이끌 것이다.

> 청년이
> 알아야
> 할
> 7가지

일하기 싫어하거든
먹지도 말게 하라

손재익

　직장인을 찾아가 질문하는 영상을 보았습니다. 한 직장인에게 물었습니다. "꿈이 뭔가요?" 대답을 듣고 놀랐습니다. 뜻밖이었기 때문입니다. 저는 당연히 '승진'이나 '월급 인상' 정도를 예상했습니다. 답은 의외였습니다. '퇴사'였습니다. 이후에 알았습니다. 그 사람만의 꿈이 아니라는 사실을. 요즘 대부분의 직장인의 꿈이라고 합니다.

　퇴사가 꿈이라는 말에는 여러 의미가 있을 것입니다. 하나는 직장인이 아니라 자기 사업을 하는 것을 의미할 것입니다. 그런데 그 대답에는 경제적으로 완전히 독립해서 일을 하지 않아도 되는 것이라는 뜻이 담겨 있었습니다.

　언젠가부터 젊은이들, 청소년들의 꿈이 '건물주'입니다. 건물을 소유해서 임대료 받으면서 아무 일도 하지 않고 지냈으면 하는 꿈을 꿉니다. 젊은이의 꿈으로는 너무 어울리지 않습니다. 포부(抱負)도 없고, 야망(野望)도, 근성도, 없습니다. 젊은이에게서 늙은이의 모습이 보여 안타깝습니다. 게다가 쉽게 쉽게 사는 삶을 꿈꾸는 현대 문화가 교회 안에도 들어옵니다.

　'일하지 않는 삶' 과연 어떠할까요? 경제적으로 여유로우면 놀고먹어도 되지 않을까요? 어른들이 흔히 하는 말이 있습니다. "노는 것도 한두 달이지" 우리는 그런 말 때문에 일해야 한다고 생각하지 않습니다. 그보다 더 중요한 성경의 교훈이 있습니다.

일하기 싫어하거든 먹지도 말게 하라

성경에 기록된 말인데, 많은 사람에게 알려져 대중적으로 사용하는 표현이 있습니다. "일하기 싫어하거든 먹지도 말게 하라"입니다. 속담이나 격언 같지만, 바울 사도의 말입니다.

> 데살로니가후서 3:10-12
> 10) 우리가 너희와 함께 있을 때에도 너희에게 명하기를 누구든지 **일하기 싫어하거든 먹지도 말게 하라** 하였더니
> 11) 우리가 들은즉 너희 가운데 게으르게 행하여 도무지 일하지 아니하고 일을 만들기만 하는 자들이 있다 하니
> 12) 이런 자들에게 우리가 명하고 주 예수 그리스도 안에서 권하기를 조용히 일하여 자기 양식을 먹으라 하노라

해당 구절이 있는 문맥을 보시면, 데살로니가교회 안에 일은 하지 않고 게으르게 행하는 사람들이 있었습니다(11). 그들은 일하기는커녕 오히려 일을 만들기만 하는 사람들이었습니다. 직업을 가지고 일을 열심히 하여서 스스로 경제생활을 하지 않고, 오히려 무위도식(無爲徒食), 즉 아무 하는 일 없이 먹고 놀기만 하는 사람들이었습니다. "어차피 이제 곧 예수님께서 재림하실 것인데, 뭣 하러 열심히 일하냐?"라고 생각하는 사람들이었습니다.

바울은 그들에 대해 이렇게 말합니다. "...누구든지 일하기 싫어하거든 먹지도 말게 하라..."(10절) "...조용히 일하여 자기 양식을 먹으라..."(12절)

바울은 데살로니가후서에서 처음 이 말을 한 것이 아닙니다. 데살로니가전서 4:11에서도 이렇게 말합니다.

> 데살로니가전서 4:11
> 또 너희에게 명한 것 같이 조용히 자기 일을 하고 너희 손으로 일하기를 힘쓰라

이러한 성경의 가르침에 보듯이 일하지 않고 노는 것이 그리스도인의 꿈이 될 수 없습니다. 신자는 일하는 사람입니다. 자기의 일을 하고, 일을 통해 양식을 먹으며, 그 양식으로 먹고 다시 또 일하는 사람입니다.

게으름

바울이 데살로니가후서 3:10, 12에서 일하라고 말할 뿐 아니라 3:11에서 일하지 않는 것, 즉, 게으름을 지적했는데요. 게으름이라는 주제는 성경에 아주 많이 나오는 내용입니다.

> 잠언 6:6
> 게으른 자여 개미에게 가서 그가 하는 것을 보고 지혜를 얻으라
>
> 잠언 6:9
> 게으른 자여 네가 어느 때까지 누워 있겠느냐 네가 어느 때에 잠이 깨어 일어나겠느냐
>
> 잠언 10:4
> 손을 게으르게 놀리는 자는 가난하게 되고 손이 부지런한 자는 부하게 되느니라
>
> 잠언 13:4
> 게으른 자는 마음으로 원하여도 얻지 못하나 부지런한 자의 마음은 풍족함

> 을 얻느니라
>
> 잠언 18:9
> 자기의 일을 게을리하는 자는 패가하는 자의 형제니라
>
> 잠언 20:4
> 게으른 자는 가을에 밭 갈지 아니하나니 그러므로 거둘 때에는 구걸할지라도 얻지 못하리라
>
> 잠언 21:25
> 게으른 자의 욕망이 자기를 죽이나니 이는 자기의 손으로 일하기를 싫어함이니라

위에서 보듯이, 놀거나 태만한 것은 신자의 바른 생활 태도가 아닙니다. 일하는 것이야말로 하나님을 믿는 사람이 취해야 할 마땅한 생활 태도이고, 일하는 것은 신자의 경건입니다.

우리의 노동을 통해 주시는 양식

하나님은 우리의 필요를 잘 아십니다. 먹을 것과 입을 것을 넉넉히 공급해 주십니다. 예수님은 먹는 것으로 인해 염려하지 말라고 하셨습니다.

> 마태복음 6:25-26
> 25) 그러므로 내가 너희에게 이르노니 목숨을 위하여 무엇을 먹을까 무엇을 마실까 몸을 위하여 무엇을 입을까 염려하지 말라 목숨이 음식보다 중하지 아니하며 몸이 의복보다 중하지 아니하냐
> 26) 공중의 새를 보라 심지도 않고 거두지도 않고 창고에 모아들이지도 아

> 니하되 너희 하늘 아버지께서 기르시나니 너희는 이것들보다 귀하지 아니하냐

그렇다면 일하는 것은 오히려 불신앙 아닙니까? 우리는 주기도문에서 "오늘 우리에게 일용할 양식을 주시옵고"라고 기도합니다. 그러니 기도만 하면서 하나님께서 주실 것을 기다려야지 일하는 것은 오히려 어리석은 일 아닙니까?

그렇게 생각한다면 오산입니다. 양식을 달라고 기도하거나 먹을 것을 염려하지 말라는 말씀은 일할 필요가 없다는 말씀이 아닙니다. 오히려 우리가 성실히 일하는 가운데 그로 인해 우리를 필요를 채우실 하나님에 대한 믿음을 가지라는 말씀입니다. 하나님께서 우리에게 일용할 양식을 주시는 방식은 기본적으로 우리의 노동을 통해서입니다(웨스트민스터 대요리문답 제193문답). "조용히 일하여 자기 양식을 먹으라"(살후 3:12)는 사도 바울의 말씀처럼 우리는 일을 해서 하나님께서 주시는 일용할 양식을 얻어야 합니다.

경제적 자립을 이루었더라도

경제적 자립을 이루었다고 놀아도 되는 것은 아닙니다. 경제적 자립을 했어도 신체가 건강하다면 일을 해야 합니다. 일할 형편이 되는 때까지는 일을 해야 합니다. 일은 단순히 내가 먹고 살기 위한 수단이 아닙니다. 일은 노동만을 말하지도 않습니다.

경제적 자립을 이루었어도 사업을 하고 창업을 하여서 다른 사람들의 일자리를 확보해 주는 것도 그리스도인이 해야 할 일입니다. 나만 잘 먹고 잘 살 수 없습니다. 부자라서 일하지 않아도 먹고 살 수 있는 사람이라도 일해야 합니다. 다른 사람도 일하여 먹고 살수 있도록 해 주어야 합니다.

이윤을 창출하는 노동이 아니라도 얼마든지 일은 있습니다. 다른 사람을

돕는 일도 그리스도인이 해야 할 일입니다.

일하신 하나님

일하실 필요가 없는 하나님은 일하신 분이십니다. 창세기 1장 전체는 하나님의 창조의 사역(work), 즉 창조의 일을 다룹니다. 요한복음 5:17에서 예수님은 이렇게 말씀하셨습니다. "내 아버지께서 이제까지 일하시니 나도 일한다"

십계명 중 넷째 계명은 "안식일을 기억하여 거룩하게 지키라"(출 20:8)고 말한 뒤에 바로 이어서 "엿새 동안은 힘써 네 모든 일을 행할 것이나"(출 20:9)라고 말합니다. 그러면서 그 이유에 대해 각각 "일곱째 날은 네 하나님 여호와의 안식일인즉"(출 20:10) "이는 엿새 동안에 나 여호와가 하늘과 땅과 바다와 그 가운데 모든 것을 만들고..."(출 20:11)라고 말합니다.

이렇게 하나님은 일하신 분이요, 그에 근거해서 사람에게 "힘써 네 모든 일을 행하라"고 하셨습니다.

일과 소명

성경의 가르침을 따라 종교개혁자들은 일이란 하나님이 인간의 수고를 통해 인류를 보살피고 먹이고 입히고 잠자리를 마련하며 필요를 채우시는 도구라고 보았습니다. 직업을 '소명'(calling), 즉 하나님의 부르심으로 보았습니다. 종교개혁자들은 교회나 신앙과 관련된 일만을 '소명'이라고 생각하는 것을 지극히 경계했습니다. 합법적인 직업이라면, 즉 성경에서 금하는 직업이 아니라면 모든 직업은 하나님의 부르심이라고 보았습니다.

'직업'이라는 뜻의 영어단어 보케이션(vocation)은 '부르심'(소명)을 의미하는 라틴어 보카치오(vocatio)에서 나온 말입니다.

일하지 않는 죄의 크기

일, 해도 그만 안 해도 그만일까요? 그렇지 않습니다. 바울에 의하면 일을 싫어하는 건 먹을 권리도 없을 정도의 죄입니다(살후 3:10). 게으른 자는 개미보다 못합니다(잠 6:6). 자기의 일을 게을리하는 자는 일을 망치는 사람과 형제입니다(잠 18:9).

앞서 보았던 데살로니가후서 3장의 앞뒤 문맥을 보면 더 심하게 말합니다.

데살로니가후서 3:6-15

6) 형제들아 우리 주 예수 그리스도의 이름으로 너희를 명하노니 게으르게 행하고 우리에게서 받은 전통대로 행하지 아니하는 모든 형제에게서 떠나라

7) 어떻게 우리를 본받아야 할지를 너희가 스스로 아나니 우리가 너희 가운데서 무질서하게 행하지 아니하며

8) 누구에게서든지 음식을 값없이 먹지 않고 오직 수고하고 애써 주야로 일함은 너희 아무에게도 폐를 끼치지 아니하려 함이니

9) 우리에게 권리가 없는 것이 아니요 오직 스스로 너희에게 본을 보여 우리를 본받게 하려 함이니라

10) 우리가 너희와 함께 있을 때에도 너희에게 명하기를 누구든지 일하기 싫어하거든 먹지도 말게 하라 하였더니

11) 우리가 들은즉 너희 가운데 게으르게 행하여 도무지 일하지 아니하고 일을 만들기만 하는 자들이 있다 하니

12) 이런 자들에게 우리가 명하고 주 예수 그리스도 안에서 권하기를 조용히 일하여 자기 양식을 먹으라 하노라

13) 형제들아 너희는 선을 행하다가 낙심하지 말라

14) 누가 이 편지에 한 우리 말을 순종하지 아니하거든 그 사람을 지목하여 사귀지 말고 그로 하여금 부끄럽게 하라

15) 그러나 원수와 같이 생각하지 말고 형제 같이 권면하라

6절에서는 "게으른 형제에게서 떠나라"고 합니다. 형제에게서 떠나는 것은 성도의 교제에서 분리시키라는 것입니다(참조. 롬 16:17). 이는 권징과 관련됩니다. 수찬정지나 출교 정도의 수준 높은 권징입니다. 14절에서는 "그 사람을 지목하여 사귀지 말고 그로 하여금 부끄럽게 하라"고 합니다. 이 표현 역시 권징과 관련됩니다(참조. 딤전 5:20). 사귀지 말라고 했으니 역시 성도의 교제에서 분리를 말하고, 수찬정지나 출교 정도의 수준 높은 권징입니다. 단, 15절에서는 "그러나 원수와 같이 생각하지 말고 형제 같이 권면하라"고 했으니 출교는 아닙니다.

그렇다면 바울은 '게으르게 행하여 도무지 일하지 않고 일을 만들기만 하며 일하기 싫어하는 사람, 조용히 일하여 자기 양식을 먹지 않는 사람'에 대해 수찬정지라는 권징을 행하라고 말합니다. 일, 해도 그만 안 해도 그만이 아닙니다. 성찬 교제에서 분리해야 할 정도의 큰 죄입니다.

청년아, 일하지 못하는 날이 오리라

인생이 대략 85년이라고 칩시다. 태어나서 24~27세 정도까지는 성장과 학업의 기간입니다. 24~27세 정도부터 일하기 시작해서 65세가 되면 은퇴합니다. 이후에는 노후 시기입니다. 그러면 인생 전체에서 일하는 기간은 40년에 불과합니다.

청년 여러분! 일하는 기간은 그렇게 길지 않습니다. 일할 수 있을 때가 감사한 때입니다. 일하기 싫어하지 마십시오. 일을 싫어하는 것은 죄입니다.19) 일은 소명입니다. 일은 사명입니다. 일하지 못하는 날이 곧 올 것입니다(요 9:4). 그때는 일하고 싶어도 일할 수 없습니다. 하나님께서 주신 젊음의 때에 열심히 일하여 하나님께 영광을 돌립시다.

"부지런하여 게으르지 말고 열심을 품고 주를 섬기라"

로마서 12:11

청년이 알아야 할 가정

> 청년이 알아야 할 7가지

가정과 교회의 관계

양명지

사람은 영육 간에 혼자서는 설 수 없고, 살 수 없다. 영혼과 육체에 모두 해당된다. 그래서 혼자서는 제대로 살 수도, 설 수도 없는 사람을 위해 하나님이 주신 선물이 바로 가정과 교회이다. 하나님이 허락하신 수많은 것들 중에 이 두 가지 선물은 특히나 소중하고, 특별하다. 하나님이 직접 만드시고, 거저 주셨기 때문이다. 우리에게 주신 가정과 교회는 서로 어떤 관계가 있을까? 소중한 가정과 교회의 관계를 잘 이해하게 되면 주신 선물을 더 풍성하게 누릴 수 있게 된다.

1. 가정은 교회의 가장 기본적인 단위이다.

교회는 하나님이 부르셔서 세워진 신적인 기관이다. 동시에 공동체이기에 하나님 백성의 모임이다. 하지만 그저 여러 사람이 한데 뭉쳐진 군중이나 무리는 아니다. 백성의 모임은 단위별로 구분이 가능한데 그 기본 단위가 바로 가정이다.

사실, 가정 보다는 개인이 훨씬 작은 단위이다. 그래서 교회의 규모를 이야기할 때 개인 성도수를 말하기도 한다. 사람은 개별적으로 존재하고, 구분이 가능하기에 개인으로 공동체의 규모를 파악하는 것은 잘못이나 오류가 아니다. 오히려 인원수로 파악하는 것이 훨씬 정확하게 교회의 규모를 아는데 도움이 된다. 교회를 생각할 때도 하나님은 효력있는 부르심을 통하여 각 사람을 구원하신다. 그래서 한 사람의 그리스도인으로부터 교회를 접근하고, 이해할 수 있지 않느냐고 질문할 수 있다.

하지만 교회의 기본 단위를 생각할 때, 규모의 정확한 파악만이 아니라 정체성의 관점에서 볼 필요가 있다. 바로, 교회의 언약적 성격이다. 회심은 개인의 차원에서 각 사람이 경험해야 하는 것이 맞다. 하지만 하나님은 동시에 교회를 언약 백성의 공동체로 부르신다. 구원받은 개인은 혼자 서지 않고, 결혼하고, 가정을 이루고 자녀를 생산한다. 다양한 언약적 관계를 맺는다. 가정도 마찬가지이다. 가정을 이루는 기본 단위인 부부도 두 사람 사이에 언약 관계를 이루기 때문에 기본적으로 가정도 언약 공동체이다.

성경에 하나님이 아브라함과 언약을 맺으실 때도 아브라함 개인과만 언약하지 않으시고, 아직 나지 않은 그의 자손들 모두와 언약을 맺으셨다. 이스라엘은 자녀들에게 언약의 표로 할례를 행했다. 구약에서부터 가정은 언약공동체로 교회와 매우 밀접한 관계를 맺어왔다. 모든 개혁교회가 그런 것은 아니라도 개혁교회는 교회의 규모를 이야기할 때 가정의 수를 기본 단위로 사용하기도 한다. 정확한 인원수 보다 교회의 가장 기본적인 단위가 무엇인지를 드러내는 표현과 고백인 것을 엿볼 수 있는 대목이다.

2. 가정과 교회는 서로 함께 자란다.

가정이 교회의 기본 단위인 것을 이해한다면 가정과 교회의 동반 성장은 자연스럽게 이해된다. 가정이 자라면 교회가 성장하고, 교회의 성장은 가정의 성장 없이 이루어질 수 없다. 웨스트민스터 신앙고백서에는 결혼의 목적 중 하나로 거룩한 자손들을 통한 교회의 확장을 말하고 있다(제24장 제2절). 거룩한 자손은 성경을 통해 믿음을 얻고, 순종하는 삶을 살아가는 신자 가정의 자녀들을 의미한다. 믿음 안에 자라는 자녀와 이를 양육하는 부모가 있는 가정이 교회를 자라게 한다는 말이다.

신자 가정에 주신 언약의 자손은 단순히 부모에게만 주신 선물이 아니다. 가정에 주신 부모의 자녀는 가정의 자녀인 동시에 언약의 측면에서 교회의 자녀이기도 하다. 이를 가장 잘 보여주는 것이 바로 유아세례 문답이다. 다른 세례 문답과 달리 유아세례는 마지막에 회중에게 질문한다. "여러분들은 OOO을 하나님의 말씀과 경건한 행위의 본으로써 양육하며, 그가 그리스도를 알고 그분을 따르며, 교회의 신실한 지체로서 자라갈 수 있도록 사랑과 기도로서 인도할 것을 서약합니까?" 요즘은 이 예전을 찾아보기 어려울 수 있으나 가정과 교회의 언약적 관계를 잘 보여주는 대목이다.

그래서 교회는 이러한 맥락 가운데 두 가지를 공유하며 함께 한다. 하나는 말씀으로 가르치는 일이고, 다른 하나는 말씀으로 훈계하는 일이다. 기본적으로 신앙교육의 책임은 부모에게 있으나 그것은 부모의 책임만은 아니다. 가정에서 가정예배를 기준으로 말씀을 읽고 가르칠 책임이 부모에게 특히 가정의 직분자인 아버지에게 있다. 하지만 교회도 자녀를 함께 양육할 책임이 있다. 그래서 개혁교회는 여분의 시간을 내어 성경과 요리문답을 가르친다. 무엇보다 가정이 함께 모여 예배하는 가운데 교회와 가정은 함께 믿음 안에서 자라간다.

자녀의 잘못은 가정과 교회가 함께 훈계한다. 사적인 잘못은 사적으로 훈계하고, 정리하면 된다. 하지만 공적인 잘못은 부모의 훈계만 아니라 교회의 훈계도 함께 이뤄져야 한다. 듣고 배운 말씀이 잘 순종되도록 돌아보고 격려하는 일은 가정과 교회가 함께 해야 할 일이기 때문이다. 그래서 개혁교회는 장로의 심방은 기본적으로 개인이 아닌 가정으로 시행한다. Family visitation은 부모와 자녀가 함께 직분자를 만나 가정의 신앙이 어떠한지 함께 살피고, 잘못의 경우 함께 권면하고, 훈계한다. 권징은 단순히 벌을 주는 것만을 의미하지 않고, 잘 순종하도록 격려하는 것도 함께 포함한다.

이렇게 가정이 말씀 위에 든든히 서가고, 교회가 가정을 풍요롭게 되도록 돕고 살필 때 교회는 성장하고, 성숙해간다. 가정을 등한시 한 채 사람의 수가 많아지는 것으로는 건강한 교회가 될 수 없다. 교회의 기본 단위인 가정들이 하나님의 말씀 위에 든든히 서갈 때 그 교회는 성장하고 성숙해간다.

3. 가정과 교회의 건강한 관계를 위한 제언

오늘날 가정과 교회의 관계는 개혁교회가 본래 이렇게 하기 때문에 따라야 한다거나 어느 책에 이렇게 되어 있으니 해야 한다고 말하기에는 현실과 당위가 많이 멀어졌다. 당연한 목회적 돌봄에 대해 사생활에 왜 간섭하느냐고 반문하는 일도 있고, 그것은 각자가 알아서 할 일이지 그것까지 교회가 해야 할 일인지 고민하는 일도 심심치 않게 만나게 된다. 어쩌면 더 나아가 가정과 교회의 관계를 고민도, 생각도 하지 않는 시대를 사는지도 모르겠다. 그러나 가정과 교회의 건강한 관계를 위해 몇 가지 제안을 해본다.

교회는, 특별히 직분자들은 포기하지 말고 가정을 돌아보려고 시도하면 좋겠다. 교회에 주신 직분의 권위가 상실되고 있는 시대에 가정은 직분자들을 불신하고 거절하는 시대가 되었다. 하지만 거부하고, 거절한다고 하여도 교회는 가정들이 말씀 안에 제대로 세워지고 있는지 성심으로 살피기를 애써야 한다. 시간과 정성을 들여 신뢰를 회복하고, 진심으로 가정을 섬기는 자세로 다가간다면 하나님이 그 위에 은혜를 더하셔서 열매를 얻을 수 있을 것이라 믿는다.

가정을 돌보려고 노력하고 있는 경우에는 겸손한 자세로 교회에 속한 가정을 살피는 것이 필요하다. 교회와 직분에 주신 권위는 허락해주고 허락받는 관계가 아니다. 부부와 자녀의 일이 가정의 일만 아니라 하나님의 말씀이 바르게 순종되고 있는가를 살피는 교회의 일이 된다고 해서 강제하거나 주장할 수만은 없다. 사랑으로 가정을 돌아보고, 연약함을 돕고, 바른 방향으로 격려하는 것도 권징의 중요한 요소이기 때문이다. 예수님은 교회를 다스리는 직분을 자기의 양들을 사랑으로 섬기라고 세워주셨다.

가정은 내부의 사정과 일을 홀로 결정하지 않도록 하면 좋겠다. 가정의 잘못된 결정과 그 과정 가운데 고립되고 소외된 상태에서 어려움에 처하여 교회의 무관심을 탓하는 일이 빈번한 것이 오늘날의 현실이다. 직분자와 공동체가 부족하고 연약하더라도 마음을 열고 함께 의논하고, 도움과 지도를 받는 것이 좋다. 장기적으로 볼 때 이러한 관계와 협력을 통해 건강한 신앙생활과 경건한 가정이 세워져가기 때문이다. 그래서 가정의 중요한 일 일수록 시작과 과정 가운데 교회와 함께 나누고 도움을 청하는 것이 꼭 필요하다.

이러한 관계는 서로를 신뢰하고 도움을 주고받는 것에서 시작된다. 첫 번째 신뢰는 하나님이 주신 질서와 약속에 대한 신뢰이고, 그 다음은 한 몸으로 부르신 공동체에 대한 신뢰이다. 그리할 때, 교회는 산 위의 동네로 구별된 삶을 세상에 보일 것이고, 가정은 그리스도의 향기로 가정의 위기의 시대에 건강하고 아름다운 천국을 드러내게 될 것이다.

교회와 가정은 하나님이 우리에게 주신 아름다운 선물이다. 하나님이 우리에게 주신 여러 은혜와 선물 중에 어느 것도 포기할 수 없지만 우선적으로 보존해야 할 것이 있다면 주저 없이 가정과 교회라 할 수 있다. 그리고 이 둘은 서로 긴밀한 관계 속에서 더 잘 세워진다. 이기주의와 공동체의 해체를 염려하는 시대에 우리에게 주신 가정과 교회를 통해 하나님의 나라가 이 땅에 임하여 있음을 세상에 드러내는 복이 각자가 속한 가정과 교회에 풍성하길 기도한다.

청년이 알아야 할 7가지

남편과 아내의 위치와 역할

안정진

셰익스피어의 비극, 『맥베스』는 남성과 여성의 지위와 역할에 대한 그릇된 생각이 어떻게 가정과 사회 전체를 혼란과 파멸로 이끄는지를 극단적으로 보여준다. 이야기는 종종 현실이 되기도 한다. 남편과 아내의 역할이 역행하거나, 그 고유한 위치에 교란이 생기면 가정을 하나님의 왕국으로 바로 세울 수 없다. 성경은, 남편과 아내가 그 지위와 역할에서 각자 고유한 "다름"이 있다고 가르친다(고전 11:3-16, 엡 5:21-33, 딤전 2:11-14).20) 남편이 아내를 대신할 수 없고, 아내 역시 남편을 대신 할 수 없다. 이는 하나님이 다르게 창조하셨기 때문이다. 이 다름은 창조 질서에 기초하며, 타락 때문은 아니다. 비록 인간의 죄와 부패로 인하여, 혼란과 역행, 갈등과 다툼이 일어나지만, 본래 하나님의 선하신 계획은 "다름"을 통하여 남녀가 서로의 연약함을 보완해 주고, 한 몸으로 온전하게 세워가게 하신 것이다. 남편과 아내는 어떻게 다른가? 그것은 왜 아름다운가?

1. 남편은 "아내의 머리"다.

"각 남자의 머리는 그리스도요 여자의 머리는 남자요"(고전 11:3). 14세기에 살았던 그리스도인 제프리 초서는 "여자가 진정으로 원하는 것이 무엇인지"

를 『캔터베리 이야기』에서 교훈적인 이야기 형식으로 말한 바 있다. 그것은, "남자에 대해 주도권"을 가지는 것이다. 타락 후에 하나님은 이 주도권 다툼에 대하여 여자에게 경고하셨다. "너는 남편을 원하고 남편은 너를 다스릴 것이니라(창 3:16)" 결혼 생활의 주도권을 가지려는 아내를 제압하기 위해 이보다 좋은 말씀을 어디에 있을까? "여자의 머리는 남자요" "남편이 너를 다스릴 것이니라" 아멘! 그러나 남편들이 "아멘"을 해도 "머리 됨"과 "통치"에 대한 의미를 깨닫지 못하면 말씀에 대한 오해와 오용, 자기만족만 있을 뿐, 진정한 순종을 할 수는 없다. 우리 주변에는 각 분야에서 선한 영향을 끼치는 훌륭한 사람들이 많지만 성숙한 남편을 찾기란 힘들다. 그 이유는 무엇일까? 대체로 성경이 가르치는 남편의 지도력에 대하여 무지하거나, 알지만 순종하지 않기 때문일 것이다. 성경에서 말하는 남편의 머리 됨(headship) 곧 지도력이란 무엇일까?

먼저, 머리됨은 가부장적 권위가 아니다. 당연히 남편이 그리스도의 위치에 있으면 안 된다. 남편은 그리스도가 아니며, 단지 그리스도를 위하여 행하고, 그리스도처럼 행하고, 그리스도께로 아내와 자녀를 인도하는 사람이다. 이는 남편의 머리가 그리스도이시기 때문이다. 남편들은 자신의 성(性)의 우월함을 아내에게 증명하려 해서는 안 된다. 성숙한 남편은 그리스도의 영광을 위하여 자신뿐 아니라, 아내의 모든 능력을 이끄는 사람이다. 비록 서로의 의견이 불일치할 때도, 최종적인 결정권이 자신에게 있지만, 일방적 결정으로 아내를 무시하지 않는다. 아내에게 묻고, 아내를 위하여 자주 자신의 주장을 포기하고, 아내의 생각을 택한다. 그 결과가 심각하리만큼 만족스럽지 못할 때도 있다, 하지만 "당신 때문이야"라고 말하지 않는다. 모든 책임을 자신이 지고 견딘다. 머리로서 남편은, 가족의 영적, 도덕적 삶을 주도하고 수행하는 책임 의식을 느끼는 사람이다. 그래서 머리다.

둘째, 머리됨은 필요를 채워주는 것이다. "돈만 벌어 주면 돼"라고 생각하는 남자들이 더러 있다. 이런 생각은 일종의 자폭에 가깝다. 내가 얼마나 미성숙한 남편인지를 보여주는 자기 증명이니 절대 입에도 담지 마라. 아내는 돈으로 사는 존재가 아니다. 그는 남편의 영적이고 정서적이며 성적인 공급을 원한다. 믿는 아내들의 불만을 들어 보라. 그는 경제적 필요보다 성숙한 남편의 영적 돌봄에 굶주려 있다. 식탁에서 누가 기도를 주도하는가? 주일 예배와 정기적인 기도회로 자녀들을 이끄는 사람은 누구인가? 누가 자녀들을 깨우고 준비시키고 지도하는가? 누가 말씀을 가르치는가? 머리인 남편은 아내와 자녀들을 생명나무이신 그리스도께로 아내를 인도하고 먹이는 직분자다.

셋째, 머리됨은 보호를 위한 것이다. 하나님은 아담에게 에덴동산을 경작하는 사명 뿐 아니라, 지키는 사명도 주셨다(창 2:15). 지키는 것은, "보호하는 것"(guard)이다. 아담은 동산 안에 뱀을 꾸짖고 죄가 침입하지 못하도록 동산을 지키고, 아내를 지켜야 했다. 타락 후에도, 아담의 책임은 변하지 않는다. 하나님은 아담에게 "네가 어디 있느냐"라고 찾으신다. 가정의 도덕적 영적 삶을 지키는 책임이 "여전히" 아담에게 있기 때문이다(창 2:15). 아내는 이 책임을 남편과 공유한다. 자녀를 훈육하는 것은 가정을 지키고 보호하는 차원이다. 그것은 주로 아내의 책임이지만, 성숙한 남편은 아내에게만 그것을 미루지 않고 주도적으로 자녀를 훈육하려고 한다. 아내가 남편이 집으로 돌아올 때까지 훈육을 미루어야 한다는 말은 아니다. 남편은 자신의 위치를 항상 의식하면서 그 책임을 감당해야 한다.

요컨대, 머리인 남편은 인도자, 공급자, 보호자로서의 지위와 역할을 감당할 때 가장 아름답다. 머리됨(주도권)은 하나님이 부르신 책임과 역할을 수행할 때 올곧게 드러난다. 남편이 이 책임 의식에 민감할수록 자신이 연약한 죄인이라는 사실을 더 깊이 느끼게 될 것이며, 하나님의 은혜가 없이는 이 일을 감당할 수 없다는 겸손함을 배우게 될 것이다. 그렇기에 남편은 기도하는 사람으로, 말씀을 묵상하는 사람으로, 성숙한 사람으로 변화되어 가게 될 것이다.

2. 아내는 "남편의 돕는 배필"이다.

아내에게 중요한 것은 남편의 머리됨에 어떻게 반응하느냐 하는 것이다.

성경은 아내들에게 남편의 지도력에 순종하라고 가르친다(엡 5:22, 골 3:18, 딤전 2:11, 벧전 3:1). "아내들이여 자기 남편에게 복종하기를 주께 하듯 하라." "여자는 일체 순종함으로 조용히 배우라" 이런 가르침은 탈근대사회에서는 계몽을 강요하는 일종의 폭력적 가치가 되어가고 있다. 요즘 학교에서는 "순종"이라는 단어를 잘 가르치지 않는다고 한다. 교사와 학생이 서로 대등한 위치에 있으므로 "존중"할 뿐이란다. 이 시대정신은 결혼 생활에도 그대로 영향을 미친다. 가령, 어떤 여성은 남편에게 순종하는 것을 굴욕으로 느낀다. 남편과 아내의 지위와 역할의 평등을 요구한다. 그렇다. 그리스도 안에서 모두는 하나다(갈 3:28). 그러나 가치가 같다고 역할이 같은 것은 아니다. 가치와 역할이 무질서한 가정에서는 순종하는 자녀를 기대하기 어렵다. 그렇다면 성경이 정의하는 아내의 순종은 무엇인가? 존 파이퍼의 말처럼, 그것은 남편의 지도력에 대한 구체적인 행위가 아니라, 기꺼이 따르려는 성향과 마음으로 정의 내리는 것이 바람직하다. 남편이 아내를 그리스도께로 인도하고, 먹이고, 보호하려고 할 때, 성숙한 그리스도인 아내는 그 지도력을 기꺼이 따르고 싶어 할 것이다. 그러나 남편이 자신을 죄악으로 이끌어 가려고 한다면 어떻게 할 것인가? 가령, 다른 사람을 속이거나, 술을 권하거나, 음란물을 보자고 한다면? 그때도 순종할 것인가? 당연히, 아내는 죄인의 길을 따르지 않고, 그러한 자리에 앉는 것을 거부해야 한다(시편 1편을 보라). 하지만 그때도 아내는 "순종의 영"으로 충만해야 한다. 그래서 남편이 성령의 지도력으로 자신을 인도하여 주기를 갈망하며 기도해야 한다. 죄를 뿌리치고 성경적 지도력을 갈망하는 것은 그리스도를 섬기는 헌신에 뿌리를 두고 있다. 남편이 주도권(머리 됨)을 바르게 행사할 때 아내는 그 지도력을 격려하고 수용하고 세워주고 싶은 강한 욕구를 가지게 된다. 나는 하나님이 여성을 그렇게 창조하셨다고 믿는다. 그런 의미에서 아내는 남편의 돕는 배필이다. 그러면 어떻게 남편을 도와야 하는가?

첫째, 남편을 지지함으로써 돕는다. 남편도 아내를 지지해야 한다. 남편과 아내는 피차 복종하라는 명령을 받는다(엡 5:21). 아내의 지지는 어떤 점에서 다른가? 개인적으로, 나는 아내의 격려와 기도가 다른 어떤 사람의 것과 모든 점에서 다르다는 것을 종종 느낀다. 나를 더 창조적이고 지적이고 영적인 진보를 이루도록 해 주는 것은 언제나 아내의 격려와 기도다. 반대로, 아내의 냉소와 거절과 비난은 고통스럽고 견디기 힘들다. 베드로는 성숙한 아내의 모습으로 "온유하고 안정한 심령"에 대해 말씀한다(벧전 3:4). 자신의 주장이 강한 아내는 남편을 수동적으로 침묵하게 만들거나 쉽게 화를 내도록 만들기 쉽다. 아내가 남편의 마음을 새롭게 하여 변화시키고자 한다면, 하나님이 남편에게 부여하신 선한 지도력을 격려하고 지지하여 그것을 올바르게 사용할 수 있도록 해야 할 것이다.

둘째, 남편을 받아들임으로써 돕는다. "받아들인다"는 것은, 성숙한 남편의 지도력을 환영하고 기뻐한다는 것이다. 아내는, 내가 기도하고 말씀과 성령이 충만할 때 함께 기쁨과 자유의 영으로 충만하다. 슬프지만, 그 반대의 경우도 그렇다. 부부는 신비롭게 연합되어 있다. 그러므로 남편들은 무엇이든지 아내가 수용하고 받아들여 주기를 기대해서는 안 된다. 그리스도를 향한 같은 방향의 헌신이 있을 때 성숙한 아내는 남편의 지도력을 기뻐하고 받아들이며 따르도록 코딩되어 있다. 그러한 예를 "나발의 에피소드"에서 본다(삼상 25:2-42). 다윗이 베푼 선을 나발이 악으로 갚으려고 했을 때 그의 아내 아비가일은 그것을 받아들이고 환영하거나 기뻐하지 않는다. 그녀는 하나님의 나라에 헌신 된 사람이었기에, 남편의 입장에 서지 않고, 오히려 하나님이 다윗의 집을 든든히 세워주시기를 갈망한다(28-29절). 이처럼 아내는 하나님과 그의 나라를 위하는 명확한 신앙 기준을 세우고 남편의 지도력을 판단해야 한다. 그래야지 맹목적이고 어리석은 순종이 되지 않는다.

셋째, 남편을 세워줌으로써 돕는다. 세운다는 것은, 드라마로 치면 단지 조연 역할을 하는 것이 아니다. 오히려 공동 주연을 맡은 것과 같다. "이인삼각" 경기를 생각해 보라. 두 사람이 함께 보조를 맞추어야 넘어지지 않고 걸어가거나 뛸 수 있다. "이것이" 세우는 것이다. 아내는 동반자로서, 조력자로서 함께 공동의 역할을 감당한다. 여기에는 어떤 남성 중심의 사고이나 여성비하의 그릇된 것이 들어올 여지가 없다. 단지 그런 식으로 자신을 정당화하고 사용하려는 죄인만 있을 뿐이다. 성숙한 아내는, 남편을 더 강하고 지혜로운 사람으로 길러주는 능력을 가지고 있다. 잠언 31장에서 말하는 현숙한 아내는 바로 이런 능력과 강함을 가진 여성이다.

"누가 현숙한 여인을 찾아 얻겠느냐 … 그런 자의 남편의 마음은 그를 믿나니 산업이 핍절하지 아니하겠으며 그런 자는 살아 있는 동안에 그의 남편에서 선을 행하고 악을 행하지 아니하느니라 … 남편은 사람들의 인정을 받으며 … 그의 자식들은 일어나 감사하며"(10-28절).

아내들은 종종 이런 여성상과 자신이 거리가 멀다고 여긴다. 그러나 나는 이것이 좋은 출발이라고 믿는다. 성경은 우리의 연약함을 부정적으로 보지 않기 때문이다. 우리는 "내 능력이 약한 데서 온전하여" 진다(고후 12:9). 하나님은 여성의 모든 연약함 때문에 남성의 능력을 강조하신다. 그 반대도 마찬가지다.

3. 마치면서

하나님이 남녀를 다르게 창조하신 것은 "다름"을 통하여 "온전하도록" 의도하신 것이 분명하다. 그래서 남녀의 다름은 아름답다. 그러니 각자의 성(性)에 대하여 우월함을 주장하는 것은 쓸데없는 짓이다. 오히려 서로의 연약함을 겸손히 받아들이고, 그 연약함이 온전함과 강함을 위한 하나님의 계획이라 믿으며, 서로를 보완해 주어야 한다. 하나님의 말씀에 순종한다면, 남편은 아내를 통해 완성되어 가고, 아내도 남편을 통해 완성되어 갈 것이다.

가정의 재정을
아름답게 꾸미자

손재익

1. 가정과 재정의 중요성

"결혼하면 남편 얼굴 뜯어 먹고 살거니?" 이렇다 할 직장이 없는 신랑감을 데리고 와서 결혼한다고 하면 부모님들이 주로 하시는 말씀이다. 그 말을 들을 때는 미처 몰랐다. 부모님이 원망스럽고 속물처럼 느껴졌다. 그냥 신앙과 사랑만 있으면 되는 줄 알았다. 하지만, 2-3년만 지나면 바로 깨닫는다. "결혼은 현실이다." 단칸방에 숟가락 두 짝만으로 살더라도 돈은 필요하다.

가정을 유지하고 지키는 모든 일은 매우 현실이다. 그 중에서 재정은 가정생활에 있어서 매우 중요하다. 믿음의 가정에서도 예외는 아니다. 부부간에 다투는 이유의 3~50%는 재정 때문이다. 재정의 부족이나 사용방식 때문에 생기는 문제다. 재정적 어려움은 가족 공동체 모두에게 큰 영향을 끼친다. 신실하다는 성도들마저도 가계 빚 등으로 이혼을 생각하는 경우가 많다. 재정이 넉넉하다고 문제가 없는 것도 아니다. 어떻게 모을 것인지, 쓸 것 인지의 문제로도 다투기 마련이다. 어릴 때부터 쌓아온 소비습관의 차이, 소비에 대한 가치관의 차이로 인해 부부 간에 가족 간에 갈등을 겪을 수 있다. 그렇기에 재정을 어떻게 관리하고, 사용할 지에 대해 알아야 하고 서로 대화하고 의견 일치를 보아야 한다. 특히 그리스도인은 돈을 어떻게 사용하느냐가 그 사람의 신앙됨됨이를 보여주는 중요한 시금석이 되기도 한다. 가정을 이루기에 앞서 가정의 재정을 어떻게 해야 할지 알 필요가 있다. 이미 가정을 이루었으나 아직 초기 단계라면 다시 한 번 점검해 볼 필요가 있다.

2. 재정은 하나님께서 나의 노동을 통해 주시는 것이다.

재정의 기초는 일, 즉 노동이다. 가만히 앉아 있다고 해서 채워지는 게 아니다. 물론 공중의 새도 기르시는 분이요, 오늘 있다가 내일 아궁이에 던져지는 들풀도 입히시는 하나님이시지만(마 6:26, 30), 나의 손으로 수고하여 일을 해야 한다(엡 4:28). 성경은 "일하기 싫어하거든 먹지도 말게 하라"(살후 3:10) "조용히 자기 일을 하고 너희 손으로 일하기를 힘쓰라"(살전 4:11)고 말씀한다.21)

가정을 이룬다면 남편이든 아내든 누군가는 반드시 일을 해야 한다. 적절한 나이에 이른 성인이라면 반드시 하나님께서 불러주신 직업을 갖고 거기에 헌신해야 한다. 일을 통해 가정에 필요한 재정을 충당해야 한다. 하나님은 우리의 직업과 노동을 통해 우리의 필요를 채워주신다.22) 그렇게 해서 얻은 재정을 잘 관리하는 것 역시 청지기로서 우리가 할 일이다. 가정을 이뤘다면 가족을 위해 열심히 일하라. 오늘날의 직업현실이 녹녹치 않지만, 가정을 유지하고 지키기 위해서라면 때로는 눈높이를 낮춰서라도 감당해야 할 부분이 있음을 기억해야 한다.

3. 결혼과 동시에 경제공동체가 되어야

미혼 남녀는 결혼과 동시에 몸과 마음이 하나 되듯 경제도 하나가 되어야 한다. 가정을 이룬다는 건 경제도 함께 이룬다는 의미이기도 하다. 그래서 각기 따로 갖고 있던 지갑 속 현금과 카드, 그리고 통장을 하나로 "해쳐 모여" 해야 한다. 물론 상황에 따라 따로 관리를 할 수는 있겠지만, 그럼에도 기본적으로는 하나가 되어야 한다.

가정을 이룸과 동시에 이 일을 하지 않으면, 나중에 문제가 생길 수 있다. 부부는 지갑공동체, 경제공동체가 되어야 한다.

4. 장기적인 플랜을 세워야

가정을 이룬 뒤 한 두 해 살다가 가지 않는다. 백년해로(百年偕老) 해야 한다. 장기적인 플랜을 세워야 한다. 집은 어떻게 장만할 것인지, 아니면 장만하지 않고 계속 전월세로 살 것인지, 자동차 구입은 언제 어떻게 할 것인지, 자녀가 생기면 어떻게 할 것인지, 부모님께 드리는 용돈을 어떻게 할 것인지, 평소의 지출은 어떤 방식으로 할 것인지, 저축과 연금은 어느 정도로 할 것인지를 계획해야 한다.

물론 인생이라는 게 다양한 변수가 있기에 그 때마다의 상황에 따라 바뀔 수 있겠지만, 미리 준비하는 게 필요하다. 이때 무엇보다 중요한 것은 부부가 한 마음이 되어 계획하는 것이다.

5. 헌금은 우선순위로

그리스도인 가정의 재정생활에서 꼭 잊지 말아야 할 것이 헌금이다. 일반 가정의 지출에서는 염두에 두지 않지만, 그리스도인 가정에서는 결코 빼놓을 수 없는 부분이다. 헌금은 신앙생활의 중요한 부분이다. 헌금을 통해 그 가정의 신앙을 드러내고, 신앙을 지킬 수 있다.

헌금은 미리 떼어두어야 한다. 생활에 다 사용한 뒤에 헌금하려고 하면, 헌금할 돈이 없다. 제 아무리 부자라도 헌금할 돈이 없다. 그렇기에 미리 떼어두어야 한다. 이 때 결코 아깝다는 생각을 해서는 안 된다. 나의 모든 것이 다 하나님께로부터 온 것이기에 하나님께 돌려 드리는 것일 뿐이다(대상 29:14). 하나님께 드려야 하나님께서 채워주실 것이라는 믿음으로 드려야 한다.

헌금을 할 때는 가정의 재정형편, 교회의 형편을 모두 고려해야 한다. 없는 살림에 지나치게 해서는 안 된다. 한 달 월급이 300만원인 가정에서 매월 200만원 씩 헌금할 수 없다. 별다른 재산 없이 평균 연봉이 4,000만 원인 사람이 20억 원을 헌금하겠다고 작정하거나 서원해서는 안 된다.23) 그렇게 하는 게 신앙이 아니다. 하나님께서 주신 만큼 힘대로 하되, 약간은 더 드릴 수 있는 마음으로 하는 것이 좋다(고후 8:3). 단, 교회에 특별한 일이 있을 경우는 그 사정을 고려해서 평소보다 더 드릴 수도 있겠다. 자신의 형편, 교회의 필요(need)를 적절히 판단하여 하나님 앞에서 반듯한 헌금생활을 해야 한다.

6. 위기를 대비하라.

누구나 위기가 찾아온다. 그리스도인 가정도 예외는 아니다. 하나님의 인도하심과 보호하심이 있지만, 우리에게도 재정적 시련은 온다. 그렇기에 미리 대비하는 것이 필요하다.

저축, 연금, 보험 등에 가입하라. 이렇게 말하면 예상되는 대답이 있다. "하나님께서 다 채워주실 텐데." 물론 맞다. 하나님은 당신께서 이 세상 가운데 허락하신 여러 기관들을 통해 당신을 도우신다. 당신에게 허락하신 이웃을 통해 당신을 도우신다. 그러니, 미리 준비하자. 오늘날의 보험은 복잡한 현대사회 속에서 이웃의 기능을 대신하도록 허락된 것이다. 여러 이웃들이 낸 돈으로 갑자기 어려움에 처한 사람을 돕자는 일종의 품앗이로 도입된 것이다. 그러니 미래에 대한 불확실성 때문이기보다는 가족과 이웃에게 짐이 되지 않기 위한 방편으로 생각하면 좋겠다. 예기치 못한 사고를 위해 보험에 가입하고, 나이가 들어 일할 수 없는 날이 올 때를 대비해 연금을 들자.

7. 어려운 이웃을 위해서 남겨두자.

신자는 항상 어려운 이웃을 생각해야 한다. 신자는 자신에게 주어진 물질을 자신만을 위해서가 아니라 남을 위해서도 사용해야 한다. 나의 가장 가까운 이웃으로부터 시작해서 교회에 이르기까지 어려운 사람이 없는지를 항상 돌아보자. 그리고 그들을 위해 남겨두어야 할 것이다. 레위기 19:9-10은 "너희가 너희의 땅에서 곡식을 거둘 때에 너는 밭모퉁이까지 다 거두지 말고 네 떨어진 이삭도 줍지 말며 네 포도원의 열매를 다 따지 말며 네 포도원에 떨어진 열매도 줍지 말고 가난한 사람과 거류민을 위하여 버려두라 나는 너희의 하나님 여호와이니라"라고 말씀한다. 신명기 15:7-8은 "네 하나님 여호와께서 네게 주신 땅 어느 성읍에서든지 가난한 형제가 너와 함께 거주하거든 그 가난한 형제에게 네 마음을 완악하게 하지 말며 네 손을 움켜쥐지 말고 반드시 네 손을 그에게 펴서 그에게 필요한 대로 쓸 것을 넉넉히 꾸어주라"라고 말씀한다. 국가나 사회복지단체 등 믿을만한 단체를 위해 후원하는 것도 좋다. 우리는 기회 있는 대로 모든 이에게 착한 일을 하되 더욱 믿음의 가정들에게 해야 한다(갈 6:10).

8. 어려울 땐 도움을 청하자.

형편이 넉넉한 신자는 자신보다 어려운 이웃을 생각해야 하듯, 자신이 어렵다면 이웃에게 도움을 요청하는 것도 필요하다. 우리 사회는 "베풀라"는 말은 잘 하지만, 그 베풂을 받아야 할 것에 대해 잘 강조하지 않는다. 도리어 받는 것을 부끄럽게 생각하는 경우가 있다. 그렇게 하지 않는 것을 미덕으로 생각한다. 또는 받는 사람은 아무 말 없이 감사하기만 해야 한다는 통념이 있다. 하지만 받는 것을 부끄러워 할 필요가 없다. 도움을 받는 사람이 있기에 도움을 주는 사람도 있을 수 있다.24)

재정 문제는 예민한 문제이므로 기본적으로는 스스로 해결하기 위해 노력해야 한다. 은행을 비롯한 각종 금융기관을 활용해야 한다. 그래도 어려울 때는 가까운 가족과 친척에게 부탁할 수도 있겠다. 무엇보다도 교회의 도움을 잊지 말아야 한다. 교회는 구제를 위해 우리에게 허락해 주신 중요한 기관이다(행 2:45; 4:32-37; 6장). 집사회에 자신의 어려움을 알려 구제를 받는 것은 성도의 코이노니아를 실천하는 방식이다. 국가의 도움도 받아야 한다. 하나님께서는 우리에게 국가를 허락하셨다.

도움을 요청하는 문제를 부끄러워 할 필요가 없다. 오늘날 발생하는 개인의 어려움은 결코 개인의 무능에서만 비롯되지 않는다. 복잡한 사회구조 속에서 다양한 이유로 발생한다. 또한 개인의 어려움은 반드시 이웃에게 영향을 미치므로 더 큰 어려움에 봉착하기 전에 해결해야 한다. 그것이 도리어 이웃에게 더 큰 짐이 되지 않도록 돕는 일이다.

9. 하나님께는?

하나님께 매달려야 한다는 이야기는 왜 없냐고 물으신다면, 그건 디폴트(default)다. 그건 기본이란 말이다. 날마다 하나님께서 주실 것을 구해야 한다. "오늘 우리에게 일용할 양식을 주시옵고"(마 6:11)라고 주님께서 가르쳐주신 기도의 넷째 간구를 통해 구해야 한다.

그렇다고 사람이 아무 것도 하지 않아도 된다는 건 아니다. 하나님께 날마다 구하자. 그리고 위와 같이 하자. 이를 통해 가정의 재정을 아름답게 꾸미는 성도가 되자.

> 청년이 알아야 할 7가지

가족 갈등과 해소 방법

박창원

1. 갈등, 모두의 문제

죄가 모든 사람의 마음속에 있듯이, 갈등 역시 사람의 모든 관계 속에 있다. 죄가 가까이 있는 사람과 자신을 망치듯, 갈등 역시 가까이 있는 사람과 자신을 상하게 한다. 이러한 일은 태초의 동산에서부터 시작했다. 죄는 갈등을 야기했고, 갈등은 가족 관계를 깨트렸으며, 사람은 고통을 짊어졌다. 그렇게 태초로 시작된 고통은 지금도 계속 반복되고 있다.

우리 시대의 청년들은 많은 갈등 속에 신음하며 산다. 조직에서는 갑을관계로, 개인 간에는 여러 이해관계에서 오는 어려움을 겪는다. 그래서인지 인간관계를 어려워하는 이들이 늘어나고, 소통을 이야기하지만 오히려 불통이 커지는 사회가 되고 있다. 하지만 더 큰 슬픔은 가정에서도 이러한 일이 벌어지고 있다는 거다. 갈등이 봉합되고 상처가 치유 되어야할 가정에서 오히려 갈등이 시작된다. 존경과 사랑으로 아름답게 맺어져야 할 부모 자식의 관계가 오해와 질타로 얼룩진 관계가 되어 간다.

2. 갈등에서 희망을 찾다.

그래도 너무 인상 쓰진 말자. 그나마 갈등이 있다는 것은 다행이기 때문이다. 진짜 문제는 갈등조차 없음이다. 수년 전 식당에서 이상한 가족을 만난 적이 있다. 청년 자녀를 둔 4인 가족이 식사를 하면서 한마디의 대화도 나누지 않는 거다. 각자 자기 먹을 것만 먹으며, 자기 할 일(휴대폰 들여다보기)만 하다가 식당을 나섰다. 나는 이 광경이 낯설었지만 그들에게는 이런 상황이 익숙해 보였다. 그때 알았다. 갈등이 없는 것보다는 차라리 있는 것이 더 낫다는 것을... 갈등이 있다는 것은 관계가 있다는 것이고, 관계가 있다는 것은 개선의 여지가 있다는 거다. 그러니 너무 늦기 전에 관계 회복을 위해 서로 한 걸음씩 나아가야 한다.

3. 갈등의 요인

청년 세대와 부모 사이에 발생하는 갈등의 문제는 대부분 진로와 취업과 결혼에 관한 것이다. 부모는 빠른 결과를 원한다. 또 안정적이고, 편안한 길을 기대한다. 하지만 청년들은 예전에 비해 세분화된 사회 속에서 어디로 가야할지 몰라 고민한다. 또 길을 찾아도 턱없이 높은 진입 장벽 때문에 낙담한다. 그들은 결과를 내기 위해 수고하지만 결과가 없는 현실에 지쳐간다. 부모의 기대를 충족시키기는커녕 자신의 필요도 채우기 어려운 현실이 얼마나 괴롭겠는가? 그러기에 부모가 자신들의 처지를 이해해 주고, 위로해 주길 원한다. 하지만 부모는 자녀들을 이해하기가 어렵다. 비록 현실이 어렵지만 이를 극복하기 위한 각오와 열심을 보여주면 좋겠다. 예전 본인들이 그러했던 것처럼 말이다. 그러나 자녀들은 나약하고 계속해서 자신의 필요만 채워주길 바란다. 이러니 자녀들이 곱게 보일 리 없고, 갈등의 골은 점점 깊어만 간다.

이렇게 살아온 시대, 경험한 역사가 다른 세대는 갈등의 현실을 마주할 수 밖에 없다. 하지만 갈등의 원인은 세대차이가 아니라 인간 내면의 죄에 있다. 죄는 자신의 관점으로 남을 판단하게 만들어, 상대에 대한 불만과 갈등을 촉발시킨다. 갈등은 남이 아닌 내 속의 죄로부터 시작 한다. 가인이 아벨을 향한 분노로 낯빛이 변했을 때, 하나님은 마음속에 있는 죄를 먼저 다스리라 하셨다. 자기 안의 죄를 다스려야지만 갈등과 분노를 이길 수 있음을 가인에게 가르쳐 주신 셈이다. 애석하게도 그는 이 교훈을 받지 않았다. 하지만 우리는 이 교훈을 받아야 한다.

4. 갈등 극복, 은혜의 방편 활용하기

갈등의 원인이 죄에 있다는 것은 그 해결 방법이 은혜에 있음을 보여준다. 은혜는 죄의 문제를 해결하고, 갈등을 해소한다. 그리고 이를 위해 우리는 은혜의 방편을 잘 활용할 필요가 있다. 하나님께서는 사람에게 은혜를 주시기 위해 말씀과 성례, 기도라는 세 가지 방편을 주셨다. 말씀은 하나님의 구속 역사를 가르쳐 주고, 성례는 구속 사역을 보여주며, 기도는 구속의 섭리를 누리게 한다. 그런데 세 가지는 은혜의 방편인 동시에 교제의 방편도 된다. 사람은 말씀과 성례와 기도를 통해 하나님과 교제를 나누며, 또 사람 간에도 풍성한 교제를 나눈다. 가족 간의 갈등도 마찬가지다. 은혜의 방편을 잘 사용하면 관계의 어려 어려움을 극복할 수 있다.

1) 말씀, 함께 들음
은혜의 방편으로서 말씀은 예배의 자리에서 출발한다. 성도는 예배의 자리에서 선포되는 말씀 안에서 상호 교제를 나눈다. 믿음의 가정 역시 마찬가지다. 예배를 통해 한 말씀의 교제를 나눌 때, 건강한 가족 관계가 시작된다. 매일은 어렵겠지만 일주일에 2-3회라도 함께 예배 한다면, 영적 유익을 누릴 뿐 아니라 서로 얼굴을 대면하는 교제의 기회도 생기며, 평소 하지 못했던 대화의 시간도 가질 수 있다. 성도는 예배하도록 지음 받았기에, 예배하는 가정을 세우고, 식구들과 함께 예배할 때, 평안의 복과 관계의 기쁨을 누릴 수 있다. 하지만 청년 세대가 부모와 함께 가정 예배를 드리는 것은 현실적으로 어려운 일이다. 그럴 경우 공예배 때라도 가족과 함께 예배를 드리고, 그날 저녁 들은 말씀을 함께 나누는 시간을 가져야 한다. 부모와 떨어져서 생활하는 경우에도, 주일 저녁에는 각자 들은 말씀을 통화나 카톡 등의 방법을 통해 나누며 소통하는 것이 필요하며, 주중에도 예배와 말씀의 유익을 서로 나눠야 한다. 그렇게 할 때 오랜만에 서로 얼굴을 마주하여도 예배와 말씀이 교제의 중심이 된다.

2) 성례, 함께 먹음

성례는 보다 직접적인 교제의 방편이다. 성도는 성찬에 참여함으로 그리스도의 한 식구가 된다. 먹음은 하나님이 주신 가장 오래되고 또 효과적인 교제의 방편이다. 식구는 한 식탁에 둘러 앉아 밥 먹는 관계를 가리킨다. 언약의 가정은 함께 먹음을 중요하게 여기고, 먹는 것으로 교제의 기쁨을 나눈다. 함께 먹는 식탁을 가벼이 여기면서 관계의 회복과 증진을 기대할 수는 없다. 최소한 일주일에 한 번 이상은 가족 식사 시간을 정해서, 함께 먹으며 서로 이야기 하는 기회를 가져야 한다. 그리스도께서는 첫 성찬을 시행하시며 열두 제자들과 함께 식탁에 앉으셨고, 거기서 서로 갈등하며 반목하던 제자들을 하나 되게 하셨다. 먹음은 교제를 위한 가장 좋은 도구며, 함께 먹는 식탁의 기쁨은 갈등의 긴장을 깨트린다. 가족 간에, 세대 간에 갈등은 일상처럼 늘 존재한다. 그와 같이 먹음도 일상이며, 그만큼 화해의 기회는 늘 우리 곁에 있다. 부모와 자녀와의 갈등이 발생할 때마다 화해의 식탁을 차리자. 함께 먹고 마시며, 즐거워할 때 갈등은 담장 너머로 도망칠 것이다.

"네 식탁에 둘러앉은 자식들은 어린 감람나무 같으리로다."(시128:3)
"마른 떡 한 조각만 있고도 화목하는 것이 제육이 집에 가득하고도 다투는 것보다 나으니라."(잠17:1)

3) 기도, 함께 부름

기도는 교제가 계속 이어지게 하는 방편이다. 기도로 나눠진 마음이 합해지며, 서로의 형편을 돕고, 떠나 있어도 서로를 계속 생각한다. 기도는 교제의 불을 타오르게 하는 기름이며, 끊어진 관계를 봉합하는 실이다. 갈등과 상처를 치유하는데 기도보다 더 좋은 방법은 없다. 하지만 청년들이 부모님과 함께 앉아 기도의 시간을 갖는 것은 생각보다 어렵다. 또 평소에 안하던 것을 하려면 영 어색하기도 하다. 그래서 기대치를 너무 높게 잡지 말고 처음에는 기도제목을 나누는 수준에서 시작할 필요가 있다. 얼굴을 대면해서 말하는 것이 어색하면 sns를 이용해도 되고, 가족 카톡방을 만들어 기도방으로 활용하는 것도 괜찮다. 그러면 면전에서 말하기 어렵거나 쑥스러운 이야기도 쉽게 내어 놓을 수 있으며, 자연스레 자신의 고민과 상황을 부모님과 나눌 수 있다. 또 이를 통해 기도의 마음도 서서히 예열 되고, 서로를 위해 간절히 기도해 줄 수 있는 힘이 생긴다.

5. 은 쟁반에 금 사과를 새겨라.

갈등의 원인이 마음의 죄에 있다면 갈등의 도화선은 입술의 말에 있다. 지혜롭지 못한 언어로 인해 원치 않는 갈등 관계에 빠지는 경우가 많다. 오해를 쌓고, 감정을 자극하는 말은 안 하는 것만 못하지만 우리는 말에 실수가 많은 자들이라 늘 하고 나서 후회를 한다. 그러니 말실수를 줄이는 가장 좋은 방법은 말을 줄이는 거다. 두 번 말할 걸 한번만 말하자. 듣기 좋은 소리도 자꾸 들으면 싫은데, 아쉬운 소리를 자꾸 해서 좋을 것이 무엇인가? 그러나 단순히 말만 줄여서는 안 된다. 상황을 잘 살펴 경우에 합당한 말을 해야 한다. 성경은 경우에 합당한 말이 아로새긴 은 쟁반에 금 사과라고 한다(잠 25:11). 상황에 맞는 말이 듣기에도 좋으며, 문제도 바르게 해결한다. 지혜로운 자는 한 마디를 해도 상황에 맞는 말을 하는데, 이 지혜는 여호와를 경외하는 것에서 온다. 그래서 경우에 합당한 말은 성경을 읽는 이의 눈에 있다. 성도는 성경으로 자기 현실을 살피고, 성경의 언어로 자신의 상황에 맞는 말을 할 수 있어야 한다. 입에서 자기감정이 아닌 말씀의 원리와 교훈이 나온다면, 그 말은 갈등의 촉매제가 아니라 완화제가 될 것이다. 부모는 자녀를 향해 부드러운 말로 격려하고 교훈하며, 자녀는 부모를 향해 공손한 말로 존경과 순종을 표하는 가정마다 은 쟁반에 금 사과가 아로새겨질 것이다.

6. 교회와 함께 가라.

청년들과 부모들이 겪는 갈등은 가족만의 문제도 아니고, 또 가족만이 해결할 수 있는 문제도 아니다. 성도의 모든 문제는 교회와 직결되어 있으며, 교회는 성도의 삶을 살펴 바르게 지도하고, 도울 책임이 있다. 교단 헌법에서는 장로의 직무가 교인을 심방, 위로, 교훈하고 권면하며, 성도들이 설교대로 신앙생활을 하는지를 살피며 언약의 자녀들을 양육하는 것이라 말한다. 장로에게는 젊은 세대를 신앙으로 돌아보며, 그들을 바른 언약의 자녀로 길러야할 책임이 있다. 이에 직분자는 세대 간, 가족 간의 갈등에 관심을 기울이고 성경적 원리에 따라 해결할 수 있도록 애써야 한다. 교회는 확장된 가정이기에 성도의 가정에서 발생하는 갈등의 문제는 교회 안에서도 고스란히 발생한다. 그러므로 가정은 교회에 도움을 요청하고, 교회는 가정의 요청에 민감히 반응해야 한다. 이때 개별 심방을 통해 가족들 간의 고충을 돌아보고, 문제를 해결해야하기도 하지만, 교회 차원에서 갈등 해소를 위한 장을 만들 필요도 있다. 집에서 부모에게 이야기할 수 없는 것도, 또래들과는 쉽게 이야기 할 수 있으며, 부모 역시 함께 모여 청년 자녀들에 대해 이야기하며 그들을 더 잘 이해할 수 있는 지혜를 얻을 필요가 있다.

"한 사람이면 패하겠거니와 두 사람이면 맞설 수 있나니 세 겹줄은 쉽게 끊어지지 아니하느니라."(전4:12)

7. 평화의 울타리를 세우라.

시128편은 성도의 가정이 누리는 아름다운 복을 노래한다. 식탁에는 풍성한 식물이 있고, 잘 익은 포도나무 같은 아내와 어린 감람나무 같은 자식들이 거기 둘러 앉아 함께 먹고 마시며, 연합하고 동거하는 기쁨이 있다. 참으로 이런 가정을 만나보고 싶다. 말씀이 현실이 되는 그런 가정 말이다. 하지만 현실 가정은 긴장과 갈등에 둘러싸여 있으며, 늘 불화의 고통을 마주하는 지극히 연약한 가정이다. 언약의 복을 풍성히 누려야할 가정들이 다툼과 상처로 아파하며, 사랑의 울타리는 허물어져만 간다. 그러나 그러함에도, 아니 그러하기에 우리는 더욱 그리스도를 신뢰해야 한다. 그는 우리의 화평이시며, 중간에 막힌 담을 허시고 원수 되었던 우리를 자기 안에서 하나 되게 하셨다. 교회와 가정은 그리스도의 언약 안에서 맺어진 평화의 집이다. 그리스도께서는 이 집을 세우기 위해 피 흘리셨으며, 지금도 계속 우리를 위해 수고하고 계신다. 그러니 그의 은혜로 언약의 가정을 선물로 받은 우리는 이 가정을 평화의 집으로 세워 가야 한다. 이를 위해 주께서 은혜의 방편을 주셨으니 우리는 이를 잘 사용하여, 주의 몸 된 평화의 가정을 세우는 일에 수고해야 한다.

"자녀들아 주 안에서 너희 부모에게 순종하라 이것이 옳으니라. 네 아버지와 어머니를 공경하라 이것은 약속이 있는 첫 계명이니, 이로써 네가 잘되고 땅에서 장수하리라. 또 아비들아 너희 자녀를 노엽게 하지 말고 오직 주의 교훈과 훈계로 양육하라."(엡6:1-4)

> 청년이 알아야 할 7가지

임신, 출산, 불임과 교회

김명일

"함께"라는 단어를 자주 떠올리는 요즈음이다. 아마도 한국사회에 1인 가정이 점점 늘어나고 젊은이들도 점점 비혼을 선택하는 분위기이기 때문에 이 단어를 더 자주 떠올린다. 물질주의와 개인주의의 영향뿐만 아니라 한국 사회는 "양극화"로 "함께"라는 단어가 의미가 퇴색되고 있는 현실이다. "우리"와 "함께"와 같이 공동체의 특징을 나타내는 좋은 단어들이 오히려 자신들의 그룹만을 강조하는 "끼리끼리"와 같은 단어의 성격을 포함하는 것은 아닌가 하는 생각도 한다.

임신, 출산, 불임의 문제는 "내"가 아니라 "우리"가 풀어야할 숙제다. 하나님께서는 인간을 창조하시며 "생육하고 번성하여 땅에 충만하라"고 명령하셨다(창 1:28). 이 명령을 둘러싸고 있는 구절에서 우리는 인간 창조의 특징을 살펴보아야 한다.

"하나님이 이르시되 우리의 형상을 따라 우리의 모양대로 우리가 사람을 만들고 그들로 바다의 물고기와 하늘의 새와 가축과 온 땅과 땅에 기는 모든 것을 다스리게 하자 하시고 하나님이 자기 형상 곧 하나님의 형상대로 사람을 창조하시되 남자와 여자를 창조하시고 하나님이 그들에게 복을 주시며 하나님이 그들에게 이르시되 생육하고 번성하여 땅에 충만하라, 땅을 정복하라, 바다의 물고기와 하늘의 새와 땅에 움직이는 모든 생물을 다스리라

하시니라."(창 1:26-28)

하나님께서는 자신이 만드신 피조물을 다스리게 하시기 위해서 인간을 창조하셨다. 인간이 생육하고 번성해서 해야 할 일은 피조물을 다스리기 위해서라는 것을 창세기 1:28은 말하고 있다. 이 "다스림"을 위해서 하나님은 인간을 자신의 형상으로 창조하셨다. 우리가 하나님의 형상대로 지음받은 이유도 이 "다스림"을 위해서다.

우리가 생육하고 번성하여 땅에 충만할 수 있는 것은 우리가 남자와 여자로 창조되었기 때문이다. 남자와 여자로 창조된 것은 단순히 생식이나 출산을 위해서가 아니다. 출산만을 위한 남자와 여자 각각이 아니라 교회의 기본 단위를 드러내는 공동체로 창조되었다. 다른 말로 하면 우리는 "나"가 아니라 "우리"로 창조된 것이다. 이것은 "우리"가 하나님의 형상의 특징인 "우리"로 창조된 점에서도 드러난다. 하나님께서는 생산을 위한 기능을 가진 남자와 여자와 같은 무리가 아니라 서로 영광을 돌리시는 참 공동체의 원형인 "우리"로 존재하셨고 (요 17:5) "남자와 여자"는 이것을 반영해야 하는 공동체로 창조된 것이다. 우리로 창조됨은 단순한 생산기능, 출산기능을 위해서는 아니다. 공동체를 이루어서 하나님의 일을 잘 수행하기 위함이며, 세 분 하나님께서 창조 전부터 함께 영광을 돌리시던 그 영광의 풍성함이 어떠한 것인지를 드러내기 위해서이다.

여기서 강조되어야 할 점은 단순히 출산을 많이 해야 한다는 것이 아니다. 우리가 삼위하나님의 돌봄이 가능한 공동체를 이루어야 한다는 관점에서 출산과 임신과 불임이라는 문제를 바라보아야 한다. 출산과 임신의 문제를 각 개인의 문제로 각 가정에서만 담당해야 할 문제로 이해하는 것이 아니라 교회가 참 공동체를 이루어가는 관점과 연결해서 이 문제를 생각해야 한다. 삼위 하나님께서 이루고자 하시는 교회를 구성하는 지체를 이루고 양육시키고 그럼으로 하나님께서 우리에게 맡기신 일을 잘 감당하기 위한 관점으로 출산과 임신의 문제를 다루어야 한다. 그래서 우리 교회를 이루는 성도들은 젊은 가정들이 어떻게 이 문제를 해결해야 할지를 함께 고민해야 한다.

교회가 "우리"의 형상대로 "남자와 여자"를 창조하시고 생육하여 다스리라는 명령을 진지하게 받아들인다면 어떻게 될까? "다음 세대"라는 단어를 남발하지 않고 실제로 교회의 관심을 여기에 둘 것이다. 교회의 외형에 집착해 많은 교회들이 큰 규모의 빚을 지고 있다. 한국교회가 가지고 있는 부채를 생각하면 교회내의 젊은 가정들의 출산과 임신, 그리고 불임 문제를 충분히 해결할 수 있을 것이다.

교회의 당회나 제직회는 교회의 재정이 낭비되는 행사에 관심을 줄이고 야유회를 적게 가고 쓸데없이 먹는 것에 들어가는 돈을 아껴서 젊은 가정들이 걱정해야하는 양육의 문제를 도울 수 있다. 출산을 하지 않으려는 젊은이들이 많다. 여러 문제들이 연결되어 있겠지만 돈 문제가 가장 걸림돌이 아니겠는가? 말로만 젊은 세대를 돕지 말고 왜 출산을 하지 않느냐고 질책하지 말고 함께 그 문제를 실질적으로 도울 수 있는 방안을 마련해야 할 것이다.

"사람마다 두려워하는데 사도들로 말미암아 기사와 표적이 많이 나타나니 믿는 사람이 다 함께 있어 모든 물건을 서로 통용하고 또 재산과 소유를 팔아 각 사람의 필요를 따라 나눠 주며 날마다 마음을 같이하여 성전에 모이기를 힘쓰고 집에서 떡을 떼며 기쁨과 순전한 마음으로 음식을 먹고 하나님을 찬미하며 또 온 백성에게 칭송을 받으니 주께서 구원 받는 사람을 날마다 더하게 하시니라." (행 2:43-47)

초대교회의 나눔은 교회의 다른 구성원들의 필요에 따라 나누어주는 것이다. 젊은 층에게 정작 필요한 것에 우리는 얼마나 집중하고 있는가? 말로만 아니라 구체적으로 결혼과 임신 같은 문제에 얼마나 도움을 주고 있는가?

"이제 너희의 넉넉한 것으로 그들의 부족한 것을 보충함은 후에 그들의 넉넉한 것으로 너희의 부족한 것을 보충하여 균등하게 하려 함이라 기록된 것 같이 많이 거둔 자도 남지 아니하였고 적게 거둔 자도 모자라지 아니하였느니라." (고후 8:14-15)

필요라는 단어와 함께 바울의 고린도교회에 대한 편지에서 우리가 생각해 보아야 할 단어는 "부족함"이다. 교회의 재정흐름을 잘 살펴서 출산할 때 금일봉이나 주면서 생색을 내는 식으로 출산을 장려한다 말하지 말고 부족함에 지속적이고 구체적인 도움을 주어야 한다. 그뿐 아니라 출산 후의 젊은 가정들이 겪는 정신적 영적인 문제를 캐어할 구조를 교회는 갖추어야 한다. 어린 아이들이 충분히 교회 내에서 영적으로 육체적으로 자랄 수 있도록 여러 가지를 고려하면 좋겠다. 우리는 연결되어 함께 자라는 한 교회이다. 말로만 강요하지 말고 실제적인 노력을 기울여야 한다.

"우리"가 함께 생육하는 것이다. 번성하는 것이다. 젊은 가정들에만 그들 각자에게만 문제를 떠넘기지 않아야 하겠다.

불신 가족
어떻게 대할 것인가?

최정복

제가 알고 있는 한 청년은 불신 가정에서 자랐습니다만 대학시절에 예수님을 믿고 신자가 되었습니다. 스스로 늘 부족하다고 말하지만 제가 보기에는 주님을 진심으로 사랑하는 신실한 분입니다. 가족들은 정이 많고 작은 일에도 감사하며 살아가는 소시민들입니다. 사랑하는 가족들에게 예수님을 소개하지만, 특별한 관심을 보이지 않습니다. '내가 지금 제대로 복음을 전하고 있나' 고민이 깊어집니다.

얼마 전 만나게 된 한 청년의 사정도 비슷합니다. 이 분도 불신 가정에서 자랐지만, 친구를 따라 어릴 적부터 교회에 다녔다고 합니다. 가족들을 위해 가끔이지만 기도도 합니다. 그러나 전도하기에는 지식도 짧고 자신의 삶이 아직 부끄럽게 느껴지기도 합니다. 오히려 자기 자신의 믿음도 걱정입니다. 언젠가는 신앙이 성숙해져서 삶으로 복음을 전해야 할 텐데라며 말끝을 흐립니다.

어릴 적에는 나보다 더 열심히 교회에 다니던 동생이 대학에 가자마자 불신을 선언했다는 가슴 아픈 사연, 명절마다 설거지를 도맡아 하면서 아무리 열심히 예수님을 전해보아도 꿈쩍도 하지 않으시는 부모님에 대한 기도제목들, 교회에서 기도요청도 하고 용기를 내어 복음을 전해 보지만 "너나 잘 믿어"라는 핀잔만 받고 돌아온 이야기 등등. 목사인 저로서는 '함께 기도하자'

는 답변만 할 수 있을 뿐입니다. 이러한 상황 속에서 우리는 무엇을 해야 할까요? 이 글에서는 이러한 고민을 가진 분들에게 작은 권면을 드리려고 합니다. 저 역시 사랑하는 불신 가족을 가진 청년들에게 그리 속 시원한 답을 줄 형편은 아니지만, 아주 작게나마 이 글을 통하여 하나님의 위로가 임하기를 기도하는 마음입니다.

1. 우선 신앙고백부터

예수님께서는 '불신 가족'에 대해서 뭐라고 말씀하셨을까요? 유명한 구절이 마태복음 10장 36절의 "사람의 원수가 자기 집안 식구리라"라는 말씀입니다. 종교 문제로 집안에서 다투라는 말씀이 아니라는 사실은 너무나 분명합니다. 그렇다면 어떤 의미로 이런 말씀을 하셨을까요?

예수님께서는 여기서 미가서 7장 6절을 인용하셨습니다. 미가서 7장에서 미가 선지자는 죄악된 이스라엘 백성들의 악을 고발하고 있습니다. 미가 선지자는 경건한 자들과 정직한 자들을 찾을 수 없었습니다(2절). 얼마나 악이 가득한 지 가장 믿을만한 관계인 가족조차 믿을 수 없는 처지가 된 것입니다. 예수님은 미가 선지자가 고발한 이스라엘의 시대상을 앞으로 당신의 제자들이 마주하게 될 현실에 대한 예표로 보셨습니다. 실제로 예수님과 많은 그리스도인들은 값비싼 대가를 치러야 했습니다. 특히 경제적, 문화적으로 긴밀하게 묶여 있던 가족 공동체로부터 소외되어 고난 받는 일이 많았습니다.

그렇다면 예수님의 제자들이 이처럼 고난을 받을 때 어떻게 반응해야 할까요? 예수님께서는 "몸은 죽여도 영혼은 능히 죽이지 못하는 자들을 두려워하지 말라(마 10:28)"고 하시면서 이러한 핍박에 결코 굴하지 말아야 한다고 가르치셨습니다. 그리고 그들 앞에서 담대히 예수님을 고백해야 한다고 말씀하셨습니다(32-33절). 물론 고백하게 하시는 분은 성령 하나님입니다(20절). 참되고 살아계신 하나님을 향한 신앙고백이 무엇보다도 우선하는 것입니다. 그와 같은 신앙고백을 한 사람은 그가 고백한 대로 부모님이나 자식을 예수님보다 더 사랑해서는 안 되며(37절), 오직 자기 십자가를 지고 주님을 따라야 합니다(38절). 예수님을 나의 주님(Lord)으로 고백하는 신앙고백은 삶과 따로 떨어져 존재하지 않고, 십자가를 지고 따라가는 제자의 삶을 형성합니다. 무엇보다도 우선하여 나 자신의 신앙고백부터 올바른 것인지 점검해야 합니다.

2. 고난과 선행

바른 신앙고백에서 고백자의 삶이 가능합니다. 거기에는 값비싼 대가가 있습니다. 가족들과 다른 길을 택한 것이기 때문입니다. 그래서 사도 베드로는 이러한 그리스도인의 삶을 이 땅에서는 시민권을 가지지 못하고 이방인 취급을 받는 '거류민', 혹은 본향을 향해 가는 '나그네들'로 규정합니다(벧전 2:11). 고난을 이상하게 여기지 말고, 도리어 당연하게 여기라고 권면합니다. 도리어 선행을 장려합니다. "너희가 이방인 중에서 행실을 선하게 가져 너희를 악행한다고 비방하는 자들로 하여금 너희 선한 일을 보고 오시는 날에 하나님께 영광을 돌리게 하려 함이라(벧전 2:12)"

사도 베드로는 선한 행실을 함으로 고난 받는 것이 아름답다고 가르칩니다(벧전 2:19). 물론 예수님을 믿는 신앙 고백의 토대 위에서 선한 행실을 해야 합니다. 이로써 우리는 세상이 추구하는 넓은 길이 아닌, 좁은 길이 더 행복하고 아름답다는 사실을 내가 사랑하는 가족들에게 자랑할 수 있습니다. 베드로 사도는 혹 믿지 않는 남편이 있다고 하더라도, 이와 같은 선한 행실로 그를 구원에 이르게 할 수 있다고 가르칩니다(3:1). 사도가 기록한 말씀처럼 사람들은 믿는 사람들의 행실을 봅니다(3:2). 그러므로 우리는 악을 악으로 갚지 말고 도리어 선으로 악을 갚으며 복을 빌어야 합니다(3:9). 최고의 변증은 신앙 고백의 토대 위에 세워진 삶이라고 할 수 있습니다.

3. 전도의 미련한 것

삶으로 전도하고, 또 입으로도 복음도 전해야 합니다. 이와 관련하여 늘 암송하고 기억해야 할 말씀이 베드로전서 3:15절입니다. "너희 마음에 그리스도를 주로 삼아 거룩하게 하고 너희 속에 있는 소망에 관한 이유를 묻는 자들에게 대답할 것을 항상 준비하되 온유와 두려움으로 하고" 먼저 그리스도를 주로 고백하고, 그에게 순종함으로 거룩한 삶을 살아야 합니다. 그리고 그 거룩한 삶을 보고 묻는 자들에게 '대답할 것'이 있어야 합니다. 여기서 '대답할 것'이라는 말은 변호, 혹은 변명이라는 말입니다. 주로 법정에서 변호하는 것을 말합니다.

성도의 변증, 변호는 무엇일까요? 성경이 가르치는 대로 다양한 변증, 변호가 필요합니다. 성경에 대한 변호, 하나님의 성품에 대한 변호, 죄와 비참으로부터 구원에 대한 변호, 섭리와 창조를 통한 변호 등등. 그 중에서도 가장 확실한 변호가 바로 십자가의 도입니다(고전 1:18). 십자가의 도는 세상 사람들이 보기에 '미련하고 어리석은 것'이지만, 그러나 십자가에 못 박힌 그리스도를 전하는 것이야말로 하나님의 능력이요 하나님의 지혜입니다(고전 1:23). 십자가에 달리신 우리 구주 예수 그리스도를 변호할 때, 성령께서 택한 자기 백성을 부르실 것입니다.

물론 복음을 전하고, 그리스도를 증거하며, 참된 신앙을 변호하는 일은 쉽지 않습니다. 우리는 사도 바울이 말하는 "전도"를 개인의 사사로운 전도로 한정시켜 생각하는 오류에 빠지지 말아야 합니다. 자연스럽게 교회가 얼마나 중요한 기관인지 떠올려야 합니다. 직분자를 통해 주시는 복음 설교야말로 하나님께서 정하신 통상적인 구원의 방편이기 때문입니다. '전도의 미련한 것'이란 말씀의 사역자를 통해 주시는 순수하고 사도적인 복음 설교입니다.

사람이 복음 설교를 들을 때 참된 믿음이 생깁니다. 공적 예배를 통해 하나님께서 말씀하시며, 교회에 임재를 나타내시며, 각 사람을 부르십니다. 교회의 통상적 사역이 힘 있게 일어날 때 성도들이 함께, 그리고 각각 선행에 힘쓰며 살 수 있는 토대가 됩니다. 우리 자신은 말이 좀 어눌하고 무엇을 어떻게 전할지 모르지만, 불신자들을 생명의 말씀이 있는 교회로 초청할 수는 있습니다. 우리가 마주한 불신 가족의 문제는 곧 복음 전파의 사명을 받은 교회의 공적인 문제인 것입니다. 그러므로 우리는 바른 신앙 고백 위에서 선한 일에 힘쓰는 건강한 교회가 많아지기를 기도해야 합니다. 주께서 추수

할 일꾼들을 보내어 주시기를(마 9:38)!

4. 하나님의 주권과 기도

물론 아무리 선한 일을 하고 교회가 힘 있게 복음을 전한다 하더라도, 어떤 경우에는 더욱 완고해지고 마음이 강퍅해지는 일도 있습니다. 사도 바울에게도 이 일은 큰 눌림이 되었습니다(로마서 9:1). 사도는 로마서에서 자신이 그리스도의 사랑에서 끊어질 수 없다는 것을 선언했지만(8:39), 자기 골육의 친척이 구원받을 수만 있다면 자신이 저주를 받기를 원할 정도라고 탄식하기도 했습니다(9:3). 사도는 이러한 마음으로 복음을 열심히 전했지만 가는 곳마다 동족 유대인들로부터 더욱 큰 핍박을 받았습니다. 사도는 이를 통해 하나님께서 택하여 불러 주시지 않으시면 결코 구원을 받을 수 없다는 사실을 깨달았을 것입니다. '하나님께서 하고자 하시는 자를 긍휼히 여기시고 하고자 하시는 자를 완악하게 하시느니라'라고 기록합니다. 그렇다면 우리가 기도하고 선행을 행하며 우리가 복음을 전하는 것은 다 불필요한 것입니까?

결코 그렇지 않습니다. 사도는 다른 어떤 수단이 아닌 "믿음의 말씀"을 통해 구원이 임하리라고 확신합니다(10:8). 그래서 핍박을 받을수록 더 간절히 기도하며 더 부지런히 복음을 전했습니다. 이렇게 하나님의 주권을 믿는 사람은 더욱 더 간절히 기도하고, 자기가 보냄 받은 곳에서 복음 전하는 삶을 지속합니다. 사도는 모든 것을 다스리시며, 모든 일을 주관하시는 하나님의 주권을 인정하며 다음과 같이 찬송합니다. "깊도다 하나님의 지혜와 지식의 풍성함이여 그의 판단은 헤아리지 못할 것이며 그의 길은 찾지 못할 것이로다(롬 12:33)"

5. 위로의 하나님

그러므로 불신 가족들 속에서 어려움을 겪으며, 가족들의 구원을 소망하는 기도가 더디 응답되는 것처럼 보여도 낙심하지 맙시다. 오직 죽은 자를 살리시는 하나님만 의지하며 계속해서 가족들을 위해 기도하십시오. 하나님의 주권을 인정하면서 순수한 복음 전파 사역을 감당할 말씀의 사역자가 많아지도록 기도하십시오. 그리고 건강한 교회가 많아지는 일에 힘쓰십시오. 바른 신앙 고백 위에 굳게 서서, 고난을 만나더라도 선한 행실을 지속하며, 계속 기도에 힘쓰도록 합시다. 위로의 하나님께서 반드시 넘치도록 위로하실 것입니다(고후 1:3-7).

청년의 교회 봉사

양명지

교회 생활은 신자가 인생의 다양한 시기를 지나며 평생을 보내는 신앙생활에 중요한 부분이다. 개인의 교회 등록과 회심에 따라 교회 생활의 시작 시기는 다를 수 있다. 하지만 교회 전체적으로 본다면 교회 생활은 인생의 전 과정을 보내는 신앙생활의 중요한 한 축이다.

그래서 신자의 교회 생활에 일정한 연령과 그룹을 분리하여 특정화하는 것은 좋은 시도라고 보기 어렵다. 특정 부류를 부각하여 다르게 대우하고, 무언가 차별화된 시각으로 보는 것은 앞서 말한 대로 평생을 교회와 관련하여 이루어질 신앙과 경건을 이해하는데 자칫 부정적인 영향을 줄 수도 있기 때문이다. 게다가 특정 부류를 구별한다는 것은 자연스레 그 외의 나머지를 경시하는 듯한 메시지를 줄 수도 있다.

그럼에도 불구하고, 청년 시기는 지금 여기, 우리 시대 한국교회에서 매우 의미 있고, 주목해야 할 부류이며 연령대라 할 수 있다. 사회적으로도 청년에 대한 여러 이슈와 담론이 있고, 소위 다음세대라 할 때 가장 근접하고, 직접적인 대상이 바로 청년이다. 현실적으로 장년이 교회를 책임있게 세워간다고 볼 때, 청년은 바로 다음 10여년 뒤를 예상하게 하는 당사자들이기 때문이다.

이러한 청년의 교회 생활 가운데 교회 봉사는 가장 뜨거운 감자 중에 하나이다. 어쩌면 해묵은 주제이며 논쟁거리일 수도 있고, 그만큼 아직도 해결되지 않은 어려운 주제일 수도 있다. 두렵고 떨리는 마음으로, 조심스럽게 청년의 교회 봉사에 대해 같이 고민해보는 재료로 이 글이 사용되기를 원하는 마음에서 몇 가지를 다루어 보고자 한다.

1. 혹사시키지 말라.

교회 안에서 청년들의 과도한 봉사는 어제 오늘 일이 아니다. 이는 교회와 청년 모두에게 해당되는 말이다. 교회는 여러 가지 일을 청년들에게 요구하고 감당하게 해왔다. 교회 생활을 열심히 하는 청년들은 주일에 말할 수 없이 분주하다. 아침에 봉사자들을 위한 이른 예배에 참석한다. 그리고 대부분의 성도들이 예배하는 시간에 교회 학교의 교사로 봉사한다. 점심시간에는 교사회로 분주하고, 그마저도 쪼개어 청년부 다른 봉사의 일도 맡아서 한다. 오후 나른한 시간에 청년부 모임을 한 후에는 조별로 나뉘어서 조별 모임을 한다. 그래서 마치는 시간이 빠르면 5-6시, 저녁까지 먹고 흩어진다면 7-8시는 기본이다.

이런 주일 일정에서 구분해야 할 것이 있다. 한국교회 안에 공식처럼 되어 있는 예배와 소그룹 모임을 수용한다면 청년들의 주일 오후 일정은 어느 정도 감수해야 한다는 점이다. 대부분의 장년들은 소그룹 모임을 위한 시간과 에너지를 주중에 할애한다. 하지만 청년들은 주일에 둘을 한꺼번에 하려니 어쩔 수 없는 부분이 있다. 청년 모임의 대그룹과 소그룹 둘을 다 잡고자 한다면, 그리고 이를 위해 주일에만 시간을 낼 수 있다면 오후 전체나 저녁까지 이르는 빡빡한 스케줄을 과도하다고만 말하기 어렵다.

여기에 성경공부와 같은 양육을 더한다면 교회 생활의 일정은 토요일까지 확장된다. 아무리 눈을 씻고 찾아봐도 주일에는 성경공부를 위한 시간이 나오지 않는다. 만약 주일 저녁 시간을 노린다면 가능할 수 있겠지만 현실적으로 어려운 것이 사실이다. 그렇다면 다른 대안이 바로 그나마 여유로운 토요일 오전이나 오후가 될 수밖에 없다. 교회 봉사를 제외하고 청년부 자체 대그룹 모임인 경건회 또는 예배, 소그룹 모임인 조 모임, 양육인 성경공부만 하여도 토요일 일부와 주일 오후 전체를 사용한다는 결론이 나온다.

이 위에 교회 봉사를 하게 되면, 그것이 청년부 자체 봉사이든 교회 학교, 찬양대나 찬양팀 등의 교회 봉사이든, 주말을 어떻게 보내게 될 지는 쉽게 상상할 수 있다. 게다가 청년부를 섬기는 일꾼들은 교회의 다른 부서와 사역에서도 일하고 있을 가능성이 높다. 그것만 아니다. 여기에 들어있지 않은 정규적이지 않은 교회의 다양한 일과 필요에 청년들은 여러 가지 모양으로 섬기고 수고하고 있다. 어쩌면 작은 교회일수록 그 수고가 더 클 수도 있겠다. 한마디로 말해서 과도하다 할 수 있다.

경쟁 사회에서 대학 들어가기는 어렵고, 이기적인 캠퍼스 현실에서 학점과 스펙을 쌓기도 괴롭다. 취업은 더 힘들고, 어렵게 시작한 사회생활은 전혀 다른 세상살이를 청년들에게 요구한다. 이런 세상에서 청년들은 스트레스와 심리적, 정서적 불안정을 안고 살고 있다. 그리고 그 경쟁에 맞춰 사느라 누구의 잘못이든 간에 청년들은 신앙적 가치관과 성경의 기본 내용도 제대로 갈무리할 시간과 여력이 없었다.

그러하기에 나이가 들었고, 교회생활이 익숙하다고 해서 당장 이곳저곳에서 일하게 하는 것은 건전하지 못하다. 청년의 상황과 신앙을 잘 살피는 것이 너무나도 중요하다. 주일 한두 시간 볼 때, 아무 문제가 없는 것처럼 보일 수 있다. 하지만 그의 일상이 정리되어 있지 못하고, 신앙과 정서가 피폐해져 있는데 교회의 필요를 따라 여기저기서 기본 교회 생활 외에 봉사까지 과도하게 하게 되는 것은 다음 세대를 소모시키는 것이다. 그들은 섬김의 의미와 즐거움을 깨달을 기회를 박탈당하고, 결국에는 교회에 대한 반감과 상처만 남게 될지도 모른다.

잘 섬기고 있는 청년 당사자들도 본인들을 혹사시켜서는 안 된다. 교회의 여기저기에서 자기를 귀한 일꾼으로 인정해주는 것은 기분 좋은 일이다. 하지만 자기의 일상과 신앙생활을 균형 있게 하지 못하고 과업과 프로젝트로 자기 존재를 확인하고, 확인 받는 교회 생활을 하고 있다면 조정이 필요하다. 혹사는 교회 어른들만 아니라 자기도 자신에게 얼마든지 할 수 있다. 일을 많이 하는 것이 신앙의 척도가 아님을 알고 자신에게 여유 있는 교회 생활을 하도록 허락하면 좋겠다. 하고 싶은 마음과 할 수 있는 역량을 잘 구분하는 것도 지혜와 용기다.

2. 실패를 용납하라.

혹사를 하지 말라는 말이 교회 봉사를 시키지 말라는 뜻은 아니다. 역량과 믿음에 맞는 봉사가 필요하다는 말이다. 신앙은 책상에 앉아서 성경을 배우는데서만 자라지 않기 때문이다. 오히려 청년들이 제대로 교회를 섬길 수 있게 해야 한다.

UN이 정한 기준에 따르면, 65세 이상의 고령인구 비율이 7% 이상이면 고령화사회, 14% 이상이 고령사회, 20% 이상이면 초고령화사회가 된다. 2000년 고령화 사회였던 한국은 2017년 고령사회가 되었고, 2026년 초고령사회 진입이 예상되고 있다. 생산연령 인구는 감소하고 있다. 여기에 사회권력과 재정적인 부분도 기존 세대가 이미 획득하고 있는 것이 더 크다. 그래서 교회만 아니라 한국 사회 전반에 젊은 세대들은 책임 있는 일이나 결정을 하는데 배제되어 있다. 정치, 경제, 사회, 교육, 문화 다양한 분야에 비중 있는 일은 연배가 있는 어르신들이 감당하고 있다.

물론, 다음 세대가 예전 세대들보다 패기도 부족하고, 철도 늦게 나고, 독립성을 갖고 주도적으로 일하고 선택하며 추진하는 일에 부족한 것도 부인할 수 없는 사실이다. 그러나 이는 온실 속 화초처럼, 정해진 틀에 넣고 교육하고 인도한 기존 세대의 책임을 배제하고 생각할 수 없다. 가장 좋은 것을 주겠다고 했지만 결정한 것을 수용하고 수행하도록 지도해왔고, 철없는 질문과 시도를 무시하고 조용히 시키는 대로 하기를 은연중에 가르쳐 왔기 때문에 생겨난 부분도 부인할 수 없다.

오히려 경험과 재정과 능력을 갖춘 기존 세대가 청년들에게 중요한 일을 맡기고 일해 보도록 기회를 주는 것이 정말 필요하다. 게다가 그것을 잘하도록 기대하지 말고, 실패할 것을 예상하고 실패를 통해 자라서 수정하도록 도울 준비를 하는 것이 절실하다. 이 일은 굉장히 피곤할 것이고, 속상할 것이고, 시간과 에너지를 낭비하게 될 것이다. 배려로 주어진 기회를 자기의 능력으로 착각하는 오만함을 마주하게 될 것이고, 부족한 결과를 제대로 인식하지 못하고, 오히려 유산을 무시하는 무지를 만나게 될 것이다. 그러나 그럼에도 불구하고 중요한 일을 맡기고 기다려주는 것이 필요하다.

교회도 마찬가지다. 청년들에게 물건을 옮기고, 아이들을 돌보고, 공연 몇 가지를 하게 하는 것만 아니라 교회의 중요한 결정과 교회 전체의 모임과 프로그램에 주도적으로 참여하고, 주관하고, 일해 보도록 하게 하면 좋겠다. 열심과 끈기가 부족해서 중간에 와해될 수도 있고, 전체를 살피지 못해 어색하거나 편향된 분위기나 결과가 나올 수도 있겠다. 하지만 그것을 예상하고, 충분히 대비해서 청년들이 실수와 실패를 통해서 잘못을 깨닫고, 더 잘하게 되고, 성숙하게 되는 기회를 줄 수는 없을까?

처음부터 잘하는 사람은 없다. 아니, 어쩌면 꼭 잘해야 하는지에 대해서도 질문해볼 일이다. 청년들에게 중요한 일을 맡기고 실패를 용납하는 것이 교회를 건강하게 할 것이다. 그동안 해놓은 것이 없고, 앞으로도 교회의 일에 기여하지 못하게 되더라도 기회를 주어야 다음 세대도 자랄 수 있다.

반대로 능숙한 기존 세대만 핵심적인 일을 감당하다가 더 이상 여력이 없어 세월이 한참 지나서야 다음 세대에 넘겨주었을 때, 더 이상 청년이 아닌 그들은 제대로 해본 적이 없어서 유산이 제대로 전수되지 않은 채, 열의도 상실되어 전혀 다른 모양과 방향으로 일과 결정을 진행하게 될지도 모를 일이다.

청년들은 실패를 두려워하지 말고, 시도해보면 좋겠다. 우리 사회는 실패를 용납하지 않는 사회다. 하지만 교회에서 어른들을 신뢰하고 다양하게 도전해보라. 겸손히 배우는 자세로 섬기고 일하되 젊음이 가진 특권을 마음껏 사용해보면 좋겠다. 원리를 알지만 현실을 잘 몰라 배려가 부족할지 몰라도 원칙만 가지고 기획하고, 섬기고, 진행하는 경험을 통해 실수하면서 배워가는 젊음의 특권을 누리면 좋겠다. 특별히 교회를 섬기면서 그 즐거움과 의미를 알아갈 수 있기를 응원한다.

3. 지금부터 준비하라.

교회의 봉사는 의미 있고, 중요하다. 그것은 단순히 행사를 준비하는 것만 아니라 다양한 일들을 통해 사람을 세우고, 교회를 하나 되게 하고, 교회의 임무를 잘 감당하게 하는 것이 실제 어떻게 이루어지는지 몸으로 배울 수 있는 장이기 때문이다. 은혜가 넘치는 예배, 말씀을 깊이 배우는 교육, 사랑이 넘치는 교제, 서로와 세상을 섬기는 봉사와 총체적인 복음의 전파는 직분과 직무만 아니라 반복되는 사역과 특별한 행사를 통해서, 일상과 교회 생활이 오랜 세월을 지나며 차곡차곡 쌓여 발휘되어 하나님의 영광을 드러내게 마련이다.

은혜가 넘치고, 사랑이 가득하며, 합리적이면서도 정직하고 깨끗한 교회와 교회생활은 어느 누군가가 만들어 놓으면 그 교회 등록해서 이루어지는 것이 아니다. '지금 교회는 아니지만 나중에 결혼하고 나면, 시간이 지나면 좋은 교회에 가야지'라는 생각은 결코 예상했던 결과를 이뤄주지 않을 것이다. 사소한 것이든, 중요한 것이든 지금부터 감당하고 있는 교회 봉사를 통해서 나와 가족이 다니고 싶은 교회를 세워 가면 어떨까? 교회의 필요를 채우는 다양한 사역들은 교회가 청년에 대한 배려 없이 일만 시키려 한다는 수동적인 피해의식을 넘어서 볼 수는 없을까 생각해본다.

목회자와 합리적으로 대화하고, 어른들의 경험과 청년들의 새로운 생각이 함께 공유되고 실행되고, 그저 이루어지는 줄 알았던 교회의 일들이 어떻게 되어 왔는지 몸으로 경험해보는 것은 정말 소중한 경험이다. 이를 통해서 방황하는 친구들에게 우리가 함께 그 교회를 세워가고 있으니 함께 하자고 자신 있게 말할 수 있게까지 된다면 더 좋을 것 같다. 물론, 현실이 녹록치 않다. 큰 교회라면 부서 수준에서 어떻게 교회 전체의 분위기와 방향을 준비할 수 있는가 질문할 수 있고, 작은 교회라면 그렇게 함께 준비할 사람이 없다고 말할 수 있겠다. 하지만 소망을 가지고 기도하며 준비하는 사람들을 통해 우리의 교회는 그때부터 세워지기 시작할 것이다.

교회 생활을 꾸준히 할 것이라면 교회가 신자의 신앙생활에 얼마나 중요한지 알 것이다. 그리고 교회가 건강한 것이 가정과 개인에게 얼마나 큰 복인지 알게 될 것이다. 교회를 위한 수고와 준비는 바쁘고 분주한 세상살이에서 거기까지 신경을 써야 하는가의 문제가 아니라 앞으로 나의 영혼을 위해 정말이지 가치 있는 투자(?)라고 할 수 있다. 의미 없는 소모와 탈진의 교회 봉사가 아니라 앞으로 내가 다니게 될 교회를 성경적인 교회로, 정말 다니고 싶은 교회로 세워가기 위해 벽돌을 하나씩 쌓는다는 능동적이고, 적극적인 자세와 마음으로 섬길 수 있으면 얼마나 좋을까 생각해본다.

청년들의 삶과 고민을 얼마만큼 이해하는가의 질문에 누구도, 청년 자신도 제대로 답하기 어려운 복잡한 시대가 되었다. 거기에 다양한 교회 생활 가운데 봉사를 이야기한다는 것은 부담이 크다. 그러나 결국 공동체는 누군가의 수고와 헌신을 통해 세워지고, 유지된다. 봉사와 섬김에 주신 하나님의 비밀과 복이 지금도 묵묵히 일하는 소중한 교회의 일꾼들에게 풍성히 경험되는 복이 있기를 기도한다. 특별히 어려운 현실에서도 주님이 주시는 은혜와 위로 때문에 여러 자리에서 수고하는 청년들에게 주님이 교회를 세워 가시는 것을 몸으로 알아가는 복이 있기를, 그런 청년들을 이해하고 돕는 교회에게 어지러운 세상 속에서도 다음 세대를 기르시는 하나님의 역사를 체험하는 복이 있기를 간절히 기도한다.

교회 권위자와의 관계

안재경

청년의 때는 과격해지기 쉬운 때다. 청년의 혈기를 참기 힘들기 때문이다. 특히 요즘같이 권위를 인정하지 않는 시대에서는 더더욱 권위자들을 치받기 쉽다. 권위주의의 폐해로 인해 청년들이 권위를 인정하고 순종하기 어렵게 되었다는 사실이 안타깝다. 청년들이 교회를 떠나는 것은 권위자들의 꼰대짓(?) 때문이다. 교회에서는 아직까지도 무조건적인 순종을 요구하는 경우가 많기 때문이다. 작은 교회일수록 청년들이 교회 일을 도맡아 해야 하기 때문에 힘겨워하는데 가면 갈수록 헌신의 요구는 더 커져간다. 큰 교회로 옮겨 버리고 싶은 충동을 느낄 수밖에 없다. 교회는 왜 청년들에게 무조건적인 순종을 요구할까? 성경은 우리에게 권위자들에게 무조건적으로 순종하라고 요구하는가?

1. 권위를 인정하라

우리는 하나님이 주권자이심을 믿는다. 우리는 하나님이 만사를 다스리심을 믿는다. 네덜란드의 유명한 신학자요 정치가였던 아브라함 카이퍼는 '하나님께서 손톱만큼이라도 내 것이라고 주장하지 않으시는 영역이 없다'고 말했다. 하나님께서 세상 모든 것들을 다스리신다는 말이다. 중립적인 영역은 없다는 말이다. 쉽게 말하자면 온 세상은 하나님의 나라가 되어야 한다는 말이다. 하나님께서 만사를 다스리시지만 일차적으로는 교회를 먼저 다스리신다. 그리스도께서 하나님 나라가 가까웠다고 선포하셨는데 성령께서 강림하셔서 세우신 것은 교회라는 사실이 시사하는 바가 크다. 교회가 하나님 나라의 핵심이라는 말이다. 하나님은 교회를 통해 세상을 다스리신다. 교회는 하나님의 직접적인 다스림 하에 있다.

하나님이 교회를 어떻게 직접적으로 다스리시는가? 하나님은 직분자들을 세우셔서 우리를 다스리신다. 목사, 장로, 집사가 바로 그 직분자들이다. 그 직분자들에게 권위가 주어져 있다. 모든 권위의 원천은 직분에 있다는 말이다. 권위의 원천은 사람의 능력에 있는 것이 아니라 하나님께서 세우신 직분에 있다. 직분은 직무에 근거하고 있기에 하나님께서 맡기신 일이 있고, 그 일을 하기 위해 세우신 직분자들에게 권위를 부여하신다. 직분자들이 그 직무를 제대로 수행하냐 하는 것은 두 번째 문제이다. 우리는 하나님께서 직분자들에게 권위를 부여하셨다는 것을 믿어야 한다. 하나님께서 하늘에서 직접 소리를 발하시면서 다스리시는 것이 아니라는 말이다.

'나는 하나님께는 순종하겠지만 사람에게는 절대로 순종할 수 없다'고 하는 태도는 잘못된 것이다. 하나님께서는 사람을 통해 우리를 직접 다스리시기 때문이다. 하나님이 직분자를 통해 우리를 다스리시는 것은 직접적인 다스림이 아니라 간접적인 다스림이 아니냐고 말할지 모르겠다. 직분자를 통해 우리를 다스리시는 것은 하나님의 직접적인 다스림이다. 하나님께서 신인이신 그리스도를 통해 우리를 다스리신다는 것을 생각해 보라. 하나님께서 세우신 권위자에게 순종하지 않고서 하나님께 순종할 수 없다는 사실이다. 예를 들어 한 나라의 대통령이 파송한 대사를 무시하면서 그 나라를, 그 대통령을 존중한다고 말할 수 있겠는가.

2. 권위에 순종하라.

청년들은 권위자들을 의심의 눈으로 바라보곤 한다. 민주주의 사회를 살아가고 있기에 평등에 대한 관념이 몸에 익어있기 때문이다. 사람 위에 사람

없고 사람 아래에 사람 없다는 말은 옳다. 하지만 하나님께서는 권위자들을 통해 우리를 다스리신다. 이것이 하나님께서 세상을 다스리는 방식이고, 교회를 다스리시는 방식이다. 믿는 청년이라면 순종해야 한다는 것을 배웠을 것이다. 하지만 자신은 하나님의 직접적인 다스림을 받지 사람이 자기를 다스리는 것은 인정할 수 없다고 말하기 쉽다. 우리는 이 생각을 버려야 한다. 하나님께서 권위자들을 세우셔서 우리를 다스리시는 것은 임시방편이 아니라 처음부터 하나님이 계획하신 일이다. 구약시대에도 하나님께서는 왕, 선지자, 제사장들을 세우셔서 자기 백성을 다스리셨다. 아담이 이미 다스리는 자였다. 하나님께서는 처음부터 직분을 세우셔서 자기 백성을 다스리신다.

개혁주의 신앙고백서인 웨스트민스터 대요리문답서와 하이델베르크 교리문답서는 제5계명을 해설하면서 이 계명이 단순히 우리의 육체의 부모를 향한 계명만이 아니라 하나님께서 우리 위에 권세자로 세운 이들을 향한 계명이라고 해설한다. 부모는 자녀에게 생명의 근원인 것이 아니라 직분자이다. 자녀는 자신의 육체가 부모로부터 왔기 때문에, 자신은 부모의 분신이기 때문에 부모에게 전적으로 의존해야 하는 것이 아니다. 부모가 사라지면 자신도 사라지는 것이 아니다. 우리는 오직 하나님의 다스림을 기꺼이 받고, 순종해야 한다. 하나님께서는 부모에게 그 다스림을 위임하셨다. 그렇기 때문에 자식은 부모에게 순종해야 한다. 하나님이 우리 위에 세우신 모든 직분자들에게 동일하게 순종해야 한다.

하이델베르크 교리문답은 제5계명을 해설하면서 '권위자의 좋은 가르침과 징계에 합당한 순종을 하라'고 권고한다. 권위자들은 자신의 뜻을 관철시키는 자들이 아니라 하나님의 말씀을 가르치는 자들이다. 권위자들은 지배하고 억압하는 자들이 아니라 우리가 잘못하고 있을 때 징계하는 자들이다. 부모가 자녀를 징계하듯이 말이다. 우리는 권위자들의 좋은 가르침을 하나님의 가르침으로 받아야 한다. 우리는 권위자들의 징계를 기꺼이 받아야 한다. '부모도 나를 꾸짖지 않는데 교회가 왜 나를 꾸짖는가?'라고 생각하는 것은 옳은 태도가 아니다. 요즘에는 교회에서 꾸짖는 것이 사라졌다. 직분자들이 청년들의 삶을 잘 모르기도 하겠거니와 꾸짖으면 교회를 떠난다고 생각하기 때문이다. 하지만 직분자는 잘 가르치고, 잘 꾸짖어야 한다. 직분자의 가르침과 꾸짖음을 하나님의 가르침과 꾸짖음으로 받는 자들이 복이 있다.

3. 권위를 인내하라.

청년들에게는 권위자의 모습이 너무나 빤히 보인다. 그들의 약점이 잘 보인다. 이런 경우에 '너나 잘하시오'라고 말하기 쉽다. 뒷담화하기 쉽다. 조롱하기 쉽다. 권위자가 존경할만해야 순종할 수 있다고 생각하는 것은 어떻게 보면 지극히 당연한 말이다. 존경받을만하지 않은데 그들을 말을 듣고 순종할 필요가 있겠는가? 물론, 상급자가 아무리 존경받을만하지 못하더라도 하급자는 어쩔 수 없이 순종한다. 순종하지 않으면 회사에서 짤리니까 말이다. 그런데 교회는 다르지 않은가? 교회에서는 권위자가 존경받을만해야 순종할 수 있지 않겠는가? 존경과 비례하는 것이 순종이지 않겠는가? 직분자가 희생하고 존경받을만해야만 순종할 수 있지 않겠는가?

교리문답은 말한다. '권위자의 약점과 부족에 대해서는 인내해야 한다'고 말이다. 하나님께서 세우신 직분자도 무수한 약점을 가지고 있을 것이다. 그들도 부족한 모습이 많이 있을 것이다. 이런 약점과 부족에 대해 인내해야 한다고 말한다. 얼마나 인내해야 한다는 말인가? 정도와 한계가 정해져 있지 않다. 예를 들어 보자. 다윗은 사울이 자기를 죽이기 위해 혈안이 되어 있을 때에 어떻게 했는가? 사울을 죽일 수 있는 절호의 기회가 찾아왔다. 다윗의 심복은 이 기회는 하나님께서 친히 주신 기회라고 말했다. 그런데 다윗을 사울을 죽이지 않았다. 왜 그런가? 하나님께서 세우신 직분자이기 때문이다. 다윗은 자기의 목숨을 노리는 직분자도 인내했다. 이것이 직분자를 향한 태도이다.

청년들은 권위자들을 위해 기도해야 한다. 기도하는 것이 인내하는 한 방편이다. 기도하지 않으면 우리는 인내할 수 없다. 그리스도께서는 하나님이 세우신 모든 권위자들을 향해 인내하셨다. 그들을 향해 욕하기도 하셨지만 그들을 위해 기도하셨다. 심지어 자기를 십자가에 못 박은 이들을 향해서도 저들을 용서해 달라고 기도하셨다. 우리가 기도할 때 하나님께서는 권위자들을 아름답게 세워 주실 것이다. 물론, 기도한다고 해서 권위자들이 변하는 것은 아니다. 기도하는데 권위자들이 더 부정적인 모습으로 변할 수도 있다. 우리는 권위자들의 부족을 하나님께 맡길 수 있어야 한다. 내가 바꾸려고 하고, 내가 변화시키려고 하는 것은 잘못이다.

4. 권위에 저항하라.

청년들이 하는 말이 있다. '우리도 순종하고 싶다'고 말이다. '우리도 기쁜 마음으로 순종하고 싶다'고 말이다. 그런데 상식이 통하지 않는데 어떻게 순종할 수 있냐고 말한다. 자기 생각인 것 같은데 하나님의 뜻이니 순종하라고 하면 어떻게 순종하겠냐는 것이다. 교회는 일하는 것에 대해 임금을 쳐 주는 것도 아니고 무조건 헌신을 강요하는데 그런 경우에도 무조건 순종해야 하냐고 말한다. 사회에서 해야 할 일이 있는데 그런 세속적인 일을 줄이고 교회 일에 열심을 내어야 한다고 할 때 순종해야 하냐고 물어온다. 권위자들에게 순종하는 것이 도무지 힘든 때가 있다는 사실이다. 말도 안 되는 요구를 해 올 때에 우리는 순종하기 힘들다.

청년들은 겸손히 청원해야 한다. 자신의 형편에서 지금 할 수 없는 일은 겸손하게 할 수 없다고 말할 수 있어야 한다. '왜 믿음이 없냐, 왜 헌신하지 않냐'는 말을 듣기 싫어서 억지로 교회 일을 맡고, 불평하면서 순종하는 것은 옳지 않다. 하나님은 우리를 위협하면서 일하게 하시는 분이 아니시다. 학생은 열심히 공부해야 하고, 직장인은 열심히 일해야 한다. 또한 우리 모두는 가정에 충실해야 한다. 교회일이 무엇보다 중요하다고 말하면서 헌신을 강요할 때 다 들을 필요는 없다. 우리는 할 수 없는 것은 할 수 없다고 겸손히 말하고, 요구사항도 청원해야 한다. 그리고는 하나님께서 주신 은사를 가지고 자발적으로 기꺼이 일하고 순종해야 한다.

청년들은 교회를 위해, 하나님을 위해 적극적으로 저항해야 할 때가 있다. 권위자들이 행하는 불의와 불법에 대해 저항해야 한다는 말이다. 혁명을 일으키라는 말이 아니다. 혁명은 기독교인이 해야 할 일이 아니다. 네덜란드에 '반혁명당'이 있었다. 프랑스혁명을 염두에 둔 것인데, 기독교인은 겸손히 건의할 수 있지만 혁명을 꾀하는 사람들은 아니라는 뜻이다. 그럼에도 불구하고 교회에서 불법이 저질러질 때, 교회가 이단사설을 전할 때 단호하게 저항하고 불순종해야 한다. 하나님 섬김과 교회 섬김이 충돌하고 대립할 때가 있다는 말이다. 중세교회를 향한 종교개혁자들의 저항이 바로 그러했다. 그들은 자발적으로 교회를 박차고 떠난 것이 아니라 교회에서 쫓겨났지만 말이다. 우리는 '주 안에서' 순종해야 한다. 배교한 교회, 배교한 직분자로부터는 단호하게 떠나야 한다.

* "너는 네 하나님 여호와께서 명령한 대로 네 부모를 공경하라 그리하면 네 하나님 여호와가 네게 준 땅에서 네 생명이 길고 복을 누리리라"(신 5:16). 이 말씀은 여전히 유효한 말씀이다. 우리는 '어그러지고 거스르는 세대'를 살고 있다. 청년이 순종하는 모습은 비굴한 것이 아니라 너무나 아름다운 모습이다. 우리는 하나님께서 권위자들을 통해 우리를 다스리신다는 사실을 알아야 하겠다. 평생 신앙생활하고 나서도 하나님께서 나를 직접적으로 다스리시는 것을 한 번도 경험한 적이 없다고 말한다면 얼마나 비참한 일일 것인가? 하나님께서 권위자들을 통해서 우리를 늘 다스리시고 인도하시고 품으셨는데 말이다. 인정하고 순종하고 인내하고 저항하는 것은 별개의 사안들이 아니라 하나님을 향한 순종의 다양한 모습이라는 것을 알아야 하겠다. 청년들의 순종하는 아름다운 모습을 통해 교회가 세워질 뿐만 아니라 그 모습이 우리 가정과 사회마저 아름답게 세우는 것이 되기를 바란다.

경건생활 어떻게 지도할 것인가?

최정복

1. 경건이란 무엇인가?

교회에서 청년들을 지도할 때 '경건 훈련'이라는 말을 사용합니다. '경건(godliness)'에 이르고자 하는 목적을 가진 '훈련' 혹은 '연습'을 가리키는 말입니다.

훈련의 목표가 되는 '경건'이란 무엇일까요? 경건의 일반적인 의미는 '신적 존재를 숭배하는 태도나 행동'입니다. 고대 그리스-로마 세계에서 이 단어는 신에게 보여야 할 합당한 태도를 의미했습니다. 이 단어가 신적 존재가 아닌 사람에게 사용될 때도 있습니다. 디모데전서 5장 4절에서 이 단어가 사용될 때에는 부모님께 마땅히 가져야 할 '공경심'을 의미합니다(개역 개정은 이를 '효를 행하다'라고 번역하고 있습니다). 유대인들이 히브리어 구약 성경을 그리스어로 번역할 때 참되고 살아계신 하나님을 '두려워하는' 영혼의 상태를 '경건'으로 번역한 것도 주의해서 볼 필요가 있습니다(잠 1:7).[25] 창조주 하나님께 나아가 예배를 드릴 때 예배자의 내면에 당위적으로 있어야 할 긍정적 의미의 '두려움'과 거기로부터 나오는 말과 행동을 '경건'으로 본 것입니다.

신약 성경에서 좀 더 의미의 확장이 일어납니다. '경건'이라는 단어가 가장 빈번하게 등장하는 곳이 목회서신입니다. 사도 바울은 경건을 '크도다 경건의 비밀이여(딤전 3:16 상반절)'라고 감격적으로 고백합니다. '경건'을 '큰 비밀'이라고 부르는 이유는 경건이 그리스도를 아는 지식으로부터 샘솟는 것이기 때문입니다(딤전 3:16 하반절 참조). 예수님을 아는 지식이야말로 '비밀'입니다(롬 16:26, 에베소서 1:9, 3:3-4, 5:32, 골 1:27, 2:2 등). 예수님을 아는 지식이 비밀인 이유는 다양하게 설명할 수 있습니다. 이 지식은 역사 속에서 감춰진 것이었으나, 지금은 계시된 것입니다. 그러나 여전히 하나님께서 계시해 주시지 않으면, 알 수 없는 지식입니다(마 16:17). 이 지식은 가장 고상한 지식이면서(빌 3:8), 성령 안에서 날마다 새롭게 발견해야 하는 풍성한 것입니다(골 1:27).

승천하신 그리스도께서는 이 비밀을 '사도들과 선지자들의 터(엡 2:20)' 위에서 계시하십니다. 외적으로 사도가 전한 복음을 통해 비밀을 깨닫게 하셨습니다(롬 16:26, 엡 3:4). 그러므로 참된 경건이란 '다른 교리(딤전 1: 3, 개역 개정은 '다른 교훈'으로 번역함)'가 아닌, 삼위 하나님의 구원에 대한 '바르고 건전한 교리'를 따라 생겨나는 것입니다. 아주 간단히 말하자면, 예수 그리스도를 '내 주'로 고백하는 것입니다. 좀 더 포괄적으로 말하자면 삼위 하나님께서 주시는 놀랍도록 풍성한 구원에 적합한 고백적 반응이라고 할 수 있습니다.

이 고백적 반응은 범위에 있어서 종교적, 일상적 영역을 모두 포괄합니다. 왜냐하면, 그리스도는 모든 것 위에 높이 올라가신 분이시며, 하나님은 만유의 하나님이시기 때문입니다. 그러므로 '경건은 범사에 유익'한 것입니다(딤전 4:8). 특별히 '모든' 관계(딤전 2:2)에서 나타날 수밖에 없는 것입니다.

그리스도를 아는 지식이 없는 자들의 태도, 혹은 믿음의 비밀을 가지지 못한 자들의 태도가 디모데전서 6장 4-5절과 디모데후서 3장 2-5절에 기록되어 있습니다. 그들은 '교만하여 아무것도 알지 못하고 변론과 언쟁을 좋아하는 자니 이로써 투기와 분쟁과 비방과 악한 생각이 나며 마음이 부패하여지고 진리를 잃어버려 경건을 이익의 방도로 생각'하여 다투는 자들입니다. 또한 '자기를 사랑하며 돈을 사랑하며 자랑하며 교만하며 비방하며 부모를 거역하며 감사하지 아니하며 거룩하지 아니하며 무정하며 원통함을 풀지 아니하며 모함하며 절제하지 못하며 사나우며 선한 것을 좋아하지 아니하며 배신하며 조급하며 자만하며 쾌락을 사랑하기를 하나님 사랑하는 것보다 더

하며 경건의 모양은 있으나 경건의 능력은 부인'하는 사람들입니다. 이들은 이기적이며, 공동체를 무너뜨립니다. 성도의 고백적 반응은 하나님을 향한 개인적 고백이면서, 동시에 공동체를 세우는 고백이어야 하는 것입니다.

2. 개인적이고 파편화된 훈련으로부터

오늘날 우리 주변의 상황을 둘러보면 어떻습니까? 오늘날 이루어지는 훈련의 문제를 지적하자면, 경건 훈련이 너무 개인적이고 파편화되어 있다는 것입니다. 전도 훈련, 기도 훈련, 묵상 훈련 등등 각종 훈련은 넘쳐나지만, 하나로 통합된 공동체적 훈련을 발견하기가 어렵습니다. 교회와 훈련이 따로 따로, 설교와 심방이 따로 따로, 어른과 아이들도 따로 따로. 심지어 신앙과 삶도 따로 따로.

교회와 훈련이 따로따로인 이유를 여러 가지로 생각할 수 있습니다. 필자가 섬기는 교회의 형편을 중심으로 생각해 보겠습니다. 우리 교회에서는 청년들을 위한 별도의 경건 훈련이 없습니다. 필자 혼자 사역하면서 교회를 돌보다보니, 청년들의 관심과 수준에 딱 맞는 경건 훈련이 쉽지 않았습니다. 그래서 선교단체에서 하는 집회에 참석하도록 장려했습니다. 그런데 종종 선교단체가 청년들의 경건 훈련을 주도하면서, 교회가 청년의 경건을 지도하는 일에 소외되는 경우가 생겼습니다. 선교단체 간사와 지역교회 목사 사이에 소통이 없을 때, 경건 훈련이 너무나 쉽게 교회로부터 분리될 수 있다는 것을 느꼈습니다. 이 문제를 해결하기 위해 지역 교회는 좀 더 관심을 가져야 합니다. 선교단체의 훈련비를 지원하거나, 집회에 참석하거나, 집회를 다녀온 후에 보고를 하도록 하고, 함께 기도하는 것입니다. 특히 노회와 총회, 총회 산하 기관인 신학교가 적극적으로 선교단체와 협력해야 할 것입니다.

대형 교회는 이런 문제로부터 좀 더 자유로울 수 있습니다. 그러나 대형 교회는 좀 더 심각한 문제를 야기한 것처럼 보입니다. 교회의 대형화는 설교와 심방을 따로 따로 분리시키고 말았습니다. 가장 먼저 설교자와 심방자 사이에 분리가 생겼습니다. 담임 목사는 주로 설교 사역을 감당하고, 심방은 주로 부목사들이 담당합니다. 담임 목사는 강단에서 조명을 받고, 부목사는 행정과 잡무를 맡으면서도, 인사권을 쥐고 있는 담임 목사의 눈치를 봅니다. 교회가 권력이 된 것입니다. 무엇보다도 심방을 통해 설교가 구체성을 띠고, 설교가 심방에서도 지속되어야 하는데, 담임 목사와 부목사가 각각 사역을 감당하기 때문에 둘 사이에 높은 담장이 생겨났습니다. 이 문제점을 인식하고 지금이라도 담임 목사와 부목사 사이에 담장을 허물기 위한 노력을 해야 할 것입니다.

대형화에 따른 또 다른 분리 현상은 말씀을 받는 성도들 가운데서도 일어나는 것 같습니다. 어른과 아이, 즉 세대 간에 다른 예배를 드리면서 생겨난 단절입니다. 물론 세대 간에 단절은 쉬운 문제는 아닙니다. 그러나 지금은 세대 간의 단절이 매우 고착화되어 버렸습니다. 주일학교 설교에 익숙해진 젊은이들은 따로 분리된 성년 예배와 장년 구역에 편입되기가 어렵습니다. 어른과 아이, 청년과 주부 모두를 아우르는 설교를 고민하지 않습니다. 그러니 세대 간의 담장은 더 높아만 가는 것입니다. 이 세대 간의 담장을 해결하려는 노력이 없다면, 따로 따로 경건은 큰 유익이 없을 것입니다.

그동안 많은 훈련이 이처럼 따로 따로 이루어져 왔습니다. 작은 교회는 대형 교회를 따라했습니다. 그러다보니, 훈련의 목표가 개개인의 영적 성장에 있지 않고, 전도나 선교로 치우치기도 했습니다. 프로그램 위주의 훈련은 빨리 열매를 맺지 못하는 사람을 기다려 주지도 않았습니다. 특히 성도들의 일상의 영역에 크게 관심을 갖지 못했습니다. 가정, 직장, 사회문제, 정치 영역 등에서 어떻게 경건하게 말하고 행동할까 하는 문제는 무관심했던 것입니다. 그 결과 훈련을 통해 통합되어야 할 신앙과 삶이 도리어 분리되는 경우가 많이 생겨났습니다. 복음의 능력이 삶의 모든 영역에 파고들어야 함에도 불구하고, 오히려 신앙과 삶이 따로 따로 분리된 것입니다. 이것은 결코 경건의 모습일 수 없습니다.

3. 공동체적이고 통합적인 훈련으로

참된 경건을 회복하기 위해서 너무나 당연한 이야기이지만, 예배 중심의 통합적인 경건 훈련이 되어야 합니다. 교회의 모든 활동에서 예배가 중심에 있어야 합니다. 사람 중심이 아닌, 하나님 중심의 예배야말로 진정한 경건 훈련의 장입니다. 하나님을 바라보고, 하나님을 닮아가기 때문입니다.

예배가 중심이 되어야 한다는 말은 공동체에게 주신 '말씀'이 개개인의 성도의 삶에 중심이 되어야 한다는 말입니다. 특히 청년들이 한 주간 동안 설교 말씀을 묵상하고 실천하는 일에 관심을 가지도록 해야 합니다. 아무리 QT를 한다 해도 나와 내가 속한 공동체에게 주시는 말씀과 무관하게 살아간다면, 이런 경건은 파편화된 경건 훈련으로 그치고 마는 것입니다. 경건 서적을 많이 읽어도 마찬가지입니다. 예배 안에서 여러 가지 경건 훈련이 통합되어야 하는 것입니다.

예배 중심의 경건 생활이 잘 안 되는 이유는 성례가 본래의 자리에서 멀어져 있기 때문이기도 합니다. 성례가 회복되면, 자연스럽게 권징과 심방 역시 제 자리를 찾을 수 있습니다. 예배의 모든 요소가 하나로 통합될 때, 파편화된 그리스도가 아니라, 통합적인 그리스도를 알아가게 됩니다. 모든 세대가 한 분 그리스도 안에서 함께 교제하면서 하나 될 수 있습니다. 예배가 아니라면 어디서 그리스도를 만날 수 있을까요? 그리스도를 아는 지식은 반드시 예배의 중심성을 회복해야 하는 것입니다.

물론 예배가 경건의 중심이 되기 위해서는 꼭 교리를 가르쳐야 합니다. 바른 교리에 기초할 때, 비로소 '사도들과 선지자들'의 터 위에 세워져 갑니다. 참된 비밀로서의 그리스도를 아는 지식은 반드시 사도와 선지자들이 전한 '바르고 건전한' 교리에서 나오는 것이기 때문입니다. 이를 간파한 종교개혁가들은 사도신경-십계명-주기도문을 가르쳤습니다. 특히 젊은이들에게는 웨스트민스터 소요리문답을 배우도록 하고, 장년들은 대요리문답을 공부하도록 한 것을 눈여겨 볼 필요가 있습니다. 같은 교리를 서로 다른 눈높이로 가르치면서, 각자의 삶에 적용하게 하면서도 한 신앙 안에서 온 교회가 하나가 되도록 한 것입니다.

예배 중심의 경건 훈련이 중요하다는 점을 누가 모를까마는, 여전히 경시되고 있고, 여전히 무시되고 있습니다. 제자 훈련이나, 단기 선교나 비전트립이 훨씬 더 효과가 있는 것처럼 보입니다. 그러나 경건을 단기간에 세우면, 다시 단기간에 무너질 수 있습니다. 이제는 좀 더 오랜 시간이 걸리더라도 모든 세대와 더불어 걷는, 공동체적이고 통합적인 경건 훈련에 힘써야 합니다. 청년들의 경건훈련이 그리스도의 몸 된 교회 공동체와 괴리된 경건 훈련이 되지 않도록 관심을 기울여야 합니다. 오랜 시간 인내하고 서로 깎이면서 그리스도의 몸 된 교회에서 열매 맺도록 해야 할 것입니다. 그리스도께서 현존하시는 교회 안에서, 온 세대가 함께 드리는 예배 안에서, 너와 나 사이에 계시는 그리스도 안에서, 서로가 서로를 세워야 하는 것입니다. Soli Deo Gloria!

세속문화 속 그리스도인 청년

정찬도

오늘날의 기독교 청년들은 급변하는 문화 환경 속에서 정체성과 신앙 사이의 긴장 위에 서 있다. 학교, 직장, SNS, 미디어 등 삶의 거의 모든 영역에서 그들은 끊임없이 세속적 가치에 노출된다. 이 가치들은 단순한 윤리적 선택을 넘어서, 존재론적 정체성과 삶의 방향을 규정하려 든다. 현대 세속문화에서 널리 퍼져 있는 주요 가치들은 3가지로 요약할 수 있습니다. 자아-성공-쾌락입니다.

1. 자아 숭배

오늘날 세속문화는 '자기 표현'을 핵심 가치로 내세운다. 이는 단순히 자신의 생각을 말하는 수준을 넘어, 감정과 정체성, 취향 등을 외부의 기준이나 제약 없이 드러내는 것을 진리처럼 여기는 경향이다. "있는 그대로의 나로 살아가자", "내 감정이 곧 진실이다"와 같은 표현은, 자기 표현이 곧 진정성과 심리적 건강의 상징으로 받아들여지고 있음을 보여준다.

이러한 문화는 사람들로 하여금 "나는 누구인가"라는 질문을 넘어서, "그것을 어떻게 드러낼 것인가"에 집중하게 만든다. 감정을 적극적으로 표현하고, 정체성을 선언하며, 외모와 스타일을 통해 자아를 연출하고, 예술이나 언어를 통해 내면을 발산하는 일련의 흐름은 모두 이 자기 중심적 문화의 단면이다. "다름은 틀림이 아니다", "자신을 숨기지 말고 있는 그대로 표현하라"는 메시지는 자기 표현의 자유와 권리를 중요한 사회적 가치로 부각시킨다.

분명 긍정적인 면도 있다. 타인의 시선보다 자신의 기준으로 살아가려는 태도는 건강한 자기 이해의 표현일 수 있다. 그러나 이 자기 표현의 문화는 곧 자율성과 자유에 대한 절대적 집착으로 이어지며, 삶의 모든 결정을 외부의 권위나 간섭 없이 스스로 선택해야 한다는 사고방식을 낳는다. "내 인생은 내가 결정한다"는 말은 이러한 세계관을 상징적으로 보여준다.

이와 같은 자율성의 이상은 사회 전반에 다양한 방식으로 나타난다. 낙태 문제에서는 "내 몸은 내 것이다"라는 주장이 대표적이며, 성 정체성 역시 개인이 스스로 정의할 수 있다는 인식이 확산되고 있다. 직업, 결혼, 라이프스타일 등 인생의 중요한 선택들에서도, 가족이나 공동체의 기대보다 개인의 욕구와 결정을 우선시하는 것이 성숙하고 진정한 삶의 방식으로 여겨진다. 전통과 종교, 도덕적 기준마저도 개인의 자유를 억압하는 요소로 간주되는 것이다.

그러나 이러한 자율성의 이상은 결정적인 한계를 지닌다. 그것은 자기 자신을 정의하고 표현하는 데 있어서 하나님이 철저히 배제된다는 점이다. 자기를 스스로 규정하려는 시도는 피조물로서의 인간 존재를 망각하게 하며, 결국 자기중심성과 자기 절대화라는 함정에 빠지게 만든다.

성경은 우리 존재의 목적이 하나님 안에 있음을 분명히 가르친다. 인간은 자신 안에서 정체성을 발견하는 존재가 아니라, 하나님 앞에서, 하나님의 말씀 안에서 비로소 자신을 제대로 알 수 있는 존재다. 참된 자아 인식은 예수 그리스도 안에서만 가능하며, 그분을 떠난 자율성은 결국 방향을 잃고 방황하게 된다.

기독교 신앙은 자율성을 전면적으로 부정하지 않는다. 오히려 자율성이 하나님과의 올바른 관계 안에서만 온전하게 작동할 수 있음을 강조한다. 성경적 자유란 자신을 하나님께 의탁하고, 그분의 뜻에 순종함으로써 배우는 자유다. 이는 자율성을 절대화하는 것이 아니라, 그 자율성마저 하나님의 뜻 아래 두는 믿음의 자유다.

2. 성공 갈망

현대 세속문화가 추구하는 핵심 가치 중 하나는 물질주의(Materialism)이다. 이는 단순히 소비를 즐기는 삶의 방식이 아니라, 인간의 존재 가치와 정체성마저 소유와 소비에 의해 결정된다고 보는 세계관이다. "무엇을 갖고 있느냐가 곧 누구인가를 보여준다"는 인식 아래, 자동차, 주택, 의류, 명품 브랜드, 외모, 연봉 등은 개인의 성공과 삶의 가치를 평가하는 기준이 된다.

이러한 문화는 사람들 사이에 끊임없는 비교와 경쟁을 부추기며, 더 많이 소유하려는 끝없는 욕망 속에 살아가도록 만든다. '부족함'은 단순한 결핍을 넘어 '존재의 열등감'으로 연결되고, 소비는 생존을 위한 수단을 넘어서 자기를 표현하고 자신의 존재를 증명하는 방식으로 기능하게 된다. 광고와 SNS는 이 경향을 더욱 가속화하며, 물질적 풍요가 곧 인생의 의미라는 거짓된 환상을 강화시킨다.

특별히 성공을 추구하는 청년 세대은 자기 자신을 끊임없이 '성능 개선'해야 할 대상으로 여긴다. 외모, 능력, 성격, 심지어 감정과 사고방식까지도 '관리'와 '업그레이드'의 대상이 되며, 자신을 하나의 브랜드처럼 여기고 더 나은 '상품'이 되기 위한 지속적인 노력이 미덕으로 여겨진다.

이러한 자기계발주의는 "잘해야 사랑받는다"는 조건부 인정의 논리에 뿌리를 두고 있다. 자기계발은 자기 성찰과 성숙을 위한 도구가 아니라, 사회의 기대 속에서 살아남기 위한 생존 전략이 되어버렸다. SNS는 이 경쟁을 시각적으로 드러내는 전시장이 되고, 남과 비교하며 더 나아지려는 강박은 오히려 자기불안으로 이어진다. 결국 자기계발은 자기성장의 길이 아니라, 자기소진(self-exhaustion)의 길이 되고 만다. 다른 말로 말해, 자기 구원의 서사를 만들어낸다. 더 나아지면 구원을 얻고, 실패하면 자격이 없다는 식이다. 이는 겉으로는 비종교적인 듯 보이지만, 실제로는 은혜 없이 성취로 구원받으려는 종교적 태도와 닮아 있다. 결국 자기계발주의는 인간을 끝없이 뛰어야만 하는 무대 위에 올려놓고, 참된 자유도, 거룩함도 제공하지 못한다.

그러나 기독교 세계관은 인간의 가치를 외적인 소유나 성과가 아니라, 하나님께로부터 부여된 존엄성에서 찾는다. 성경은 인간이 하나님의 형상대로 지음받은 존재라고 선포하며(창 1:27), 예수님은 "사람의 생명은 그가 가진 소유의 많고 적음에 달려 있지 않다"고 경고하셨다(눅 12:15). 물질은 하나님의 선물이지만, 삶의 목적이 될 때 그것은 곧 우상이 된다.

진정한 풍요는 하나님과의 관계 안에서 누리는 자족과 만족에 있다(빌 4:11-13). 그리스도인은 소유를 통해 자신의 가치를 과시하기보다, 그것을 이웃을 섬기고 하나님께 영광 돌리는 도구로 사용한다. 복음은 더 많이 가지라고 부추기지 않고, 하나님 안에서 충분히 만족하는 삶으로 초대한다.

성경은 분명히, 우리의 가치는 우리가 만들어내는 것이 아니라 하나님께로부터 주어지는 것이라고 가르친다(창 1:27). 그리고 우리의 온전함은 우리의 능력이 아니라, 그리스도의 은혜 안에서 이루어진다(고후 12:9). 그리스도인은 자기계발 자체를 부정하지 않지만, 자기완성에 집착하지 않는다. 오히려 하나님의 형상대로 빚어진 존재로서, 하나님의 손에 의해 변화되는 과정을 진정한 성장으로 본다.

그러므로 신자는 세상이 요구하는 자기계발의 속도에 조급해하지 않는다. 그는 하나님의 은혜 안에서 쉼과 균형을 배우는 사람이다. 우리는 성장하지만, 구원받기 위해서가 아니라, 이미 사랑받은 존재로서 자라나는 것이다. 이 진리가 세속문화가 제시하는 거짓된 가치관을 이겨내는 참된 자유의 출발점이다.

3. 쾌락 추구

현대 세속문화는 쾌락 추구를 삶의 기본자세로 여긴다. 이는 고통을 피하고 즐거움과 만족을 좇는 삶을 이상적인 인생으로 여기는 세계관이다. "하고 싶은 것을 하며 사는 것"이 성공의 기준처럼 받아들여지고, 단순한 육체적

쾌락을 넘어 심리적 만족과 자기중심적 행복이 삶의 최종 목적이 된다. 이와 같은 문화 속에서 음식, 여행, 성(性), 오락, 소비 활동은 물론, 인간관계와 종교 생활조차도 "나에게 얼마나 즐거움을 주는가"라는 기준에 따라 평가된다.

이러한 사고방식은 절제, 인내, 희생과 같은 전통적인 미덕들을 점점 사라지게 만든다. "힘들면 그만두면 되지"라는 말이 당연하게 여겨지고, 윤리적 판단조차 선이나 책임보다는 개인의 감정과 만족을 따라 결정된다. 자기중심적인 선택이 손쉽게 정당화되는 것이다.

그러나 기독교 신앙은 이 같은 쾌락 중심적 삶에 경고를 보낸다. 성경은 참된 기쁨이 단순한 감각적 만족이 아니라, 하나님 안에서 발견되는 것임을 가르친다. 예수님께서 말씀하신 자기 부인과 십자가의 길은 고통을 통과해 생명과 참된 기쁨에 이르는 여정이다. 인내와 절제, 그리고 고통 없는 성숙은 없다. 쾌락주의는 이러한 영적 성장을 방해하는 문화이다. 성경은 감정적 즐거움을 무조건 부정하지 않지만, 그보다 더 깊은 기쁨—곧 거룩함과 순종 속에서 누리는 하나님 중심의 기쁨—이야말로 참되고 영원한 즐거움이라고 선포한다. 이 기쁨은 자기만족에서 비롯되는 것이 아니라, 하나님의 뜻에 순종하며 살아갈 때 열매로 주어지는 은혜다.

쾌락주의의 다른 면은 '즉각적인 만족'과 '빠른 속도'를 최고의 가치로 여기는 태도이다. 우리는 지금 '기다림'이 사라진 시대를 살아가고 있다. 기술의 발전은 삶의 편리함을 극대화했지만, 그에 따라 사람들의 마음은 점점 더 조급해졌다. 이제는 '느림'이나 '과정'보다는 '즉시', '효율', '즉각적인 효과'가 더 중요하게 여겨진다.

문제는 이 즉시성의 문화가 단지 생활 방식에 머물지 않고, 인간의 내면, 관계, 나아가 신앙생활에까지 깊은 영향을 미친다는 점이다. 기다릴 줄 모르는 우리는 점점 인내하지 못하는 존재로 변화되고 있으며, 원하는 결과가 곧바로 주어지지 않으면 쉽게 실망하고 낙심한다. 심지어 하나님께조차 "왜 지금 당장 응답하지 않으십니까?"라고 따져 묻기도 한다.

그러나 성경은 전혀 다른 시간 감각을 제시한다. 하나님은 언제나 즉시 일하시는 분이 아니다. 때로는 빠르게, 때로는 느리게 일하시되, 항상 정확하게 일하시는 분이시다. 믿음이란 하나님의 존재만을 믿는 것이 아니라, 그분의 시간도 함께 신뢰하는 것이다. 하나님의 시간은 결코 늦지 않는다. 오히려 그 느림 속에서 우리는 단련되고, 더욱 깊어지며, 하나님을 더 닮아간다.

속도가 능력처럼 여겨지는 시대에, 우리는 하나님의 시간에 귀 기울일 수 있어야 한다. 세상이 "지금 당장"을 외칠 때, 신자는 "하나님의 때"를 기다릴 줄 아는 사람이다. 느리게 자라는 나무가 더 깊은 뿌리를 내리듯, 우리의 신앙도 그 느림 속에서 더욱 견고하게 자라난다.

현대 세속문화 속에서 청년 그리스도인들은 자신의 삶을 하나님 안에서 형성하고자 부단히 노력해야 한다. 자기표현이 진리가 될 수 없다. 진리는 하나님의 계시이며, 참된 자아는 그리스도 안에서 회복된다. 참된 자유는 하나님과의 관계, 곧 순종 안에서 가능하다. 독립적 자율성은 타락한 자기중심성이다. 쾌락 추구는 왜곡된 삶의 목적이며, 참된 기쁨은 고난과 자기부인을 통과한 은혜의 열매이다. 인간의 가치는 소유가 아니라 하나님의 형상대로 지음받은 존재 자체에 있다. 물질은 수단이지 목적이 아니다. 우리는 하나님 안에서 자아 정체성을 발견해야 하고, 하나님을 위해서 성공해야 하고, 하나님으로 말미암아 즐거워하고 기뻐해야 한다. 위의 가치를 기억하며 청년 그리스도인의 아름다운 정체성을 만들어 가자.

청년이
알아야
할
7가지

청년 사역 매뉴얼

박창원

이 글은 사역 매뉴얼로 썼지만 사역 나눔으로 읽히면 좋겠다. 청년 사역에 정답은 없다. 사역의 환경도, 사역의 대상도 다르기에 사역 방법을 일반화시킬 수는 없다. 그럼에도 이런 글을 쓰는 것은 누군가의 경험이 또 다른 누군가에게 예시가 될 수 있기 때문이다. 이글은 성공담도 모범사례도 아니며, 그저 필자가 사역하며 느낀 경험과 생각을 적은 것이다. 그래서 내어 놓기 부끄럽지만, 필자와 같은 고민으로 청년 사역에 매진하고 있을 이들을 생각하며 썼으니 그 분들께 작은 유익이라도 되면 좋겠다.

1. 사역의 방향을 설정하라.

사도 바울은 교회를 세워가야 하는 젊은 목회자 디모데에게 편지하며 바른 교훈 위에 교회를 세울 것을 권면한다. 그가 말하는 바른 교훈은 청결한 양심과 거짓이 없는 믿음에서 나오는 사랑이다(딤전 1:5). 이 자체로서는 그 내용이 불분명하다. 그런데 청결한 양심이 디모데후서 1:5과 2:22에서 하나님을 향한 예배로 이어진다. 그래서 바른 교훈은 청결한 양심으로 하나님을 예배하며, 말씀에 대한 거짓이 없는 순수한 믿음으로 사랑을 행하는 것을 가리킨다. 이는 다시 하나님 사랑과 이웃 사랑으로 요약할 수 있으며, 교회 사역은 이 두 가지 축을 중심으로 운영해야 한다.

이 교훈을 청년 사역에 적용한다면 예배 공동체를 세우는 것과 교제의 관계를 맺는 것으로 요약할 수 있다. 예배 공동체는 모든 사역의 궁극적 목표며, 모든 사역의 귀결점이 되어야 한다. 바울은 "청년의 정욕을 피하고 주를 깨끗한 마음으로 부르는 자들과 함께 의와 믿음과 사랑과 화평을 따르라"(딤후 2:22)고 권면한다. 이는 명백하게도 청년 사역에 대한 가장 확실하고 중요한 교훈이며, 모든 사역자가 새겨야 할 가르침이다. 많은 청년 사역자들이 성공한 사역자의 사례와 조언을 참고하려 한다. 그러나 그 무엇보다 먼저 사도의 교훈에 귀를 기울여야 한다.

예배가 사역의 목표라면, 교제와 나눔은 사역의 열매다. 건강한 예배 공동체는 풍성한 열매를 맺기 마련이다. 삼위 하나님께서는 자신을 향해 참되게 예배하는 공동체에 하늘의 복으로 가득 채워 주신다. 그리고 성도는 받은 복을 형제들과 나누어야 한다. 예배에서 하나님을 경험한 이들은 서로에게 나눌 것이 있다. 이 나눔은 풍성한 기쁨을 가지고 오며, 또 세상으로 가지고 갈 것이 생기게 한다. 건강한 예배 공동체는 복음의 선하고 좋은 것을 세상으로 흘려보내게 되어 있다.

2. 공동체의 현실을 파악하라.

필자는 한 교회에서 9년 동안 대학부 사역을 했는데 이는 특별한 경우에 해당한다. 보통의 경우 청년 사역의 주기는 짧다. 5년을 넘어가기가 쉽지 않다. 짧은 기간의 사역으로 열매를 기대하는 것은 욕심이다. 주어진 시간이 짧으면 빨리 결과를 얻을 수 있는 속성법에 몰두하기 마련이지만 그런 비법은 없다. 열매는 오래 수고할 때 얻는 법이다.

물론 필자 역시 이렇게 오래 있을 줄은 몰랐다. 하지만 처음부터 다음 사역자가 와도 이어갈 수 있는 공동체의 문화를 만들고 싶었다. 그래서 사역자에 따라 바뀌는 공동체가 아니라 공동체에 맞게 사역이 따라가는 구조를 만들려 했다. 이를 위해서 청년들과 얼굴을 맞대고 공동체의 현실적 상황에 대해 먼저 나누었다.

사역자로서 앞으로 가야할 방향을 빨리 제시하고 싶었지만 빨리 보다는 오래 가는 것이 더 중요했기에, 내일보다 오늘을 먼저 이야기했다. 그리고 이 과정 자체를 소통의 기회로 삼았다. 밤을 새며 우리의 현실과 한계, 그리고 기대를 나누며 일체감을 형성할 수 있었고, 사역자로서 청년들과 신뢰를 쌓아 갈 수 있었다. 또 그렇게 작성한 리포트는 사역자의 것이 아닌 공동체의 것이었고, 함께 세운 계획이기에 모두가 실행해 가야할 사명이 되었다.

3. 우리 밖이 아니라 우리 안에 마음을 두라.

당시 청년부의 가장 큰 고충은 성장에 대한 부담이었다. 숫자에 대한 압박감이 성장을 최우선 가치로 두었고, 모든 사역의 초점이 거기에 맞추어져 있었다. 그래서 사역과 섬김은 많았지만 정작 돌봄과 양육은 적었고, 그 피해는 고스란히 청년들에게로 돌아갔다. 사역으로 인한 보람과 자람보다는 피곤과 회의만 가중되고 있었다. 이는 비단 필자가 담당한 대학부만의 문제라기보다는 보통의 많은 교회가 안고 있는 일반적인 문제다.

교육부서에 대한 교회의 관심은 수적 증가에 있다. 사역자는 교회의 관심이 부담스럽지만 무시할 수 없고, 어떤 형태로든 만족시키려 애쓴다. 수적 성장은 외부 유입을 통해 충족된다. 그러다보니 교회는 집 밖에 있는 이들에게 관심이 많다. 전도를 하고, 새 친구를 정착시키는 일에 힘을 쏟는다. 하지만 건강한 수적 성장은 내적 자람의 기반 위에서 가능하다. 그렇지 않다면 잠시 늘어 날수는 있지만 곧 성장이 둔화되거나 침체되고 만다. 집 안에 있는 자녀가 건강해져야, 건강한 성장이 따라온다.

사역을 시작하며 필자는 잘 나오지 않는 지체나 새로 나온 지체 혹은 전도 대상들보다 현재 섬기고 있는 리더들과 잘 출석하는 청년들에게 더 관심을 두었다. 그렇게 우리 안에 있는 양무리에게 관심을 두었고, 양무리가 건강해지자 울타리는 점점 더 넓어져 갔다. 이러한 우선순위는 사역을 마칠 때까지 유효했으며, 덕분에 공동체가 커져감에도 큰 무리 없이 잘 관리할 수 있는 동력이 되었다.

4. 일은 줄이고, 관계는 늘려라.

일은 공동체를 유지시키는 요인인 동시에 공동체를 소진시키는 요인이기도 하다. 사역자는 일을 통해 공동체에 활력을 불어넣고, 또 외부에 생명력을 보여주려 하지만 사람을 붙들어 두기 위해 시작한 일이 서로의 관계를 악화시키고, 사람을 떠나게 만드는 경우도 많다. 물론 행사나 일을 없앨 수는 없다. 하지만 일 때문에 사람을 잃어서도 안 된다. 나는 일을 최대한 관계 증진을 위한 방편으로 사용하려 했다. 같이 일을 하며 사람을 얻고, 일을 통해 공동체의 관계가 증진될 수 있도록 애썼다. 그리고 관계를 저해하는 일은 과감히 줄이거나 없앴다.

5. 은혜의 방편을 사용하라.

먼저 일에 대한 원칙을 세웠다. 행사를 위한 일을 만들지 않고, 공동체의 유익을 위한 일을 하자는 것이었다. 공동체의 유익이라는 것은 교회됨을 강화해 가는 것이다. 행사를 통해 지체들이 한 교회됨을 느끼는 것으로, 이는 행사의 실질이 은혜의 방편을 지향할 때 가능하다. 은혜의 방편은 말씀과 성례와 기도다. 우리는 이 세 가지를 통해 삼위 하나님의 은혜를 누린다. 그런데 이 방편은 동시에 교제의 방편이 된다. 교회는 말씀으로 교제하고, 성찬으로 교제하며, 기도로 교제한다. 이 세 가지 방편을 청년 세대에 맞게 잘 사용하면 교회됨을 누리는 동시에 청년들의 영적 성숙도 이룰 수 있다.

☞ 적용팁
- 말씀 교제를 중심으로 한 소그룹 모임

대학부는 소그룹 모임을 많이 갖는다. 관계를 중시하고 관계를 통해 힘과 위로를 얻기 때문이다. 그런데 그러다 보니 삶의 나눔이 모임의 중심이 되곤

한다. 하지만 삶의 나눔은 정서적인 교감의 범주를 벗어날 수 없다. 영적인 위로와 힘을 얻기 위해서는 말씀의 교제를 나누어야 한다. 특별히 그날 들은 말씀을 나눌 때 효과는 더욱 커진다. 애석하게도 설교는 쉽게 잊혀 진다. 들을 땐 좋아도 듣고 나면 금방 잊어버리는 것이 설교다.

원리적으로 성도는 주일에 받은 말씀을 중심으로 삶을 살아야 한다. 하지만 기억도 못하는 말씀을 어찌 살아낼 수 있으랴? 이런 현상은 묵상이 생략됨으로 발생한다. 여기서 묵상은 큐티적인 묵상이 아니다. 받은 말씀을 생각하며 마음으로 되뇌이는 건데, 이를 곧 읊조림이라 할 수 있다.

읊조림은 개인적인 영역으로 마치지 않고, 공동체적 영역으로 확장되어야 한다. 그러면 상호 나눔을 통해 말씀의 유익은 더 풍성해진다. 자신이 듣고 느낀 것을 말함으로 확신을 얻고, 서로의 나눔을 들음으로 유익을 더한다. 예배의 자리에서 같은 말씀을 듣고, 그 말씀을 함께 나눌 때 영적인 교제는 실재가 되고, 공동체의 하나 됨은 실현된다.

나눔의 내용을 너무 고민할 필요는 없다. 꼭 교재를 잘 만들 필요도 없으며, 좋은 교재라고 좋은 효과를 보장하는 것도 아니다. 본인은 사역을 처음 시작할 때 열의를 갖고 교재 만드는 일에 매진했다. 풍성하고 자세한 내용으로 청년들에게 푸짐한 말씀의 꼴을 먹이고 싶었다. 그때 만든 교재들은 지금 다시 봐도 스스로 만족 될 만큼 괜찮다. 하지만 길지 않은 나눔 시간에 많은 내용을 다 다루는 것은 벅찼다. 과유불급(過猶不及)인 셈이었다.

생각을 고쳐먹었다. 말씀을 나누고 기억하며 교제하는 것이 목적이므로 목적에 최적화된 방식을 찾으려 했다. 몇 번의 시행착오를 거치며, 설교의 핵심 포인트를 정리하고, 적용의 거리를 찾을 수 있는 질문지 형태가 자리를 잡았다. 가장 간단한 형식이었지만, 효과는 가장 컸다. 이 정도는 모든 설교자가 할 수 있다. 또 이런 형식은 설교자에게도 유익이 된다. 자기 설교를 몇 줄로 요약하고, 적용의 질문을 선별하는 과정은 설교를 명료화하는 동시에 풍성케 하는 기회가 된다. 말씀 교제를 중심으로 한 소그룹은 범사에 공동체에 유익이 된다.

- 식사로 교제하기

밥은 가장 좋은 교제의 방편이다. 그래서 친교의 자리에는 늘 식사가 빠지지 않고 등장한다. 성찬 역시 마찬가지다. 성도는 성찬을 통해 삼위 하나님과의 교제를 누리는 동시에 지체들과도 교제를 누린다. 건강한 교회는 성찬을 중심으로 교제의 공동체를 이루었으며, 우리가 고백하는 사도신경의 "성도의 교제" 역시 성찬을 통한 교제를 가리킴을 기억해야 한다.

하지만 성찬은 그리스도의 몸인 전체 교회가 행하는 것이기에, 대학부가 성찬을 시행할 수는 없다. 그래서 대학부는 애찬의 교제를 나눌 필요가 있다. 청년들은 늘 배고파한다. 그들에게 밥은 늘 옳다. 하지만 사역자는 주린 자들의 배를 채우되, 그저 육체적 만족만이 아닌 영적 만족까지 채워주어야 한다. 그래서 식사를 영적 친교의 기회로 삼아야 하며, 이를 위해서는 그 의미를 잘 부여해야 한다.

필자가 맡았던 대학부는 유학생들이 많아 청년들이 늘 집 밥을 그리워했다. 그래서 일 년에 두 번 전체가 참여하는 바베큐 이벤트를 벌였다. '우리들의 행복한 밥상', 줄여서 '우행밥'이라 부르며, 행사에 의미를 부여했는데, 그 시간을 통해 새로운 지체들을 환영하고, 서로 친교 할 수 있는 연결 프로그램도 진행했다.

- 기도로 교제하기

기도는 교제의 효력이 가장 오래가는 은혜의 방편이며, 기도는 예배의 은혜를 더욱 풍성케 하는 은혜의 방편이다. 예배의 은혜를 사모하며, 교제의 기쁨을 갈망한다면 반드시 기도의 준비가 필요하다. 필자가 섬겼던 청년부는 토요일 오후에 함께 기도하는 시간을 가졌다. 주일의 예배와 성도의 교제를 위해 무릎을 꿇고 간구했으며, 함께 기도할 때 우리의 공동체성은 더욱 강화되어 갔다. 또 리더들을 중심으로 정기적인 확대 기도의 시간을 가졌다. 일명 '묻따기'라고 불렀는데, '묻지도 따지지도 말고 기도하자'는 취지아래 그 날은 일체의 다른 친교 프로그램도 하지 않고 교회와, 개인과 서로를 위해 기도했다. 그런데 신기하게도 그날 우리는 가장 풍성한 친교의 기쁨을 누릴 수 있었고, 이로써 기도가 가장 좋은 교제의 방편임을 다시금 확인 할 수 있었다.

6. 말씀을 먹이라.

목자는 먹을 것을 주는 존재다. 사역자는 양 무리에게 말씀의 꿀을 풍성히 먹여야 한다. 그런데 먹거리에는 좋은 것과 좋지 않은 것이 있다. 자녀는 항상 맛있는 것을 원한다. 입에 단 말씀, 듣기 좋은 말씀, 마음에 힘이 되는 말씀을 원한다. 하지만 부모는 몸에 좋은 것을 먹인다. 입에 쓰고, 듣기 불편하고, 마음이 무겁더라도 바른 말씀을 먹여야 한다.

청년 사역은 말씀 사역이다. 성경은 청년의 때에 너의 창조주를 기억하라고 가르친다. 청년들은 말씀을 통해 하나님이 누구신지 알아야 한다. 그가 우리의 아버지이심을 믿고 고백하며, 아들로서 말씀에 순종하며 살아야 한다. 청년 사역의 목표는 말씀으로 아버지를 믿고, 말씀대로 아들 노릇하며 살아가게 하는 것에 있다.

사역자는 공동체를 살피고, 사람들을 만나고, 프로그램을 운영하는 등 할 일이 참 많다. 교회의 요구, 사람들의 필요를 채우기 위해 자기를 돌볼 겨를 없이 바삐 움직인다. 그러나 말씀 사역이 안 된다면 다른 모든 사역은 수포로 돌아가고 만다. 그리고 말씀 사역을 중시하지 않는다면 그 사람은 차라리 사역을 하지 않는 것이 더 낫다.

청년사역을 청년들의 이야기를 들어주고, 공감과 위로를 해 주는 것으로 이해하는 이들이 있다. 하지만 그런 일은 사역자가 아니라도 상담가, 친구들, 선후배들이 해 줄 수 있다. 사역자가 성도를 만나는 것은 자신이 가르친 말씀으로 그들을 돌아보기 위해서다. 받은 말씀을 잘 간직하고 있는지? 삶에서 실천하고 적용하는지? 말씀대로 사는 일에 어렵고 힘든 것은 없는지를 살펴 그들이 계속 말씀 가운데 굳건히 서 갈 수 있도록 돕는 것이 사역자의 사명이다. 가르침 없이는 삶이 없다. 그러므로 먼저 잘 가르치는 것에 힘써야 하며, 후에 말씀대로 살 수 있도록 돌보아야 한다.

말씀 사역자는 자신이 무엇을 위해 부름 받았는지 늘 주지해야 한다. 그래서 여러 사역을 잘하기보다 하나의 사역을 잘하길 바라며, 지속적인 배움과 진지한 연구로 청년들에게 충실한 말씀의 꼴을 먹이려 애써야 한다. 이 때문에 청년들을 만나러 가지 못할 때도, 행정적 실무를 제대로 못할 때도 있지만 무엇보다 강단에서 청년들을 만나고, 말씀 선포로 사역의 실질을 수행해 가야 한다. 양무리를 건강하게 자라게 하는 것은 사역자의 인간적인 재주와 수고가 아닌 말씀의 풍성한 꼴이다.

7. 보편 교훈을 가르치라.

말씀 사역에 있어 중요한 것은 보편 교훈을 가르치는 것이다. 모든 사역자가 말씀을 가르치지만 중점을 두는 부분은 저마다 다를 수 있다. 그러나 좋은 사역자는 보편 교훈을 가르치기에 힘써야 한다. 보편 교훈은 교회가 오랫동안 가르쳐 온 정통신학을 가리키는데, 고신교단은 개혁주의 신학을 정통신학으로 간주한다. 개혁주의 신학은 교회 역사에서 가장 성경적이며, 건전한 신학으로 입증된 신학이다. 개혁주의 신학의 핵심은 신앙고백서와 교리문답서에 담겨 있다. 신앙고백서와 교리문답서는 성도가 성경대로 하나님을 믿고, 성경대로 살아갈 수 있도록 작성된 문서들이다. 교회는 이 문서들을 기초로 신앙교육을 해 왔다. 단언컨대 이 문서들보다 성경을 더 잘 가르쳐 줄 수 있는 도구는 없다.

한편 보편 교훈은 성실하고 부지런한 마음을 가진 사역자라면 누구나 가르칠 수 있다. 이 일은 자신만의 새로운 것을 만들어 내는 것이 아니라 선배들이 수고하여 남겨 놓은 신앙 유산을 후대에 전수하는 일이다. 또한 보편 교훈은 누군가의 추종자를 만드는 것이 아니라 보편교회의 성도를 만들어 낸다. 필자는 이에 대한 확신을 갖고 개혁주의 신학을 가르쳤으며, 개혁주의 신앙을 확립하기 위해 애썼다. 개혁주의 신학은 결코 딱딱하거나 어렵지도, 또 시대착오적인 것이 아니다. 개혁주의 신학은 모든 시대 모든 교회에 가르쳐져야 할 쉬우면서도 유익한 교훈이다.

8. 교회의 자녀로 기르라.

우리시대 청년들은 교회를 모르는 세대요, 더 나아가 교회를 무시하는 세대다. 이는 성도의 어머니인 교회가 참된 복음을 가르치지 않고 믿음의 삶을 보이지 못했기 때문이다. 교회가 바른 것을 먹이지도, 바른 본을 보이지도 못하다 보니 많은 청년들이 교회를 떠나고 있다. 소위 말하는 가나안 성도가 자꾸 늘어난다. 하지만 그렇다고 교회를 버려서는 안 된다. 교회는 여전히 성도의 어머니로서 기능한다. 복음의 말씀으로 그리스도의 자녀를 낳으며, 그들을 그리스도의 일꾼으로 자라게 한다. 그러므로 어머니 교회의 약화된 기능이 회복되어야 한다. 늙고 병들어 버린 교회가 다시 건강한 어머니로서의 기능을 수행할 수 있도록 생명력을 부여해야 한다.

청년 사역은 교회의 자녀를 길러, 어머니 교회의 건강을 회복시키는 사역이 되어야 한다. 필자는 이를 위해 교회를 가르쳤으며, 또 그 목표를 교회를 섬기는 것에 두었다. 어머니 교회를 배우면, 어머니 교회를 섬기는 것이 당연하다. 어머니의 사랑으로 어린 자녀가 자라고, 장성한 자녀가 늙은 어머니를 모시는 것은 가정의 도리만이 아니다. 주님은 자신의 교회도 이런 원리를 통해 보존하신다. 교회를 배운 청년들은 교회 안으로 들어가 섬겨야 한다. 또 이 과정을 통해 장년성도들과 교제하며, 교회의 지체로 한 몸 되는 과정을 배워가게 된다.

9. 세상을 섬겨라.

끝으로 강조할 것은 세상을 향한 섬김과 변혁적 삶의 촉구다. 교회는 하나님의 영광을 드러내는 곳이요, 이 영광은 성도들의 착한 행실로 말미암아 세상에 칭찬 받음으로 성취된다. 성도들의 착한 행실은 어두운 세상을 밝히는 빛이다. 하나님은 죄와 악으로 가득 찬 세상 가운데 의와 거룩의 공동체를 세우셨다. 그리고 거기로부터 생명수 강을 흘려보내신다. 이 강은 성령의 은혜에 사로잡힌 주의 성도들이다. 이들이 가서 말씀과 성령으로 살아내는 곳마다 생명의 기운이 회복된다. 그러면 점점 세상 나라가 주와 그리스도의 나라로 변해 간다.

교회가 말씀으로 변화된 개인을 만들어 내고, 그들이 자기 삶을 개혁하고, 또 함께 모여 변혁적 삶을 실천할 때 교회는 세상을 하나님 나라로 바꾸어 가는 진앙지가 될 것이다. 변화된 개인은 변혁적 공동체를 세운다. 가정에서 잘 자란 자녀가 세상의 일터로 나아가 듯, 교회에서 잘 자란 청년도 세상의 일터로 나아가 섬긴다. 필자는 이러한 원리 안에서 개인과 공동체가 선한 열매를 맺을 수 있도록 독려했으며, 지역을 섬길 수 있는 방안을 찾기 위해 고민했다.

☞ 적용팁: 반찬 나눔 봉사와 사랑의 연탄 나눔

고민의 열매로 "독거노인 반찬 봉사"와 "사랑의 연탄 나눔"을 시작했다. 필자가 섬기던 교회는 공동화가 진행되는 구(舊) 도심에 위치해 있었다. 덕분에 인근에 저소득 계층이 많았으며, 이들은 주로 독거노인들이었다. 그래서 지역을 섬기는 프로젝트로 "독거노인 반찬 봉사"를 실시했다. 먼저 관공서를 통해 인근의 독거노인 실태 파악을 했다. 그리고 섬김이 필요한 분들을 선정하여, 정성껏 반찬을 만들어 제공했다. 경비는 연보를 통해 충당했고, 반찬 준비는 교회의 어머님들께 부탁드렸다. 그렇게 정성껏 준비한 반찬으로 2주에 한번 찾아뵙고, 말동무도 해드리고, 봉사의 시간도 가졌다. 이 섬김은 거창한 프로젝트도, 또 대단한 성과가 있는 프로젝트도 아니었다. 하지만 복음의 사랑을 들고 세상으로 들어가는 것이었으며, 이를 통해 하나님의 이름이 영광 받았으리라 확신한다.

반찬 봉사가 소소한 일상의 섬김이었다면, "사랑의 연탄 나눔"은 특별한 이벤트적 섬김이었다. 성탄절 시즌에 우리끼리 먹고 노는 것이 아닌, 무언가 의미 있는 나눔을 하고 싶다는 생각에서 찾아낸 것이 연탄 봉사였다. 처음에는 도움이 필요 가정을 확인하고, 연탄을 공급하는 것을 자체적으로 다 하려 했지만, 이 일을 전문으로 실행하는 단체를 만나게 되었다. 그래서 이 단체와 연계해서 일을 진행했으며, 연탄 확보를 위한 재정은 자체 연보로는 한계가 있어서, 교회 전체를 대상으로 모금 활동을 해서 충당했다. 그리고 성탄 전날 서로 손에 손을 이으며 연탄을 날랐는데, 함께 땀 흘려 봉사하다보니 서로 간에도 끈끈한 연대감을 느낄 수 있는 좋은 교제의 기회가 되었다.

결론: 청년 사역이지 청년을 위한 사역이 아니다.

청년들이 교회를 떠나는 시대다. 교회들마다 청년들을 붙잡아 두기 위해 안간힘을 쓴다. 새로운 프로그램을 도입하고, 재원을 투입하고, 청년들의 필요를 채우기 위한 다방면의 노력을 기울이고 있다. 하지만 결과는 신통치 않다. 우리 시대 청년들이 완악해서 일까? 아니면 교회의 대처가 시대착오적이어서 일까?

사람들은 자신의 관심 분야가 있는 곳으로 몰린다. 시대와 세대의 필요를 적실성 있게 채워주는 곳으로 사람들이 몰린다. 놀거리, 볼거리, 할거리가 지천에 널린 시대에 교회가 이를 맞추기란 쉽지 않다. 더군다나 시대 문화를 선도하는 청년들의 기호를 교회가 맞추기란 사실상 불가능에 가깝다. 그들의 필요를 채워주려면 교회는 가진 것을 다 팔아야 할지도 모른다. 그렇게 한다 해도 그들이 교회로 돌아온다는 보장은 없다.

이젠 다른 접근이 필요하다. 청년들의 기호를 맞추기보다 교회의 머리되신 그리스도의 기호를 먼저 맞추어야 한다. 교회는 사람이 아니라 그리스도께서 좋아하시는 것을 하는 곳이다. 청년 세대라고 다를 바 없다. 그리스도의 것이 아닌 것으로 그들의 마음을 잡아 둔들, 그들은 그리스도의 것이 아닐 것이며, 때가 되면 결국 다 떠날 것이다. 교회는 복음을 가르쳐, 행하게 하는 곳이다. 제자들에게 명하신 주님의 명령은 모든 시대, 모든 교회의 변하지 않는 사명이다. 그리고 이를 지켜 행한 교회가 대를 이어갈 후손을 얻었다. 청년을 위한 사역이 아니라 주님을 위한 청년 사역, 곧 주님이 분부하신 것을 가르쳐 지키게 하는 교회는 반드시 주의 청년들을 얻을 것이다.

> 청년이
> 알아야
> 할
> 7가지

청년부 양육 프로그램

조재필

청년들의 신앙 양육을 위한 실제적인 프로그램을 제안해 봅니다. 교회마다 특수성이 있기 때문에 그대로 적용하기에는 적합하지는 않을 것입니다. 그러나 필자가 한 교회에서(서울중앙교회 대학부) 작성하여 6년 동안 실행하고 점검을 거듭해 본 프로그램이기에 개체 교회의 특수성과 규모에 따라 일정부분 취사선택하여 적용할 수 있을 것으로 기대합니다.

청년 양육 프로그램 구성은 두 가지 질문으로 출발합니다. 청년들의 신앙 양육을 위해 '무엇을 가르칠 것인가?' 그리고 '어떻게 가르칠 것인가?' 이 두 가지 질문에 대한 답으로서 청년부서의 양육 프로그램이 구성되어야 합니다. 물론 청년의 신앙 양육이 단순히 '가르침'으로만 완성되지 않는 것은 분명합니다. 가르침 이외에도 관계(심방, 교제), 사역(교회 봉사, 선교), 훈련(개인 경건, 공동체 훈련)과 같은 다양한 차원이 복합적으로 작동되어야 합니다. 신앙은 전인격적인 것이기 때문에 지식 중심의 가르침만으로는 부족합니다. 그렇지만 가르침은 신양 양육의 기본임도 분명합니다. 또한 가르침은 가시적인 형태로 체계화시킬 수 있는 유익이 있습니다. 세속 교육에서는 '커리큘럼'이라는 형태로 교육을 진행하는 것이 기본입니다. 전인격적인 신앙 양육을 위해 가르침을 체계화시키는 것도 상당한 유익이 있습니다.

다시 처음의 두 가지 질문으로 돌아갑시다. 청년들의 신양 양육 체계는 두 가지 질문에 대한 답으로서 구성됩니다.

1. 무엇을 가르칠 것인가?

이 질문에 대한 답은 일반적인 신학교육 내용에서 찾을 수 있습니다. 성경에 기록된 진리를 체계화시킬 때 '신학과목'이 생깁니다. 이것을 보통 다음과 같이 정리해 볼 수 있습니다.

교의학	계시론(정경론), 신론, 인간론, 구원론, 기독론, 교회론, 종말론, 성령론, 윤리학, 성례론, 하나님나라, 기독교세계관
주경신학	구약학, 신약학, 성경신학(구속사적 성경이해)
교회사	초대교회사, 중세교회사, 종교개혁사, 현대교회사, 한국교회사, 신구약중간사
봉사신학	예배학, 성례, 직분론, 선교학, 소그룹이론

이상의 신학과목들은 성경의 진리를 체계화하여 학문화시킨 것입니다. 신학과목이 성경진리를 모두 담고 있지는 않지만, 신학과목을 체계적으로 가르칠 때 성경 진리를 효과적으로 습득할 수 있습니다. 문제는 위의 신학과목을 일반 성도인 청년들에게 그대로 가르칠 수는 없다는 것입니다. 목사후보생을 교육하려는 것이 아니라 건실한 청년 그리스도인을 양육하고자 할 때, 위의 신학과목은 말 그대로 '날 것'입니다. 날 것을 가르칠 수는 없습니다. 그래서 두 번째 이어지는 질문이 '어떻게 가르칠 것인가?'입니다.

2. 어떻게 가르칠 것인가?

청년 그리스도인들에게 신앙 내용을 가르치기 위해서 적절한 방법을 구상해야 합니다. 더불어 신학(혹은 신앙) 과목을 체계적으로 가르치고자 할 때 반드시 고려해야 할 것은 '신앙 수준'입니다. 청년 공동체 구성원들이 각기 다른 신앙 수준을 가지고 있다는 사실을 고려하여서 '어떻게 가르칠 것인가?'에 대한 답을 찾아야 합니다.

이러한 고려에 따라 신앙 양육 체계를 투 트랙(two track)으로 구성할 것을 제안합니다. 일명 '평균 양육'와 '순준별 양육'입니다. '평균 양육'은 청년부 구성원들을 구분하지 않고 일괄적으로 이루어지는 가르침과 그 내용입니다. '수준별 양육'은 청년부 구성원들을 신앙수준별로 구분하여 단계적으로 이루어지는 가르침과 그 체계입니다. 서울중앙교회에서는 다음과 같이 구성해 보았습니다.

1) 평균 양육 (GBS)

구분	봄학기 (3~6월)	여름학기 (7~8월)	가을학기 (9~12월)	겨울학기 (1~2월)
	본문공부(신약)	주제공부	본문공부(구약)	주제공부
1년차	사도행전	교회론과 성례	모세오경	십계명과 윤리
2년차	로마서	사도신경과 교리	시가서	주기도문과 하나님 나라
3년차	서신서 요한계시록	종말론과 교회역사	선지서	성령론과 제자도
4년차	복음서	기독론과 언약사상	역사서	선교와 문화(사회) 변혁

먼저 '평균 양육' 체계입니다. 평균 양육 체계가 적용되는 단위는 소그룹입니다. 말하자면 위의 체계는 GBS(Small-Group Bible Study)에 적용할 수 있습니다. 그러나 소규모 청년부라면 전체 모임에 적용할 수도 있습니다. 한 소그룹은 7명 내외로 구성하는 것이 좋습니다. 각 소그룹 구성은 리더와 다양한 신앙 수준의 구성원들을 안배합니다. 위의 체계는 구성원들이 '주로' 대

학생이기 때문에 4년을 기준으로 두 번의 학기와 두 번의 방학을 고려하였습니다. 학기 중에는 성경 본문을 다루고, 방학 때는 신앙(신학) 주제를 다룹니다. 가능한 학기와 방학의 주제가 연계되면 효과적입니다. 예를 들어, 학기 중에 모세오경을 다루었다면 이어지는 방학 때는 십계명과 윤리를 공부하고, 학기 중에 로마서를 다루었으면 이어지는 방학 때 사도신경과 교리를 다루면 효과적이라는 말입니다.

2) 수준별 양육체계

과정	기간	교육목표
기초훈련과정	5주	기초적인 신앙을 교육하는 과정으로, 기독교 기본 진리를 제시하고 구원의 확신을 갖도록 훈련 한다. (신입생, 새신자)
제자훈련과정	12주	제반 신앙 영역들에 대한 체계적인 교육을 통해 훈련된 제자로서의 삶을 살 수 있도록 훈련 한다.
리더훈련과정	12주	세상과 공동체에 영향력을 미치는 모범적인 영적 지도자로서 사역할 수 있도록 훈련 한다.
세계관훈련과정	6주	하나님 나라의 구체적인 영역에 대한 기독교 세계관과 성경적 가치를 가르쳐 세상 변혁자로 살아갈 수 있도록 훈련 한다.

다음으로 '수준별 양육' 체계입니다. 위의 수준별 양육과정은 GBS와는 별도로 이루어집니다. 네 단계로 구성되는데 신앙 수준별로 '난이도'를 차별합니다. '난이도'는 시행일시, 내용, 진행방법에 따라 달라집니다. 초신자나 신입생은 주중에 시간을 내기 어렵기 때문에 주일에 모임 시간을 가져야 합니다. 그리고 내용도 쉽고 단순하게 구성하야 하고, 진행 방법도 토론이나 발표보다는 교재를 가지고 읽거나 강의를 하는 방식으로 진행하는 적절합니다. 그러나 과정이 심화될수록 토론과 발표 방식으로 진행하는 것이 효과적입니다. 수준별 양육과정은 '헌신'이 있어야 하므로 각 과정을 '이수'할 수 있도

록 목회자나 청년 리더들의 권면과 격려가 필요합니다. 글의 맨 아래에 위의 네 단계 과정의 구성을 〈참고〉로 제안해 두었습니다.

3. 교리설교

이상에서 두 가지 질문을 가지고, 청년 양육과정 구성을 제안해 보았습니다. 이상의 양육 방식은 주로 소그룹 모임을 통해 이루어집니다. 그러나 청년 신앙 양육에 있어 대단히 중요하고 요긴한 시간이 있습니다. 바로 전체모임과 그 때 이루어지는 설교시간입니다. 근래에 교회들이 청년부 예배를 공예배로 간주하기 때문에 청년부서 전체모임을 따로 두지 않는 경향이 있습니다. 그러나 신앙 양육을 위해서는 모든 세대가 참여하는 공예배와 또래 모임인 청년부서 전체모임을 구분하는 것이 좋다고 생각합니다. 그렇지만 청년부 예배가 되었든, 청년부서 전체모임이 되었든 그 시간은 신앙 양육에 중요한 시간입니다. 특히 이 때 무엇을 설교할 지를 심사숙고하여야 합니다.

필자의 경우 교리문답을 설교하였습니다. 청년이라는 특수 세대가 당면한 문제들에 대해서 시의적절한 주제 설교를 하는 것도 유익합니다. 청년의 고민과 갈등에 대해 말씀의 조명을 구체적으로 하는 것은 목회적으로 요긴합니다. 그러나 청년의 일생을 두고 보면 당장의 필요에 응답하기보다 일생 흔들리지 않는 신앙 체계를 갖추도록 도와주는 것도 유익합니다. 그것을 교리문답 설교가 제공할 수 있습니다. 필자는 청년부 모임 시간에 다음과 같이 교리문답 설교를 시행해 보았습니다.

주	소요리 문답	대요리 문답	신앙고백서	주제
1	1	1	16장.2	사람의 목적과 하나님의 영광
2	2-3	2-5	1장	계시
3	4	6-7	2장.1-2	하나님의 속성들
4	5-6	8-11	2장.3	삼위일체
5	7-8	12-14	3장	하나님의 주권과 작정
6	9-10	15-17	4장	창조: 물질·영적존재의 창조

7	11	18	5장	섭리
8	12-16	19-24	6장.1-3	타락
9	17-19	25-29	6장.4-6	죄의 비참함
10	20	30-32	7장.1-4	은혜언약
11	20	33-35	7장.5-6	언약의 실행
12	21-22	36-40	8장.2-3, 7	예수 그리스도의 중보사역
13	23-26	41-45	8장.1	그리스도의 삼중직
14	27-28	46-56	8장.4a-4b	그리스도의 비하와 승귀
15	29	57-61	8장.5-6, 8	그리스도의 중보사역의 유익
16	29	62-65	25-26장	유형교회와 무형교회
17	30-31	66-69	9-10장 .	그리스도와의 연합과 소명
18	33	70-73	11장	칭의
19	34	74	12장	양자
20	35	75-78	13장, 16장	성화
21	36	79-81	17장, 18장	성도의 견인과 구원의 확신
22	36-38	82-90	32-33장	성도의 삶, 죽음, 부활, 심판
23	39-42	91-99	19장, 20장. 1-3	도덕법과 십계명
24	43-44	100-101	19장	십계명 서문
25	45-52	102-110	19장.1-6	1-2계명
26	53-62	111-121	22장, 21장.7-8	3-4명
27	63-66	122-133	20장.4, 23장, 30-31장	5계명
28	67-72	134-139	23장, 26장, 27장	6-7계명
29	73-78	140-145	27장	8-9계명
30	79-81	146-148	20장	10계명
31	82-84	149-152	20장	죄의 심각성
32	85-88	153-154	20장	회개와 은혜의 수단
33	89-90	155-160	20장	말씀
34	91-93	161-4, 176-7	27장	성례
35	94-95	165-167	23장	세례
36	96-97	168-175	29장.1-8	성찬과 성찬의 방법
37	98	178-185	21장.3-4	기도
38	99-106	186-195		주님이 가르치신 기도(1)
39	99-107	189-196		주님이 가르치신 기도(2)
40				교리문답 교육 결론

여러 가지 교회 행사를 고려하여 전체 40주일로 구성했습니다. 청년 개인은 4년 동안 교리문답을 네 번 반복해서 듣게 됩니다. 그러므로 각 교리문답이 진술하는 내용 전체를 한 번에 전할 필요는 없습니다. 당일에 일부를 하고 다음 해에 다른 부분을 하면 됩니다. 그리고 교리 '강의'가 되지 않도록 주의하여야 합니다. 가능한 해당 교리의 증거 본문을 '강해'하는 방식으로 진행하여야 합니다. 공예배를 따로 드리는 교회라면 청년부 모임의 교리 설교는 20분 정도로 가능한 짧게 하는 것이 좋습니다.

〈참고〉
1. 기초훈련과정

회차	내용	과제	활동
1	우리의 구원		오리엔테이션 교재, 경건생활점검표 배부
2	우리는 무엇을 믿는가?	QT 노트 구입 확인	사도신경, 주기도문, 십계명 외우기
3	교회란 무엇인가?	구원이란 무엇인가(1장)	사도신경, 주기도문, 십계명 시험보기
4	영적 가족이 됨	구원이란 무엇인가(2장)	경건생활 점검표 작성하기
5	청년부 공동체 소개	구원이란 무엇인가(3장)	"나는 예수를 믿는 사람입니다." 고백하기

2. 제자훈련과정

회차	과정	내용
1		오리엔테이션

2	경건 훈련	경건 훈련(1): 교제
		경건 훈련(2): 기도
3		경건 훈련(3): 성경 붙잡기
4		경건 훈련(4): QT 실습
5		경건 훈련(5): 헌금
6	1박 MT	교제
7	자기 이해	자기이해(1): 그리스도의 왕 되심
8		자기이해(2): 성품과 경건생활 훈련
9		자기이해(3): 형상 발견
10	사명 발견	사명 발견(1): 인생사명
11		사명 발견(2): 전도와 선교
12		사명 발견(3): 세상변혁

* 매주 모임 시 읽어 와야 할 도서 목록 :

『따라 따라 예수 따라 가네』(애니 베어드), 『캠브리지 7인』(존 폴락), 『그리스도인 성장의 열쇠』(리로이 아임스), 『묵상의 시간』(윤종하), 『헌금의 기쁨』(앤디 스텐리), 『성령과 기질』(팀 라헤이)

3. 리더훈련과정

회차	내용	교재
1	성경이해(1) : 일반 성경 해석학	『성경을 아는 지식』
2	성경이해(2) : 구속사적 해석 원리	『교의신학의 이론과 실제』 (119~187)
3	성경이해(3) : 구속사적 해석 실제	『구속사적 설교의 실제』
4	기초교리(1) : 신앙고백	『교의신학의 이론과 실제』 (211~255)
6	기초교리(2) : 언약	『계약신학과 그리스도』 (1~93)
7	기초교리(3) : 성례	『성례란 무엇인가』

8	기초교리(4) : 교회론	『개혁교회란 무엇인가』
9	기초교리(5) : 예배학	『예배의 아름다움』
10	교회사	『끊임없이 이어지는 진리』
5	리더십	『탁월한 지도력』
11	상담과 심리	『거짓의 사람들』
12	이성 교제와 결혼	『결혼신학』
13	직업 소명	-
-	Post-LTC	위기극복, 팀워크, 격려, 도전

4. 세계관 훈련과정

회차	주 교재	내용	과제
1	전체 O.T.		
2	『창조, 타락, 구속』		질문지
3	『창조, 타락, 구속』		질문지
4	『정의와 평화가 입맞출 때까지』	MT(강의 포함)	질문지
5	『정의와 평화가 입맞출 때까지』	3장, 연결부, 4장	질문지
6	『정의와 평화가 입맞출 때까지』	5장, 6장	질문지, 중간점검
7	『정의와 평화가 입맞출 때까지』	연결부, 7장, 8장	질문지
8	Final Project 제출		
9	Final Project 발표		

청년 아우구스티누스

안정진

아우구스티누스(Augustinus, 주후 354-430)는 지금부터 1,500년도 훨씬 지난 사람이다. 그는 젊은 시절 대부분을 방탕하게 지내다가 32세에 회심하였고, 37세에 히포의 주교가 되었다. 고대와 중세를 잇는 가교 역할을 했으며, 종교 개혁가들이 로마가톨릭교회와 싸우기 위해 의존했던 인물이기도 했다. 아우구스티누스는 서구 기독교 사상의 기초를 놓은 인물로 평가된다. 그는 『고백록』을 비롯하여, 『삼위일체론』, 『그리스도인의 교양』, 『하나님의 도성』과 같은 수많은 불후의 작품들을 집필했다. 19세기의 신학자 하르낙은, "사도 바울과 루터 사이에 아우구스티누스에 비할 만한 인물을 가지고 있지 않을 뿐 아니라 그가 끼친 광범위한 영향에 있어서 누구도 그에게 비할 수 없다"고 했다. 이러한 찬사를 받기에 합당한 사람이라 할지라도 어쨌거나 이것은 그가 회심을 경험하고 난 이후에 일어난 일과 업적들이다. 그렇다면 회심하기 전, 곧 32세 이전의 청년 아우구스티누스에게서 우리가 배울 것은 없을까?

그의 자서전 『고백록』(Confessiones)은 이러한 질문에 상당한 답을 준다. 보통의 자서전처럼 인생을 마무리하면서가 아니라, 그는 43세에 히포의 주교로서의 사역을 시작하면서 『고백록』을 집필하기 시작했고, 3년 후 46세에 완성했다(주후 397-401). 총 13권으로 이루어진 책의 구성 중에서 3분의 2에 해당하는 1-9권이 과거에 대한 기억과 회상으로 이루어져 있다. 그 내용은 인간의 죄와 그를 도우시는 하나님의 은총과 관용에 대한 것이다. 즉 그의 고백은 이중적이다. 자신의 죄에 대한 "고백"이면서 동시에 자신을 향한 하나님의 은총에 대한 "증언"의 기록이다. 그가 묘사하는 청년기의 유혹과 죄는 대체로 우리의 경험과 일치한다. 그러므로 청년 아우구스티누스는 우리에게 '반면교사'의 역할로 도움을 줄 수 있다. 그는 자신의 죄를 세 가지 범주로 요약한다. "육신의 정욕, 안목의 정욕, 이생의 자랑"(요일 2:16). 청년 시절, 하나님을 떠나 이런 죄에 빠진 자신의 모습을 "산산조각이 나서 흩어져 버린" 상태로 묘사한다(2.1.1). 허망한 것에 대한 사랑이 내면의 질서를 산산이 깨뜨려 버려서, 삶의 통일성을 상실해 버린 것이다.

1. 육신의 정욕

특히 카르타고 유학 시절에 이런 죄들이 그를 압도했다. 카르타고는 북아프리카에서 가장 큰 도시로 문화, 정치, 상업, 종교의 중심지였다. 또한 카르타고는 쾌락의 도시였기에, 육적인 청년 아우구스티누스에게 황홀감을 주기에 충분했다. 도시의 쾌락, 정욕에 빠진 추악한 삶을 살면서도 그는 고상하고 세련된 사람으로 보이고자 노력했다. "나는 '카르타고'(Carthago)로 왔는데, 거기에서는 내 주변의 도처에서 추악한 애욕의 '솥단지'(sartago)가 큰 소리를 내며 펄펄 끓고 있었습니다. 나는 … 애욕을 사랑하고 있었고, 덫으로부터 벗어나 있는 안전하고 순탄한 길이 싫었기 때문에, 애욕의 대상을 찾아다녔습니다"(3.1.1). 그는 한 여자를 만나 동거하는 가운데 사생아를 낳았고, 마니교 이단과 점성술에 빠지기도 했다. 하지만 애욕의 대상을 찾아다닐수록 그 속에는 쓰디쓴 것들이 있음을 경험하게 되었다. "내가 애욕의 달콤함을 즐길수록, 애욕은 은밀하게 점점 더 나를 옥죄어 왔습니다." 후에 그는 이것을 그는 주님의 채찍이었다고 증언한다. "달콤함은 지독한 괴로움과 뒤섞여 짜여 있어서, 나는 시기와 의심, 두려움과 분노와 다툼 등과 같은 벌겋게 달구어진 쇠막대로 채찍질을 당하고 있었던 것입니다."(3.1.1).

2. 안목의 정욕

도시에는 구경거리들이 많았다. 검투사들의 경기, 전차 경기가 있었고, 연극 공연들이 있었다. 특히 아우구스티누스는 연극공연을 즐겼다. 나중에 이것을 "안목의 정욕"이었다고 고백한다. 허구적인 비극 공연을 보면서 쓸데없는 감상(연민)에 젖어들었고, 그것이 자신의 마음을 병들게 했다. 비록 사소하게 보이는 욕망이라 할지라도, 그것은 마치 피부를 긁고 곪아 썩게 하는 상처와 같았다. "내 마음의 표면만을 살짝 긁고 지나갔을 뿐이었습니다. 하지만 그 슬픔들은 독이 묻어 있는 손톱들처럼, 나의 마음에 염증을 일으켜서, 내 마음은 점점 부풀어 올랐고 결국 썩어 문드러지게 되었습니다. 이것이 당시의 나의 삶이었습니다"(3.2.4).

3. 이생의 자랑

청년 아우구스티누스에게는 뛰어난 자질이 있었는데, 수사학교에서 우수한 성적을 거두었을 뿐만 아니라, 대회에서도 여러 차례 상을 받았다. 그는 이것을 자랑스러워하고 기뻐했지만, 그 때문에 교만함으로 부풀어 자기보다 못한 학생들을 혐오하기도 했다. 그는 성공과 돈을 벌기 위한 욕망에 사로잡혀서 사람을 말로 이기는(때로는 기만적으로) 수사학적 기술을 학생들에게 팔기도 했다. 이렇게 19세에서 28세까지 카르타고에서 9년이라는 시간을 한 마디로 이렇게 요약한다. "나는 여러 가지 욕망에 사로잡혀서 스스로 '미혹되고' 다른 사람을 '미혹하며' 스스로 '속고' 다른 사람들을 '속이는' 그런 삶을 살았습니다(4.1.1).

뒤틀린 의지로 인해 생겨난 정욕의 습성은 회심하고 나서 히포의 주교가 된 이후의 삶에도 지속되었다. 『고백록』을 집필하고 있던 그 시점에도 아우구스티누스는 죄악의 잔상이 꿈과 무의식중에 나타나 집요하게 그를 괴롭히고 있음을 고백한다(10.30.41). 그러나 지난 날 독한 정욕과 욕망의 쇠사슬에 묶여 세상일들에 노예가 된 자신을 자비로우신 하나님이 건져 주신 것을 상기하면서 지금까지 인도하신 주님의 은총과 관용에 영광을 돌린다.

우리는 아우구스티누스의 고백과 증언을 통하여 우리가 청년 시절에 직면하는 유혹과 죄의 실상에 입체적이고 구체적으로 마주하게 되며, 그를 인도하신 하나님이 우리를 인도하시는 하나님과 동일하신 분임을 배우게 된다. 그의 회심은 갑작스러운 것이 아니었다. 하나님은 어떻게 그의 회심을 준비시키셨을까?

4. 어머니, 사랑과 기도

자식을 위해 기도하는 어머니를 둔 사람은 참으로 복되다. 아우구스티누스의 어머니 모니카(Monica)는 아들의 방탕과 주님을 떠난 삶을 인하여 오랜 세월을 고통스럽게 하나님께 부르짖는 비유속의 과부와 같았다(눅 18:1). 아우구스티누스가 밀라노에서 수사학 교사를 하면서 지내고 있을 때, 모니카는 자식을 사랑하는 마음과 하나님을 향한 믿음으로 그에게 와서 함께 지내었다. 그때, 밀라노의 주교 암브로시우스를 존경하고 하나님이 보내신 천사인양 그를 위했고(6.1.1), 그의 말씀에 순종했다. 예를 들어, 북아프리카에서는 순교자의 무덤을 찾아서 떡과 술을 바치던 풍습이 있었는데, 이것을 암브로시우스가 금지한다는 것을 안 후에 즉시 받아들이고 순종했다. 모니카는 "항상 선한 일을 하고, 신앙생활에 열심을 다하고, 교회에 늘 출석하는 사람"이었다(6.2.2). 이 덕목은 신자에게 꼭 필요한 덕목이 아닌가? 암브로시우스는 아우구스티누스를 볼 때마다 그러한 어머니를 모시고 있음을 축하한다고 말해 주었다. 어머니 역시 아들이 암브로시우스의 인도를 받아 신앙생활, 교회생활, 선한 생활을 살게 될 것이라는 소망을 잃지 않았다.

5. 설교자, 암브로시우스

모니카 다음으로 아우구스티누스에게 영향력을 준 사람은 밀라노의 주교, 암브로시우스이다. 아우구스티누스에게 암브로시우스는 하나님의 "거룩한 신탁"이었다. "나는 암브로시우스의 가슴 속에 있는 주님의 저 거룩한 신탁 앞에 내 놓을 기회를 얻을 수 없었습니다"(6.3.4). 여기서 신탁이라 한 것은, 암브로시우스가 하나님의 말씀의 전달자였음을 의미하고, 때로는 하나님의 말씀이라 생각했기 때문이었다. 실제로 그는 그의 말을 하나님의 음성으로 받아들였다. 모니카 역시 "이렇게 살아서 아들을 위해 눈물을 흘리며 기도하는데, 그런 아들이 망할 리가 없습니다"고 한 어떤 주교의 말씀을 하나님의 음성으로 받아들인 적이 있었다(3.12.21). 모자는 매 주일 암브로시우스의 설교를 들었다. 아우구스티누스는 이해하기를 원했는데, 거기서 그는 "알기 위해서는 먼저 믿어야 함"을 깨닫게 되었다. 믿음이 먼저인가 아니면 아는 것이 먼저인가. 알고 믿어야 하는가 아니면 믿어야 알게 되는가. 아우구스티누스는, "나는 먼저 믿어야 했습니다"고 말한다(6.5.7). 특히 이사야 7:9, "만일 너희가 굳게 믿지 아니하면 너희는 굳게 서지 못하리라"는 구절을 인용하며 믿음이 앞선다는 것을 역설했다. 당시에 옛 라틴어 성경은 이 구절을 "너희가 믿지 않고는 이해할 수 없다"(nisi credideritis, non intelligetis)라고 번역했다. 복음의 설교가 그의 마음에 믿음을 일으키게 되자, 그는 믿음에 의하여 인도함을 받게 되고, 그 믿음의 대상인 하나님을 신뢰하기 시작하게 되었던 것이다.

6. 성찰과 고민, 지적 회심

아우구스티누스는 성찰하고 고민하고 연구하는 사람이었다. "내 과거의 생을 돌아보니 나는 스스로 이상한 생각이 들었습니다"(6.11.18). 특히 독신과 결혼생활, 죽음의 문제에 대해 질문하고 고민했다. 이미 19살에 『호르텐시우스』를 읽고 지혜에 대한 깊은 갈망이 생기게 된 터라, 그는 신의 존재와 본성, 악의 근원에 대하여 고민했고, 그 문제를 해결하기 위해 점성술과 마니교에 심취했다. 그리고 신플라톤주의자들의 책을 읽으면서 기독교 신앙을 지적으로 더 이해하기 시작했다. 이것은 일종의 지적 회심이기도 했다. 하지만 플라톤 철학과 성경의 가르침의 근본적인 차이에 대해 깨닫게 되자 바울서신을 더 집중적으로 읽게 되었다. 이렇게 그는 차츰 성경 말씀 속에서 모든 것을 성찰하기 시작했다.

그 시절 여러 가지 고민으로 잠을 이루지 못하던 아우구스티누스는 자신의 영혼의 상태를 이렇게 표현했다. "네 영혼이 이러 뒤척이고 저리 뒤척이며, 똑바로 누어보고, 옆으로 누워보고, 배를 깔고 누워보고, 어떻게 해보아도, 내 영혼은 결코 편하지 않았습니다. 내 영혼의 안식처는 오직 주님뿐이시기 때문입니다"(6.16.26). 이 문장은 그가 30살이 되던 때에 경험한 자기 영혼의 고민과 그 결과로 생긴 영혼의 불면을 고백한 것이다. 그리고 그 해결책을 제시한다. "보십시오. 주님은 우리 곁에 계셔서, 그릇된 길에서 방황하는 가련한 우리를 건져내어, 주님의 길 위에 세워 놓으시고는, 우리를 위로하시며 이렇게 말씀하십니다. "그 길로 달려가라. 내가 너를 안고 업어서 끝까지 데려다 주리라"(사 46:4). 해결책은 주님 자신이심을 알게 된 것이다.

7. 회심 이야기의 주체, 하나님

아우구스티누스는 지적으로 신 인식에 도달했지만 그것이 자신의 마음에 평안을 주지 못했다. 그에게 필요한 것은 지적인 확실성이 아니라, 마음의 견고함이었다. "내가 바랐던 것은 당신의 존재에 대한 강한 확실성보다는 당신 안에서 내 마음이 더 견고히 서 있는 것이었습니다"(8.1.1). 이를 위해 필요한 것은 그릇된 육체적 습관의 쇠사슬을 끊고 거기서 해방되는 일이었다. 그가 무화과나무 아래서 회심하기 전에 이전에 회심했던 거룩한 사람들의 이야기를 들었다. 빅토리아누스, 안토니우스, 황제의 두 수행원들의 회심 이야기는 하나님께 돌아서게 되는 결정적 디딤돌이 되었다. 그는 어느 날 별안간 회심했던 것이 아니라, 오랜 시간 동안 다양한 방법과 다양한 사람들을 통하여 그의 회심을 위해 하나님이 준비하여 오셨던 것이다. 모든 것이 준비되자, 마침내, 죄악의 쇠사슬에 묶인 자신을 풀어 주시기를 무화과나무 아래서 통곡하며 간구했다. 이때가 32세 때이다. "언제까지, 언제까지 기다려야 하는 것입니까? 내일이라고요? 왜 지금 당장은 안 되는 것입니까? 왜 지금 바로 이 시간에 나의 추하고 부끄러운 삶을 끝내 주시면 안 되는 것입니까?" 그 때, "집어 들고서 읽어라 집어 들고서 읽어라"(tolle lege, tolle lege)는 신비로운 노래가 들려왔고, 그는 성경을 집어 읽었다. 그의 눈에 들어온 구절은, "방탕하거나 술 취하지 말며 음란하거나 호색하지 말며 다투거나 시기하지 말고 오직 주 예수 그리스도로 옷 입고 정욕을 위하여 육신의 일을 도모하지 말라"(롬 13:13-14)는 말씀이었다. 그는 그때 상황을 이렇게 묘사한다. "그 구절을 다 읽고 나자, 그 즉시 '확신의 빛' 같은 것이 내 마음에 부어져서 의심의 모든 어둠은 사라져 버렸습니다"(8.12.29). 우리는 그의 회심이 사도 바울처럼 드라마틱하게 갑자기 일어난 사건으로 생각하지만, 그 배경에는 오랜 세월을 관용하시며 그를 사랑하시고 준비해 오신 하나님의 은총과 열심히 있었다. "아버지는 탕자에게 재물을 주셨을 때에도 인자하셨고, 탕자가 빈털터리가 되어 집으로 돌아왔을 때에는 더욱더 인자하셨습니다."(1.18.28). 그의 회심 이야기의 주인공은 하나님이시며, 주제는 하나님의 능력이다.

8. 나가면서

청년 아우구스티누스의 자서전은 어느 별난 사람의 이야기가 아니라, 신자들의 보편적인 이야기다. 중생한 신자도 하나님 안에 거하려는(in te) 열망과 그것을 거부하려는(ad te) "뒤틀린 의지" 사이에 살고 있다. 확실한 것은, 우리의 열망과 의지보다 하나님의 은총과 관용이 비교할 수 없이 크다는 사실이다. 그래서 아우구스티누스의 고백은 우리의 고백이 되고, 그의 증거의 찬양은 우리의 찬양이 된다. 회심하기 직전에 아우구스티누스는 친구 알리피우스를 찾아가 이런 말을 한다. "도대체 우리에게 무엇이 문제지? 왜 배우지 못한 사람들은 벌떡 일어나 천국을 붙잡는데, 배웠다고 하는 우리는 천국을 붙잡을 생각을 하지 않고, 혈과 육 가운데서 뒹굴고 있지 않는가!"(8.8.19). 후에 두 사람은 천국을 붙잡았다. 아우구스티누스는 현대인에게 너무 오래된 사람이지만, 이 같은 그의 질문은 청년 시절을 보내는 모든 이에게 유익을 준다. 그는 어두운 밤길을 걷고 있는 청년들, 정욕과 욕망의 "후래이팬"(sartago) 위에서 쉼을 잃은 사람들에게, 그들이 길을 잃지 않도록 계속 말을 걸고 질문한다. 그리고 말씀의 "등불"을 다정하게 비춘다(시 119:105).

불굴의 용사
아타나시우스

박창원

청년 멘토를 소개하면서 이름조차 생소한 고대 사람을 언급하는 것이 웬일인가 싶을 것이다. 하지만 진짜 보물은 낡은 상자 안에 담겨 있는 법, 켜켜이 쌓인 세월의 먼지를 걷어내면 어느새 영롱한 빛과 마주하게 될 것이다.

1. 용사의 이름을 얻다.

아타나시우스는 297년 즈음, 이집트에서 태어났다. 세월의 무게 탓인지 그의 유년시절에 대해서는 많은 이야기가 전해지지 않는다. 알렉산드리아의 감독이었던 알렉산더는 아타나시우스의 총명함을 알아보고 그에게 신학 교육을 받을 기회를 주었다. 교회의 자녀로 자란 아타나시우스는 훗날 집사가 되어 알렉산더를 보좌하며 교회를 섬겼다. 그런데 그 교회에는 아리우스라는 장로가 있었다. 아리우스는 교회사에 자기 이름을 깊이 각인했다. 어쩌면 독자들 중에는 아타나시우스보다 아리우스에 대해 더 잘 알고 있는 이들도 있을지 모르겠다.

하지만 아리우스가 남긴 흔적은 교회의 명(明)이 아니라 암(暗)이었다. 아리우스는 성자는 성부에게서 창조된 존재며, 성부에게 종속된다고 주장했다. 그는 탁월한 논리와 번뜩이는 기지, 그리고 호소력 가득한 연설로 사람들의 마음을 단번에 사로잡았다. 그는 자신의 신학을 간단명료하게 제시했고, 사람들은 그의 명쾌함에 환호했다. 아리우스를 따르는 이들이 점점 늘어만 갔고, 알렉산더 감독은 이 사태를 제대로 수습하지 못했다. 이단적 사상은 제국 전체로 번져갔고, 거짓 교리는 교회를 병들게 했다.

이즈음, 황제 콘스탄티누스는 수도를 비잔티움(콘스탄티노플, 현 이스탄불)으로 옮기고, 동방에서 자신의 역량을 강화해 가고 있었다. 잘 알다시피 그는 통치권을 강화하기 위해 교회를 우군으로 맞아들인 터였다. 그러나 이단 논쟁으로 교회가 갈등을 겪고 있는 것이 마뜩찮았을 것이다. 그래서 갈등 해결을 위한 회의를 소집했다. 325년, 최초의 공의회인 니케아 회의가 그렇게 열린다. 황제는 자신의 유익과 제국의 안정을 위해 회의를 소집했다. 하지만 하나님께서는 자신의 교회를 위해 일하셨다. 회의를 통해 성자의 동등성을 확인해 주시고, 교회로 하여금 니케아 신경이라는 정통 신앙을 고백할 수 있게 해 주셨다. 그 유명한 "성자는 출생하셨지 만들어지지 않으셨고, 아버지와 동등본질이시며"라는 문구가 여기서 나온다.

아타나시우스는 알렉산더 감독을 보좌하는 집사의 자격으로 회의에 참석했다. 이때 그는 겨우 이십대 청년에 불과했다. 기라성 같은 선배들이 가득 찬 회의장에 그가 비집고 들어갈 틈은 없었다. 하지만 그의 빛나는 가치가 드러나기까지는 그리 긴 시간이 필요하지 않았다. 그는 성경과 경건으로 빚어진 신학적 통찰을 거침없이 쏟아냈다. 사람들은 곧 정통신앙의 수호자가 누군지 알게 되었고, 그는 단번에 역사의 중심에 우뚝 섰다. 황제는 자신의 나라를 위해 니케아 회의를 소집했고, 주님은 자신의 교회를 위해 아타나시우스를 호출하셨다.

2. 용사의 심장으로 살다.

아타나시우스가 교회의 주요인물이 되었다는 것은 그가 대적의 공격 대상이 되었다는 걸 의미한다. 그는 니케아에서 승리를 거뒀지만, 이는 거대한 전쟁의 시작에 불과했다. 사단의 중점 사업은 정통 교리를 훼손하는 것이기에, 그는 니케아에서 정립된 정통 신앙을 묵과하지 않았다. 회의가 끝난 후 아리우스주의자들은 즉각 반발했다. 그들은 자신들의 세(勢)를 규합하여 독자 노선을 구축했으며, 정치력을 발휘하여 황제의 마음을 사로잡기에 이른다. 그 사이 아타나시우스는 알렉산드리아의 감독이 되었고, 이제 교회의 훼방꾼과 수호자 간에 한판 싸움이 벌어졌다.

대적들은 교묘한 수를 찾았다. 아타나시우스가 감독직을 매수했다는 소문을 퍼트리고, 그가 아르세니우스라는 감독을 살해해서 시신을 토막 냈으며 마술을 부린다고 음해했다. 예나 지금이나 거짓 뉴스는 전파가 빠르며, 효과도 좋다. 소문은 꼬리에 꼬리를 물었고, 사람들이 좋아할 만한 이야기도 덧붙여졌다. 아리우스파는 회의를 앞두고 아르세니우스를 모처에 빼돌려 둠으로 아타나시우스를 더욱 곤경에 빠트렸다. 하지만 아타나시우스는 그들의 계획을 간파하고 아르세니우스를 찾아내어 그와 함께 회의장에 등장했다. 사악한 간계가 만천하에 드러났음에도 아리우스파가 다수를 차지하고 있었기에, 그는 이단으로 정죄 받고 유배를 떠나게 된다. 이것이 그의 다섯 번째 유배 중에 첫 번째 유배다. 아타나시우스는 서른에 감독이 되어 46년간 봉사했는데, 이중 20년을 유배 생활로 보내야 했다. 시간으로는 사역의 절반, 지역으로는 제국의 모든 곳을 떠돌아 다녀야 했다.

두 번의 유배를 마치고서야 아타나시우스는 제대로 된 사역의 기회를 가질 수 있었다. 하지만 새롭게 왕위에 오른 황제는 아리우스주의자였다. 그는 교회를 아리우스의 영향력 아래 두려고 했고, 알렉산드리아로 군대를 보내 아타나시우스를 체포하게 했다. 군인들은 집회 중에 도착했는데, 아타나시우스는 수도사들의 도움으로 겨우 위기를 모면한다. 아타나시우스는 사막으로 피신했는데, 군인들이 거기까지 따라오자 그는 사막 더욱 깊숙한 곳으로 들어갔다. 그의 신세는 사울에게 쫓기던 다윗처럼 처량했다. 하지만 사울이 다윗을 이기지 못했던 것처럼 황제도 아타나시우스를 이길 수 없었다.

그는 고초를 많이 겪었지만 그 무엇도 참된 신앙을 향한 그의 열정을 꺾진 못했다. 오히려 그는 환난을 당할수록 더욱 견고해졌다. 종교개혁가 데오도르 베자는 "모루를 때리는데 망치가 많이 소모되었다"는 말을 했다. 핍박

자들이 때릴수록 교회는 더욱 견고해져 갔으며, 그들의 위협은 끝내 실패로 돌아가고 말았다는 말이다. 아타나시우스가 그러했다. 그는 핍박마저 성장의 기회로 삼았다. 그는 사막에서 말씀을 묵상하며, 하나님의 은혜를 깊이 경험했다. 또한 사막의 수도사들과 교제하며, 경건의 삶에 정진했다. 아리우스파는 그를 자주 곤경에 몰아넣었지만 그때마다 그는 아리우스파를 무너뜨리기 위한 필살기를 연마했다. 아타나시우스의 역작인 『아리우스주의에 대항하여』가 그런 시련의 산고를 통해 태어났다. 또 사막 수도사들의 모습에 도전을 받고 『성 안토니오 전』이란 책을 쓰는데, 이 책은 수도원 운동에 붐을 일으키는 중요한 역할을 했다.

대적은 참된 신앙을 무너뜨리기 위해 그를 유배시켰지만, 그는 자신이 갔던 유배지마다 참된 신앙의 씨앗을 심었다. 주님은 정통 신앙을 뿌리 뽑으려 했던 사단의 획책을 도리어 정통 신앙이 뿌리내리는 기회로 삼으셨다. 핍박은 악인들이 강하며 성도는 약한 것처럼 보이게 하지만, 하나님의 약하심은 사람보다 강하다.

3. 용사의 유산을 남기다.

아타나시우스의 이름은 불멸이라는 뜻이다. 그는 자신의 이름처럼 살다 갔다. 하지만 그가 세상에서 좋은 소리만 들었던 것은 아니다. 그의 타협 없고, 거침없는 성격은 사람들에게 종종 비호감이 되기도 했다. 사람들은 그를 검은 난장이 라고 조롱하기도 하고, 교회를 분열시키는 자라고 비난하기도 했다. 그의 강직하고 올곧은 성품은 사람들에게 부담이 되었지만 덕분에 그는 사람들의 마음에 드는 교리가 아닌 성경 그대로의 순수한 교리를 후대에 남겨 줄 수 있었다.

교리의 문제로 교회가 계속 갈등하자, 중재를 시도하는 부류가 생겨났다. 곧 성부와 성자가 '본질적으로 유사하다'는 주장이 나오고, 설득력을 얻어 갔다. '동일본질'과 '유사본질'은 언어상의 구별이 거의 없다. 하지만 아타나시우스는 이 개념을 단호하게 거부했다. 교회의 갈등을 봉합하기 위해서라면 이렇게까지 반응할 필요가 있을까 싶다. 하지만 그는 용어의 문제보다 성자께서 성부와 유사한 분에 불과한, 그래서 성부보다 열등한 분으로 고백되는 것을 받아들일 수가 없었다. 결국 그가 옳았다. 그의 단호함은 바른 신앙과 고백을 지킬 수 있는 결정적 동인이 되었다. 루터 선생이 분열이 아니라 평화를 도모하라는 에라스무스를 향해 "선생님은 평화를 사랑하시느라 진리에는 신경을 쓰시지 않는군요."라고 일갈했던 것처럼, 아타나시우스 역시 진리 안에서 하나 되어야 함을 그 시대에 일갈했다.

그의 영향은 교리에만 국한되지 않는다. 그는 신앙에 있어서도 후대에 좋은 모범을 제시했다. 핍박 중에도 그는 경건의 훈련을 게을리하지 않았고, 사막에서 그는 하나님을 더욱 깊이 만났다. 그에게 사막은 오직 하나님의 은혜로만 살 수 있는 땅이었고, 그래서 전적으로 하나님의 은혜만을 간구하게 하는 땅이었다. 사막은 그에게 풀무였다. 사막에서 그의 신학은 더욱 예리해졌고, 사막에서 그의 신앙은 더욱 깊어졌다. 그리고 그 유익은 고스란히 교회가 누렸다. 그가 유배에서 돌아올 때마다 교회의 신학은 건전해졌고, 성도들의 신앙은 성숙해져갔다.

훗날 그의 신학과 신앙을 계승하는 이들이 나왔는데, 대표적으로 갑바도기아의 세 교부가 있다. 닛사의 그레고리우스, 대 바실리우스, 나지안주스의 그레고리우스 이들 세 명은 삼위일체 신학을 확립한 인물들이다. 오늘날 우리가 알고 있는 '한분 하나님과 세 위격으로서의 성부, 성자, 성령 하나님'에 대한 지식이 이들로부터 나왔다. 그들은 아타나시우스의 신학을 계승 발전시켰다. 신학은 선배로부터 물려받은 것을 지키는 동시에 더 풍성케 하는 작업이다. 또 그들은 선배를 따라 경건의 삶에 힘썼다. 갑바도기아 역시 사막과 같은 곳으로, 그들은 거기서 선배가 했던 방식을 따라 신학 했다. 신학의 방편은 경건이며, 경건이 없는 신학은 결코 오래갈 수 없다.

아타나시우스는 일평생 니케아 신경의 수호자로 살았다. 그리고 그의 수고 덕분에 니케아 신경은 교회의 고백으로 지금까지 회자되고 있다. 그는 참된 신앙을 지키기 위해 거짓 신앙과 단호하게 맞서 싸웠다. 그들의 수가 아무리 많고, 그 기세가 아무리 등등해도 그는 조금도 물러섬이 없었다. 그렇게 시대와 맞서 싸운 용사는 어느새 칠십 노구가 되어 자신이 목숨을 걸고 지켜낸 교회의 품에서 숨을 거두었다(373년). 그리고 그가 죽은 지 8년 후, 교회는 공의회를 열어 니케아 신경을 교회의 공적 신조로 공포했다.

최초의 공의회가 열린 '니케아'는 승리라는 이름을 갖고 있다. 그 이름대로 니케아 신경은 교회에 승리의 이름을 아로새겼다. 그리고 영광스런 역사한 페이지에 아타나시우스의 이름도 승리자로 기록되어 있다. 그의 비문에는 '세상에 맞선 아타나시우스'라는 글귀가 적혀있다. 그는 자신의 믿음대로 살았고, 세상은 이런 자들을 감당할 수 없다.

청년의 때는 광야 같은 시기를 지나는 때다. 나아길 길도 선명하지 않고, 도전을 이길 힘도 부족한 때다. 특히 지금 우리 시대는 청년들에게 더욱 광야 같은 땅이다. 앞이 보이지 않는 캄캄함과 좌절과 시련이 우리 시대 청년들의 키워드다. 하지만 청년의 때가 좋았던 시절이 어디 있던가? 돌아보면 청년들은 항상 불안과 염려에 사로잡혀 왔다. 필자의 경우도 대학 졸업 시절에 IMF를 맞았으며, 취업이 집단적으로 보류되는 장면을 목격했다. 하지만 그러한 과정을 통해 신앙은 더 깊어지고 인생은 더욱 단단해졌음 또한 분명한 사실이다. 요즘 이런 이야기 하면 "라떼는 말이야~"를 시전하는 꼰대겠지만, 질곡의 역사를 견뎌 온 선배들, 그리고 그러한 현실 속에서도 꿋꿋이 교회를 지켜온 이들을 생각하면 마음이 숙연해 진다.

광야는 척박한 땅이지만, 광야는 신학이 깊어지고, 신앙이 단련되는 땅이다. 광야에서 빚어진 신학은 교회를 세우고, 광야에서 단련된 신앙은 성도를 온전케 한다. 시대가 빚은 청춘은 시대에 굴복할 따름이지만, 광야가 빚은 청춘은 시대를 굴복시킨다. 아타나시우스에게서 우리가 배워야 할 점은 바로 이것이다. 그는 시대에 맞서 싸웠고, 덕분에 시대에 떠내려가지 않고 지금까지 우리에게 말하고 있다. 너희도 이와 같이 시대와 맞서 싸우라고 말이다.

> 청년이 알아야 할 7가지

팡세에 나타난 파스칼의 고민

최정복

많은 사람들이 천재를 부러워한다. 천재는 어떤 고민을 하며 살아갈까 호기심을 가진다. 하지만 정작 천재였던 파스칼은 어려운 기하학 문제는 쉽게 풀어낼 수 있었지만, '인간이 무엇인가' '나는 무엇을 알 수 있는가'하는 문제는 쉽게 풀 수 없었다. 대신에 그는 아우구스티누스와 같은 책을 통해, 성경을 통해 겸손히 배우려고 했다. 그리고 그가 배운 바를 지성적으로 서술하고자 노력했다. 그가 남긴 〈팡세〉를 통해 우리는 그의 고민들을 엿볼 수 있다. 17세기의 천재 수학자였던 파스칼은 과연 어떤 문제를 풀고자 했을까?

1. 인간이란 무엇인가?

코로나 19로 인하여 많은 것들이 변하고 있다. 우선 사람들이 가정에 머무는 시간이 늘었다. 초등학교부터 대학원 수업에 이르기까지 온라인 수업이 도입되었고, 기업에서도 화상회의를 일상적으로 사용하고 있다. 어떤 부모들은 자녀들이 집에서 컴퓨터만 한다고 하소연을 하지만 다른 도리가 없다. 변화는 그저 불편한 정도를 넘어선다.

어떤 기업은 코로나 특수를 맞이하여 1년치 매출을 모두 달성하기도 하고, 반대로 어떤 기업은 대규모 긴급 자금을 지원해도 다시 회복하기 어려울 정도로 경영 위기를 맞이하고 있다. 개인에서부터 거대 조직에 이르기까지 모두가 예측하지 못한 변화를 경험하고 있다.

그런데 이처럼 예측하지 못한 상황 속에서 사람들은 또 다시 자신 만만하게 포스트 코로나를 예측하려 한다. 그런데 파스칼은 "무능한 이성이여 겸손하라"고 외친다.

"전 우주가 침묵하고 있고, 인간은 누가 자기를 거기에 놓아두었는지, 무엇을 하기 위해서 거기에 오게 되었는지, 죽은 후에는 어떻게 될 것인지, 이 모든 것들을 알지 못한 채 우주의 한 구석에서 방황하는 것처럼 아무런 지혜도 없이 자기 자신에게 내맡겨져 있는 것을 보면서, 나는 마치 잠을 자다가 인적이 없는 무시무시한 섬에 실려와서 그곳으로부터 빠져나올 수 있는 방법을 알지 못한 채 잠에서 깨어난 사람처럼 공포에 사로잡힌다(229)[26]."[27]

파스칼은 자연을 진지하게 관찰하면서, 그 속에 존재하는 자신에 대해 질문했다. 그는 "무한 가운데에서 인간이란 무엇인가?"를 사색했다(230). 광대한 우주에 비교하면 사람은 마치 '무(無)'와 같다. 하지만 사람은 그 작음조차 깨닫지 못한다. 천재 수학자는 우주의 광대함에서 경이로움을 느낄 뿐 아니라, 인간 존재의 '작음'에 대해서도 경이로움을 느꼈다.

사람들은 천재가 되면 많은 것을 통제할 수 있을 것이라고 착각한다. 하지만 정작 천재는 두려움을 느꼈다. 파스칼은 마치 구약 성경의 전도서를 기록한 전도자를 닮았다. 전도자는 모든 것을 깊이 생각하고 연구한 후[28]에 '하나님을 두려워하라(전 12:13)'고 권면한다. 파스칼도 자신의 무지와 인간 존재의 연약함 때문에 두려움을 느꼈고, 두려워하라고 권면한다.

파스칼은 두려움이라는 감정을 부정적으로 여기지는 않았다. 오히려 인간은 무엇인가를 생각한다는 점에서 인간의 위대함을 발견하려고 했다. 그는 '나는 누구인가'를 고민하는 생각 속에서 인간의 존엄성을 발견할 수 있다고 믿었다(232). 그는 〈팡세〉를 통하여 "우리가 살고 있는 우주가 무엇인가", "우리는 누구인가" 질문한다. 그 연약함과 위대함에 주목한다.

"인간은 자연 가운데에서 가장 연약한 한 개의 갈대에 불과하다. 그러나 그것은 생각하는 갈대이다. 그를 부러뜨리기 위해서 전 우주가 무장할 필요가 없다. ... 그러나 우주가 그를 부러뜨릴 경우라 할지라도 인간은 그를 죽이는 우주보다도 훨씬 더 고상할 것이다. 왜냐하면 그는 자기가 죽는다는 것과 우주가 자기보다 우월하다는 것을 알고 있기 때문이다."(231)

2. 무지를 아는 지식

구약의 전도서는 "헛되고 헛되며 헛되고 헛되니 모든 것이 헛되도다"라고 그 가르침을 시작한다. 데니얼 프레드릭스는 '헛되다(헤벨)'는 히브리어 단어의 1차적인 의미인 '숨, 호흡'에 주목하면서 본문의 문맥을 따라 '헛되다'는 번역보다 '짧다'는 번역을 더 선호한다.29) 영원에 비추어 볼 때, 인간의 삶은 너무나도 짧은 순간이기 때문이다. 순식간에 흘러가는 인생을 붙잡아 두려는 노력을 전도자는 '바람을 잡으려는 것(1:14, 17)'으로 묘사한다. 야고보 사도도 "너희는 잠깐 보이다가 없어지는 안개니라"라고 가르치고(약 4:14), 베드로 사도 역시 이렇게 말한다. "모든 육체는 풀과 같고 그 모든 영광은 꽃과 같으니 풀은 마르고 꽃은 떨어지되 오직 주의 말씀은 세세토록 있도다(벧전 1:24-25)." 파스칼은 인생의 짧음을 잘 알고 있었다.

"영원한 시간 속에 나의 짧은 생애가 흡수되어 버리는 것을 생각할 때, 하루 머무른 손님에 대한 기억처럼 사라져 버린다. 내가 차지하고 있고 또 내가 직접 보고 있는 이 작은 공간이, 내가 알지 못하며 또 나를 알지 못하는 저 무한하고도 광대한 공간 속으로 가라앉고 있는 것을 생각할 때, 나는 무서움을 느낀다(51)."

인간은 영원히 살 수 없다는 점에서 그 지식도 제한적이다. 파스칼은 자신의 무지함을 아는 것이 중요하다고 역설한다. 그는 두 가지 무지에 대해 소개한다. 한 가지는 모든 인간들이 태어나면서 놓이게 되는 '자연적인 순수한 무지'이다. 또 다른 한 가지는 위대한 사람들이 도달하는 '유식한 무지'이다.

"이들은 사람들이 알 수 있는 모든 것을 두루 살핀 후에 자기들이 아무것도 알지 못한다는 것을 발견하고 처음에 출발했던 것과 동일한 무지 속으로 다시 되돌아오는 무지이다(59)."

그러나 사람들은 생의 짧음과 자신의 무지에 마주치기 싫어한다. 특히 사람들은 오락을 즐기며 '나는 누구인가' 질문하고 생각하는 일은 뒤로 미룬다. 사람들은 노름이나 사냥, 여인과의 교제같은 오락을 통해 오히려 자신이 누구인지를 잊으려고 했다. 오락에서 위로를 얻으려고 한다. 파스칼은 오락에서 위로를 찾으려고 하는 것을 가리켜 "우리들의 비참 중에서도 가장 큰 비참"이라고 했다(33).

그는 가장 탁월한 이성의 소유자이면서, 동시에 이성의 유익과 그 한계를 바르게 지적한다. 그는 한편으로는 오만한 지성을 가진 자들을 향하여, 다른 한편으로는 절망하는 회의주의자들을 향하여 이렇게 말한다.

"자기의 비참에 관한 지식이 없이 하나님을 아는 것은 오만을 낳는다. 하나님에 관한 지식이 없이 자기의 비참을 아는 것은 절망을 낳는다.(225)"

3. 삶의 모순과 아이러니

파스칼은 열한 살에 칼과 그릇이 부딪치는 소리를 듣고 음향에 관한 논문을 작성하기도 했고, 스스로 라틴어, 그리스어, 이탈리아어를 공부했으며, 그의 집을 방문했던 사람들의 대화를 듣고 당시 난제로 알려져 있었던 유클리드 1권, 23번 명제를 풀었다.30) 그는 열여섯 살에 '원추곡선론'이라는 기하학 논문을 발표하여 아르키메데스 이후의 대업적이라는 칭찬을 듣기도 했고, 열아홉 살에는 세금분배를 위해서 고심하는 아버지를 위하여 계산기를 발명하기도 했다.31) 그는 28살의 나이에 〈진공론〉을 작성하여 발표하였고, 31살에는 '액체의 평형과 대기의 압력'에 관한 논문을 작성하였으며, 노름 속에 수학을 응용하는 문제를 생각하며 확률계산의 길을 열어주는 '결정이론'을 창시하기도 했다.32) 그러나 그는 자신의 모든 활동들이 허무한 것들이라는 생각을 가지게 되었다.

파스칼은 장세니즘(얀센주의)의 영향 아래 있었던 포르로아얄의 수도원에 들어가 생활하게 된다. 그는 아우구스티누스 전집을 통해 기독교적 지성에 대해 더 깊이 생각했다. 그는 정식 신학교육을 받은 성직자는 아니었으나, 점차 포르로아얄에 속한 중요한 신학자가 되었다. 특히 제수이트와의 논쟁에서 참된 성경적 기독교를 효과적으로 옹호했다.33) 그는 나아가 성경을 연구하며 참된 기독교를 변증하기 위한 작품을 쓰려고 했다. 그러나 결국 건강문제로 이 책을 출판하지 못한 채 미완의 여러 단편들 묶음만을 남기고 서른 아홉의 짧은 나이에 생을 마감하였다.34)

파스칼은 인간이 행복을 찾고 있지만, 결국 자기 스스로 불행한 길을 걸어가는 존재라고 생각했다. 인간 존재의 핵심을 '행복을 추구함'으로 본 것은 그가 아우구스티누스의 전통에 있었다는 것을 보여준다. 특히 그는 행복을 쫓는 인간의 삶에 가득한 모순 혹은 아이러니에 주목했다. 파스칼은 이렇게 말한다.

"우리들은 지구상의 모든 사람들에게, 그리고 우리들이 더 이상 존재하지 않게 될 때에 태어나게 될 사람들에게까지도 알려지고 싶어 할 정도로 자만심이 강하다. 그리고 우리들은 우리들을 둘러싸고 있는 대여섯 사람들의 존경 때문에 즐거워하고 만족스러워할 정도로 너무나도 헛된 존재들이다(152)."

그는 생각하고 사유하는 인간이 '만물의 판단자'이면서, 동시에 헛된 것을 추구하는 '진흙속에 있는 어리석은 벌레' 같다고 했다. 인간은 때로는 진리의 소유자인가 하면, 동시에 불확실과 오류의 시궁창이 된다. 그는 영광스러운 존재인가 하면 우주의 쓰레기와 같은 존재이기도 하다. 그는 이와 같은 모순된 상황을 억지로 해결하려고 하지 않았다. 오히려 인간 존재의 모순성을 그대로 파악하고자 했다.

"인간에게 그의 위대성을 보여주지 않은 채 그가 얼마나 짐승들과 똑같은 존재인지를 너무 많이 보여주는 것은 위험한 일이다. 그리고 그의 비천함을 보여주지 않은 채 그에게 그의 위대성을 너무 많이 보여주는 것은 더욱 더 위험한 일이다. 이 두 가지를 그가 모르도록 내버려 두는 것은 더 위험한 일이다. 그러나 이 두 가지를 모두 그에게 나타내 보여주는 것은 매우 유익한 일이다(153)."

오히려 파스칼은 인간의 비참함 속에서 위대성을 발견하게 된다고 역설한다.

"인간의 위대성은 너무나도 분명하기 때문에 우리들은 이것을 인간의 비참 속에서조차도 이끌어낸다. 왜냐하면 우리들은 동물들에게서 자연스러운 것을 인간에게 있어서는 비참이라고 부르기 때문이다. 그 점을 통해서 우리들은...인간이 과거에는 그에게 본질적이었던, 보다 나은 본성으로부터 타락하였다는 것을 확인하게 된다(149)."

그는 인간을 결코 비관적으로만 이해한 것이 아니었다. 오히려 인간의 참된 위대함을 주목하고자 했다. 그는 인간을 왕에 비유한다. 인간이 진정으로 비참한 이유는 그가 왕위를 잃어버렸기 때문이다. 파스칼은 이렇게 질문한다. "왕위를 잃은 왕 말고는 자기가 왕이 아닌 것을 불행하게 생각할 사람이 누가 있겠는가?(164)"

파스칼은 이러한 인간 모순에 대한 관찰을 통하여 진리를 변호하려고 했다. 역설적 논증을 통하여 삶의 모순과 아이러니를 그대로 포용하면서, 진리가 가진 아름다움을 드러내려고 했던 것이다. 그는 기독교를 변증하고자 하는 자신의 프로젝트를 이렇게 설명한다.

"나는 인간이 진리를 발견하고자 하는 욕망을 가지도록 유도하고 싶다. 그리고 진리를 찾을 수 있는 곳으로 이 진리를 뒤쫓아 갈 준비를 한 후에 그의 인식이 정념에 의해서 얼마나 어두워져 있는가를 알고서 이 진리를 뒤쫓아 가고 싶은 열정으로부터 벗어나도록 유도하고 싶다(151)."

파스칼은 분명 이성은 그와 같은 인생의 아이러니를 파악하기 위해 매우 중요하다는 것을 알았다. 하지만 그는 단순한 지적 논증만으로는 기독교의 위대한 진리를 변호하기 어렵다고 생각했다. 참된 기독교를 변호하기 위하여 그가 선택한 방식이 바로 모순과 아이러니를 그대로 드러내는 것이었다. 페스트와 전쟁의 소동 속에서 살았고, 귀족들의 생활과 가난한 빈민들의 생활을 모두 지켜봤던 그는 자신이 삶에서 느껴왔던 모순과 아이러니를 기독교 변증을 위한 수사로 이용했다.

4. 숨어 계시는 하나님

파스칼은 하나님을 '숨어계시는 하나님'이라고 했다(260). 인간은 하나님을 파악할 수 없다. 파스칼이 보기에 이 거리를 좁힐 수 있는 유일한 길이 중보자 예수 그리스도이다(221)[35]. 그는 예수 그리스도를 하나님을 알게 하는 유일한 길이라고 했다. 그래서 하나님은 숨어계시는 분이지만, 동시에 중보자 안에서 그는 자신을 발견하도록 하신다. 하나님께서는 모순적으로 자신을 숨기시지만, 동시에 자신을 찾는 자들에게 자기를 드러내신다.

"보기만을 바라는 사람들에게는 충분한 빛이 있고 반대의 성향을 가진 사람들에게는 충분한 어둠이 있다(274)."

파스칼이 늘 웃옷의 조그만 양피지 종이를 끼워 넣고 다녔다는 것은 유명한 일화이다. 그는 죽었을 때도 이 메모지를 품속에 간직하고 있었다. 일종의 종교적 체험의 흔적을 짧은 단어로 기록해 놓은 것이었는데, 그는 이것을 늘 생생하게 떠올리고자 8년간 옷을 갈아입을 때마다 옷에서 뜯어내어 다시 꿰매는 정성을 기울였다고 전해진다.36) 이 양피지 종이에는 이런 기록이 담겨 있었다.

"아브라함의 하나님, 이삭의 하나님, 야곱의 하나님.
철학자들이나 학자들의 하나님이 아니시다.
확신, 확신, 느낌, 기쁨, 평화. 예수 그리스도의 하나님. ...
기쁨, 기쁨, 기쁨, 기쁨의 눈물. 나는 아버지를 떠나 있었나이다(742)."

그는 이러한 기쁨을 간직하고 살았다. 그에게 하나님은 숨어계신 하나님이자, 자기를 계시하시는 하나님이었다. 그는 숨으시는 하나님은 십자가에서 죽으신 예수 그리스도를 통하여 자신을 나타내신다고 했다. 그는 이 때의 경험을 매우 소중하게 생각했다. 하지만 그는 자신의 과거의 체험 속에만 머물러 있는 신앙인은 아니었다. 파스칼은 말한다.

"하나님을 아는 것으로부터 하나님을 사랑하게 되기까지는 얼마나 거리가 먼 것인가!(409)"

파스칼은 자신의 비참함을 아는 지식을 가지고 있었고, 자신의 무지를 인정했으며, 성경에 기초한 참된 행복을 추구했다. 그는 이와 같은 기독교가 이상하다고 말한다.

"이 종교는 인간이 스스로 비열한 존재이며 가증스럽기조차 한 존재임을 인정하도록 명령한다. 그러면서도 그에게 신처럼 되고 싶어하라고 명령한다. 이러한 형평이 없다면 높아지는 것은 인간을 지독하게 공허한 존재로 만들 것이며, 낮아지는 것은 그를 지독하게도 치사한 존재로 만들 것이다(383)."

천재로서 세상에서 인정을 받은 후에 이토록 겸손하게 인간의 한계와 무지를 말했던 사람을 더 찾아볼 수 있을까? 많은 사람들을 설득할 수 있는 힘과 권위를 사용할 수 있는 위치에 올라가서도 그토록 그리스도께 순종하려고 몸부림쳤던 사람의 글을 읽을 수 있다는 것은 후대에 살고 있는 사람들에게 주어진 특권이 아닐 수 없다. 오늘날 전 세계가 코로나19와 싸우고 있는 이 때, 하던 일을 멈추고 우리가 생각하는 갈대임을 가르쳐 준 파스칼의 말에 귀를 기울여 보자. 우리가 즐기던 것들이 사실은 참된 만족을 방해하는 것들이었고, 사실은 우리의 원수임을 볼 수 있을는지도 모른다.

> 청년이
> 알아야
> 할
> 7가지

영원한 청년
렘브란트에게 배운다

안재경

'빛과 어둠의 화가'라는 별명을 가지고 있는 렘브란트(1606-1969)는 1606년 7월 15일에 레이던에서 풍차장이 아들로 태어났다. 렘브란트는 1620년에 네덜란드에서 최초로 세워진 레이던대학에 인문학부에 입학하지만 바로 그만두고 그림 그리는 일에 열중한다. 도제생활을 2-3년 간 하다가 독립화가가 되었고, 1632년에 〈튈프박사의 해부학 강의〉를 완성하면서 초상화 주문이 쇄도했다. 1633년에 사스키아와 결혼하고 나서 암스테르담에 자리를 잡았지만 첫 아들과 이후 두 딸을 차례로 잃는다. 1639년에 유대인 거리에 저택을 구입하여 들어갔지만 그림 그리기에 도움이 되겠다 싶은 신기한 물건들을 광적으로 사들이면서 재정이 바닥나기 시작한다. 1641년에 둘째 아들 티투스가 태어나고, 한 해 뒤에는 그 유명한 〈야경꾼〉을 완성하지만 사랑하던 아내 사스키아가 죽는다. 1654년에 두 번째 유모였던 여인과의 사이에서 딸 코르넬리아가 태어났고 이 딸이 그의 유일한 남은 자식이 된다. 1657년에 마침내 그는 파산을 선고하면서 그의 수집품과 미술 작품이 매각되었으며 운하 옆의 작은 집을 하나 세내어서 살기 시작한다. 1668년에 아들 티투스가 죽었고, 1년 후인 1669년 10월 4일에 렘브란트는 쓸쓸하게 생을 마감한다. 그가 죽은 순간에 이젤 위에는 〈아기 예수를 안고 있는 눈먼 시므온〉이 걸려 있었다.

렘브란트는 네덜란드의 황금기를 고스란히 온몸으로 구현했다. 그가 아기였을 때인 1609년에 스페인은 그동안 괴롭히던 네덜란드 주(州)연합과 더불어 12년간 휴전을 맺었고 신교를 허용한다는 조약이 체결되었다. 그는 약관의 나이 20세에 태어난 레이던을 떠나 당시 스페인을 대항한 항전의 중심지였고, 왕성한 해상무역의 도시 암스테르담으로 가서 그림으로 승부를 보려고 했다. 그가 40세가 되던 해인 1648년에 조국 네덜란드는 스페인과의 오랜 전쟁을 끝냈고, 1652년부터는 잉글랜드와 숙명의 전쟁을 벌이기 시작한다. 그가 죽은 해에 네덜란드는 잉글랜드와의 전쟁에서 져서 해상무역의 주도권을 잉글랜드에게 내어주게 된다. 이렇게 한 시대의 영광스럽고 쇠락하는 모습이 고스란히 그의 몸에 새겨졌고, 그의 화폭에 새겨졌다.

렘브란트는 타고난 천재일까, 아니면 후천적인 노력파였을까? 그는 유화뿐만 아니라 쓱쓱 그린 스케치로 사건의 장면이나 사람의 내면을 그려내었고, 당시 유행하던 에칭화를 통해 그가 포착해낸 장면이 널리 퍼져나갔다. 이런 자신감 때문이었는지 당시 자기 이름을 알리려는 화가라면 누구든지 이탈리아를 한번쯤은 다녀와야 한다고 생각했지만 그는 한 번도 자기 조국 네덜란드를 떠나본 적이 없었다. 아이러니하게도 렘브란트는 성공했다고 생각하는 순간 몰락을 향해 갑작스럽게 내리막길을 걸었다. 그는 천재라기보다는 복음의 정신과 사람의 내면을 잘 읽고 집요하게 그려내었다. 이런 집요함은 그의 말년을 아주 초라하고 불우하게 만들었는데, 그의 고집스러움으로 인해 시대와 후원자들과 불화한 가운데 생을 마감할 수밖에 없었다.

렘브란트는 종교개혁이 재발견하고 회복시킨 복음을 가장 잘 표현해낸 화가이다. 그는 성경 장면을 무수히 그렸는데, 그의 그림을 성경 요소요소에 배치한 '렘브란트 성경'이 만들어질 정도로 그의 그림은 거의 복음해설이었다. 그는 종교개혁의 정신과 잔잔한 일상을 자신의 화폭에 두텁게 담아내려고 애를 썼다. 그는 빛과 어둠을 조화롭게 뒤섞어 창조해낸 자신의 화폭에 대해 무척이나 애착을 가졌다. 우리는 그의 그림 한 점을 딱 보면 '아, 이게 종교개혁이구나'라는 것을 느낄 수 있다. 당시에 안트베르펜에서 활동하던 루벤스의 작품과 비교해보면 이것이 선명하게 대조되는 것을 볼 수 있다. 로

마가톨릭 정신과 개신교 정신의 차이 말이다. 과장된 표현인지 모르겠지만 렘브란트는 목사가 설교 수 백 편을 통해 겨우 설명해 낼 수 있는 복음의 정신을 그림 한 장으로 쓱쓱 그려내었다. 렘브란트는 오래전 인물이지만 지금도, 아니 앞으로도 계속해서 사람들에게, 특히 기독청년들에게 영원한 멘토 역할을 할 것이다. 렘브란트는 지금도 살아있는 영원한 청년이라고 말할 수 있다.

영원한 청년 렘브란트에게서 배울 수 있는 몇 가지를 살펴보려고 한다.

1. 본 것을 마음으로 그려내려는 확고한 의지

화가는 눈썰미가 좋아야 할 것이다. 렘브란트 당시에 화가의 덕목으로 제일 먼저 강조한 것이 '실재로부터 그리기'였다. 중세시대에는 신화나 우화를 그리는 것을 선호했다. 그런데 개신교 정신이 자리를 잡으면서 실제적인 예를 중요하게 생각하기 시작했다. 화가는 신화나 우화를 그릴 수도 있지만 실제적인 예를 앞에 놓고 그려야 한다는 것을 강조했다. 렘브란트는 이 강조점을 너무나 심각하게 생각한 나머지 그림을 파는 족족 그림 판매대금보다 훨씬 더 비싼 진귀한 물품들을 광적으로 사들였다. 당시 암스테르담 항구에 전 세계의 온갖 진귀한 물품들이 속속 들어오고 있었기 때문이다. 이것은 낭비벽이 심한 것이라기보다는 여행을 대체할 수 있는 물품들을 수집하기 위한 목적이었다고 보아야 할 것이다. 렘브란트는 생생하게 그리기 위해 할 수 있는 모든 노력을 경주했다.

화가는 눈썰미가 좋아야 할 뿐만 아니라 기억력이 좋아야 한다. 자신의 눈으로 본 것을 머릿 속에 담아야 하기 때문이다. 사진기가 없었던 당시에 강조한 또 다른 하나는, '기억으로 그리기'였다. 사물이나 풍경 등을 보고 나서는 잘 기억해 두었다가 스튜디오로 돌아와서 그려야 한다는 것을 강조했다. 당시에 풍경화가 그렇게 유행하지는 않았는데 풍경화도 신화속의 장면처럼 그리다가 점차로 본 것을 기억하여 그려내는 것을 강조하기 시작했다. 마지막으로 당시에 제일 중요하게 생각한 것이 '마음으로 그리기'였다. 당시에 이게 화가의 최고목표가 되어야 한다고 생각했는데 기계적으로 베끼는 것이 아니라 마음으로부터 그려야 한다는 것을 강조했다. 이게 바로 렘브란트의 목표가 되었다. 그는 자신이 본 모든 것을, 읽은 모든 것을 마음에 담아서 그리려고 애를 썼다.

렘브란트는 단순히 화폭을 채워갔던 것이 아니라 자신의 전인을 고스란히 화폭에 쏟아 부었다. 그의 화폭이 묵직하게 보인다는 것을 말하는 것이 아니다. 그는 화폭에 단순한 장면이나 군상을 그려 넣은 것이 아니라 한 화폭을 통해 일련의 장면을 요약해서 넣을 뿐만 아니라 사람의 내면을 그려내기 위해 자신의 모든 것을 쏟아 부었다. 흔히들 렘브란트를 '빛과 어둠의 화가'라고 부르는 것은 그가 '마음의 화가'라는 것을 잘 보여준다. 눈에서 머리로 들어갔다가, 머리에서 마음을 거쳐 나온 것은 다른 그림일 수밖에 없다. 그에게 빛은 객관성이며, 어둠은 주관성이라고 말할 수 있다. 당시는 주관성보다는 객관성이 더 강조될 때임에도 불구하고 그는 마음의 중요성을 확고하게 깨닫고는 객관성속에 주관성을 충분히 담아내었다. 청년들이 무엇을 하든지 마음을 통과해서 나오게 할 수 있다면 사람들에게 감동을 줄 수 있을 것이다.

2. 가난하고 약한 자들에 대한 속 깊은 연민

렘브란트가 활동하던 당시에 네덜란드는 크게 소용돌이치고 있었다. 네덜란드 주(州)연합은 개신교정신, 구체적으로는 칼빈주의를 받아들여 자신들의 정신의 중심으로 삼았다. 네덜란드는 이 칼빈주의 개혁교회가 중심이 되어 로마가톨릭국가였던 스페인을 향한 항전을 벌이고 있던 상황이었다. 이 스페인 항전으로 인해 네덜란드는 서서히 패권국가로 발돋움하고 있었다. 해군력을 바탕으로 동인도회사를 세운 것도 이런 배경을 가지고 있다. 이때 힘깨나 쓰려고 하는 귀족계급이 일어나고 있었다. 이런 상황 속에서 화가들은 귀족들의 눈에 들기 위해서 안간 힘을 다 썼다. 귀족들의 호의를 입어야 그림을 계속해서 그려갈 수 있을 뿐만 아니라 명성을 떨칠 수 있었기 때문이다. 렘브란트도 후원자를 모으기 위해 애를 썼다.

렘브란트가 화가로 성공하기를 원하면서도 평생 그의 관심을 붙잡고 놓지 않은 이들이 있었다. 그들은 다름 아닌 가난하고 약한 자들이었다. 그는 어린아이들, 나이든 노인네들, 거리의 부랑아들을 계속해서 스케치했다. 그는 그들의 움직임 하나하나를 예의주시했다. 그에게는 그런 사람들의 모습이 사람이 어떤 존재인가에 대한 영감을 주었다고 말할 수 있다. 그가 거대한 집단 초상화와 대작들을 그릴 수 있었던 것은 이렇게 작은 이들의 군상에 대한 연구에 기인하고 있다. 그는 이런 군상들의 모습이 인간의 가장 정직한 움직임이라고 생각했다. 귀족들의 고귀하고 화려한 모습보다 훨씬 더 정직한 인간 본연의 모습 말이다.

렘브란트는 아름다운 아내를 얻고 화가로서 이름을 알리기 시작하면서 동시에 사랑하던 이들을 하나 둘 잃기 시작하고 나락으로 떨어지기 시작한다. 그는 이 뼈아픈 경험을 통해 큰 것과 작은 것, 화려한 것과 소박한 것, 측은한 것과 거만한 것을 화폭에 고스란히 담아내기 시작했다. 렘브란트를 마음의 화가라고 부를 수 있는 것은 그가 성공을 꿈꾸면서도 자신의 마음 속에 있는 작은 것들을 소중히 간직하고 싶어 했기 때문이다. 렘브란트의 대작이 아니라 지극히 단순한 소품, 즉 간단한 스케치들 속에 삶의 애환과 역설적인 모습이 더 잘 녹아 있는 것이 이것을 잘 보여준다고 하겠다. 무릇 낮은 곳에 마음을 두는 청년은 실패를 실패로 받아들이지 않을 것이다.

3. 거룩한 복음을 일상화시키려는 부단한 노력

렘브란트는 성경화를 많이 그렸다. 렘브란트성경이 있다는 것을 생각해 보면 잘 알 수 있는 사실이다. 그는 성경을 신화처럼 그리지 않았다. 그는 중세시대에 성화를 그린 화가들과는 다른 접근을 한다. 당대에 벨기에 궁전에서 활동하면서 명성을 떨쳤던 루벤스와도 다른 접근을 한다. 그가 루벤스의 작품을 보고는 흉내 내어서 그릴 때에도 자신만의, 아니 종교개혁적인 정신을 고스란히 드러내었다. 렘브란트는 성화를 일상화처럼 그렸다. 즉, 그는 거룩을 일상화시켰다. 그는 지나치게 거룩하게 된 것들을 일상의 삶으로 끌어내렸다. 그것은 거룩을 더럽힌 것이 아니라 오히려 거룩을 일상화시켰다고 말해야 할 것이다. 일상을 거룩한 차원으로 끌어올렸다고 말해야 할 것이다. 이게 바로 종교개혁의 정신이었으니 말이다.

렘브란트는 성경의 다양한 장면을 그려내었다. 그것도 단 한번만이 아니라 동일한 장면과 주제를 여러 번 그렸다. 유화로 그리기 전에 먼저 스케치로 여러번 시도해 보고 난 다음에 유화로 옮겼다. 그리고 에칭화를 통해 많은 사람들이 자기 작품을 즐기기를 원했다. 그는 성경화를 그리되 우화적으로나 신화적으로 그리지 않고 가장 사실적으로 그려 내었다. 대표적인 것이 바로 〈그리스도의 수난〉 연작이다. 십자가에 올려지시고, 매달려 계시고, 내려지시고, 무덤에 묻히시는 그리스도의 모습을 연속으로 그렸다. 렘브란트는 십자가에 매달린 그리스도를 죽음도 두려워하지 않는 근육질이 우람한 영웅으로 그리지 않고, 극도의 두려움에 사로잡혀 걸레조각처럼 짓이겨진 모습으로 그렸다. 그리스도는 우리와 하나도 다르지 않은 분이었고, 우리의 모든 두려움과 고통을 고스란히 다 겪은 분임을 보여준다.

렘브란트는 에칭화를 통해 복음의 정신을 더 깊이 파고들었는데, 〈백길더 판화〉가 대표적이다. 그는 자신이 마련한 집 근처에 살고 있던 유대인들을 관찰하면서 그리스도의 모습을 파악하는데 주력한다. 재미있게도 그는 이 에칭화에 서구 인문학의 아버지라고 하는 호메로스, 그리스의 철학자 소크라테스, 또한 종교개혁자 마틴 루터의 트로니를 등장시켜 모든 인간의 무늬, 즉 인문이 그리스도에게서 종합되고 성취된다는 것을 보여주고 있다. 그리스도는 수많은 기적을 베푼 분 정도가 아니라 사람을 사람답게 만들어 주는 분이라는 생각 말이다. 교회도 장사속이 되어가는 상황 속에서 사람의 냄새를 잘 그려가는 것이야말로 청년들이 품어야 하는 과제가 아닐까?

4. 인간의 내면을 드러내려는 집요함

렘브란트는 점차로 인기를 얻어감에 따라 초상화 주문이 쇄도했다. 네덜란드가 스페인과의 전쟁을 치르고 해상무역을 시작하면서 귀족과 신흥갑부들이 많이 생겨났기 때문이다. 렘브란트는 유명 인사들의 주문을 받아 초상화를 무수히 그리기 시작했다. 그는 이 기회를 적극적으로 활용했다. 그는 천편일률적인 방식이 아니라 사람의 내면을 드러내려고 했기에 기다리는 주문자들을 지치게 하곤 했다. 예를 들어 그 유명한 〈야경꾼〉만 하더라도 그렇다. 당시 암스테르담 시의 야간경비를 담당하던 이들의 집단초상화를 주문받았을 때 모든 이들을 공평하게 같은 크기와 역할로 그린 것이 아니라 스토리가 있는 초상화를 그려내어서 주문한 이들의 분노를 자아내기도 했다.

렘브란트의 노년은 무척이나 외로웠고 자괴감에 사로잡혔을 것이다. 그는 파산을 선고하고 자신의 모든 재산과 집을 처분하고 암스테르담 뒷골목으로 이사하고서는 자기 자신에게 몰두했다. 그는 한때 시대를 풍미했지만 이제 그의 제자들이 자기 자리를 꿰차서 후원자들의 기호에 적극적으로 반응하면서 화려한 화풍으로 기울었다. 이제 네덜란드는 예전과 같은 초라한 나라가 아니었기 때문이다. 렘브란트는 자신의 무거운 화풍을 고집스럽게 주장했기에 시대와 불화할 수밖에 없었다. 그는 더욱 더 고집스럽게 자신의 화폭을 아주 두껍게 덕지 덕지 발라가기를 멈추지 않았다. 그는 외형을 추구하는 세태를 거슬러 사람의 내면과 본성을 드러내는 일에 더 집착했다. 너무나 고집스러웠다고 해야 할 것이다. 말년에 〈사도 바울로 분한 초상화〉며 사도들의 초상화, 심지어 그리스도의 초상화를 그린 이유가 바로 여기에 있다.

렘브란트가 생애 거의 마지막에 그린 그 유명한 〈탕자의 귀환〉 역시 다르지 않다. 이제 그는 하늘 아버지의 내면마저 드러내려고 결심한 듯하다. 탕자는 눈 먼 아버지의 품에 얼굴을 묻었는데, 이것은 돌아오는 것이 아들의 결심과 회개에 달린 문제가 아니라 아버지의 기다림과 받아주심에 달려 있다는 것을 보여준다. 그는 탕자가 아니라 아버지가 오히려 모든 것을 다 허비한 분이라는 것을 보여준다. 렘브란트는 하늘 아버지께서 고집스러운 자신을 받아주시기를 바라면서 탕자를 그렸다. 렘브란트는 마지막 순간까지 청년의 마음으로, 아니 어린아이의 마음으로 시류에 영합하지 않고 인간의 내면만이 아니라 하늘 아버지의 마음마저 드러내려고 했다. 청년들조차 가져야 할 고집스러움이 있다면 이렇게 하늘 아버지의 마음을 알고 전하려는 것이어야 하지 않을까.

청년이
알아야
할
7가지

C.S.루이스 같은 변증가가 나오기를

손재익

1. 20여 년 전, 루이스를 만나다

1998년, 대학교 2학년 때다. 그의 이름을 처음 들었다. 인터넷이 본격화되던 시대, 마침 그의 탄생 100주년(1898년생)을 맞아 기독교 관련 사이트에 루이스가 자주 소개됐다. 멋모르던 시절 그러면서도 뭔가 아는 척하고 싶던 시절, 대학부 성경공부 모임에서 그를 소개했다.

어학연수 차 영국에 잠시 머물던 2001년, 그의 책들을 구입해서 영어공부를 했다. 영어공부와 신학공부를 함께 하고자. 사실 내가 아는 영어권 기독교인이 많지 않아 그의 책을 샀던 것이었다.

한국에 돌아온 지 얼마 안 되어 그의 책들이 계속 번역되었다. 홍성사에서 책들이 쏟아졌다. 나는 원서를 붙들다 결국 포기하고 번역서들을 많이 구입하고 읽었다. 루이스에 심취한 정도는 아니지만, 그의 책을 통해 많은 것을 얻었다. 지금도 루이스는 내 서재에 함께 있으며, 간혹 꺼내 읽곤 한다. 최근 코로나 19 와중에는 그의 대표작 『고통의 문제』를 읽었다.

2. 루이스는 누구?37)

20년 전과 달리 이제 루이스는 굳이 따로 설명이 없는 사람이지만, 혹시 모르는 이들을 위해 그의 삶을 소개해 본다.

C. S. 루이스(Clive Staples Lewis, 1898~1963)는 북아일랜드에서 변호사 아버지와 아일랜드 성공회 사제의 딸이었던 어머니 밑에서 태어났다. 루이스는 딸이 아니고 아들이다. 즉 남자다. 4살 때 기르던 개 잭시(Jacksie)가 차에 치어 죽었는데, 그 때부터 루이스는 자기 이름을 잭시라고 했고, 그 후 루이스는 가족들과 친구들에게 잭(Jack)이라고 불렸다. 내 이름 재익(Jaeik)과 비슷하다.

십대 소년일 때, 노던니스(Northernness)라는 스칸디나비아 고전 문학의 시와 전설에 크게 감명을 받았다. 자연에 대한 애정도 컸다. 그에게 자연의 아름다움은 곧 북쪽(the North) 이야기였고, 북쪽 이야기는 곧 자연의 아름다움이었다.38)

루이스는 독서를 매우 좋아했다. 그의 아버지 집에는 많은 책들이 있었는데, 루이스가 읽지 않은 책 찾기는 풀밭에서 바늘을 찾는 것만큼 어렵다고 한다. 그만큼 어릴 때부터 독서광이었다.

15세 때에 부모의 사망을 계기로 무신론자가 된다. 이후의 고백에 따르면, 어린 시절 역설적으로 "하나님에게 하나님이 존재하지 않는 것에 대해 매우 화가 나 있었다"라고 했다. 이랬던 그가 옥스퍼드 대학 재학 시절 하나님께로 돌아선다. 그는 회심하는 그 순간까지 열심히 분투했고, "걷어차고, 발버둥치고, 분개했으며 도주를 위해 모든 각도에서 쏘아봤다"라고 그의 자서전 격인 『예기치 못한 기쁨』(원제: Surprised by Joy)에서 말한다. 1931년 늦은 밤 그의 가까운 친구인 J. R. R. 톨킨과 Hugo Dyson과의 산책에서 한 긴 토론 이후에 기독교로 개종했다. 영국 성공회(Church of England) 신자가 되었다. 페리 브램릿과 데이비드 다우닝의 표현처럼 그는 반항적인 회심자였다.39)

루이스는 옥스퍼드 대학교 문학과 철학 동아리인 잉클링스의 멤버였으며, 톨킨과 오랜 우정을 유지했다. 이후 옥스퍼드 영문학과 교수로 살면서 평신도로서 기독교 신앙을 변증하는 일에 많은 노력을 기울였다. 1940년대 중반부터 1963년 세상을 떠날 때까지 세계에서 가장 유명한 기독교인이었다.40)

3. 대표작 순전한 기독교

루이스의 대표작은 단연코 『순전한 기독교』(Mere Christianity)와 『스크루테이프의 편지』(The Screwtape Letters)다. 제임스 패커는 17세 때 루이스의 두 책을 읽고 기독교 진리에 관심을 갖게 되었다고 한다.

특히 2차 세계대전이 한창이던 1942년부터 라디오 방송을 통해 했던 강연을 모은 『순전한 기독교』는 지금까지도 많은 사람들에게 읽히고 있다. 그는 이 책에서 탁월한 권위와 명석한 논리를 통해 강하고 솔직하게 기독교 신앙의 기본교리를 설명한다.41)

이 외에도 『고통의 문제』, 『우리가 얼굴을 찾을 때까지』, 『천국과 지옥의 이혼』, 『인간 폐지』, 『시편 사색』, 어린 아이들에게 잘 알려진 『나니아 연대기』 같은 책으로 유명하다. 루이스는 생전에 40여 권의 저서를 출간했다. 그가 쓴 주제는 고통, 사랑, 지옥, 유혹, 기적, 슬픔, 기도, 윤리 등 매우 다양하다.

4. 루이스가 끼친 영향

그가 사망한 지 어느덧 50년이 다 되어 가지만, 그의 영향력은 지금도 여전하다. 어쩌면 그의 살아생전 끼친 영향력보다 더 큰지 모른다. 그의 책은 지금도 여전히 스테디셀러로 팔리고 있고, 수많은 글에 인용되고 있다. 내가 평소 즐겨 읽는 신학 서적, 경건 서적들 중에 그의 이름과 인용은 쉽지 않게 볼 수 있다. 그의 책들을 직접 읽지 않아도 간접적으로 읽게 되는 것이다.

국내에서는 그 이전에도 책이 있었지만, 2001년에 홍성사에서 『스크루테이프의 편지』를 발간한 이후 지금까지 계속해서 그의 책들이 소개되고 있으며, 표지 갈이를 하면서 계속 우리에게 찾아오고 있다. 교보문고 광화문점에는 베스트셀러 코너에 언제든지 그의 책들이 여러 권 놓여 있다. 그만큼 많은 이들이 여전히 찾고 있다는 뜻이기도 하다.

5. 루이스의 특징

루이스의 책은 기독교 신앙을 쉽게 설명하는 장점이 있다. 무엇보다도 그가 목사도 아니고, 심지어 한 때는 무신론자요 회의론자였다는 점에서 오히려 더욱 설득력이 있다.

루이스는 성공회 신자이기에 엄밀하지 않고 포용적이다. 이런 점이 오히려 그의 장점이다. 기독교 복음의 풍성함을 그의 깊은 사유를 통해 우리에게 소개해 주고 있다.

그의 글은 논리적이고 치밀한데, 반면 영문학 교수요 수많은 문학작품을 섭렵한 사람답게 문학적인 문체로 우리에게 쉽게 다가온다. 그의 책이 지금까지 여전히 읽히는 이유이기도 하다.

6. 루이스를 닮은 청년들이 나오길

이 글을 읽는 몇몇 청년들 중에는 개혁주의 신학이 가진 엄밀함, 치밀함, 분명한 논리로 인해 편협한 사고에 익숙한 경우가 많을 것이다. 알게 모르게 베여 있는 태도. 그래서 '개혁주의자가 어떻게 루이스를 읽느냐'는 꽉 막힌 이야기를 하는 사람도 있을지 모르겠다.

개혁주의는 결코 편협하지 않다. 루이스의 신학에 여러 가지 허점들이 없는 건 아니지만, 개혁주의자가 루이스를 읽지 못할 이유가 없다. 간혹 그가 개혁주의자가 아니니까 하면서 외면하는 경우가 있는데, 목욕물을 버리려다가 아기까지 버리는 오류를 범하지 않길 바란다. 앤서니 후크마의 개혁주의 구원론을 읽어보면 C. S. 루이스의 글을 자주 인용한다. 요즘 인기를 끌고 있는 팀 켈러도 자신의 저서 대부분에서 루이스를 거의 빠지지 않고 인용한다.

개혁주의자 가운데 루이스 같은 사람이 나오지 말아야 할 이유가 전혀 없다. 루이스를 뛰어넘는 개혁주의 변증가가 나오면 더 좋겠다. 한국의 기독청년 중에도 루이스 같은 사람이 얼마든지 나올 수 있다. 아니 그래야 한다. 루이스는 영국적이다. 한국의 루이스가 필요하다. 신학자의 책이 아닌 평범

한 그리스도인의 책을 통해 기독교가 빛을 발해야 한다.

　루이스의 책을 많이 읽기를 바란다. 그러기 위해서 문학도 읽고 철학도 읽는 깊고 폭넓은 독서가 바탕이 되어야 한다. 그러면서 풍부한 감수성과 상상력을 가진 젊은이들이 많이 배출되어야 한다.

　아쉽게도 그러기에는 우리네 교회와 학교와 세상의 현실이 넉넉지 못하다. 유튜브나 인스타그램으로 대표되는 인터넷 플랫폼의 증가는 깊은 사유를 불가능하게 만든다는 점에서 앞으로의 미래도 밝지 않다. 그래도 한 번 희망을 가져본다.

개혁교회와 목회를 소개한 허순길

양명지

　　허순길 목사는 1933년 2월 5일 경남 함양군에서 출생했다. 어려운 가정 형편과 아버지의 반대로 학업을 계속하지 못할뻔하였으나 어머니의 도움으로 계속 공부할 수 있게 되었다. 1961년 고려신학교 본과를 졸업하고, 서문로교회 목사로 사역했다. 그 와중에 공부의 필요성을 느껴 1963년 계명대학교 교육학과로 편입하여 더 공부했다. 1966년 담임목사로 사역하던 중 신학 수학을 위해 네덜란드 캄펜신학교로 유학을 떠났다. 가족을 두고 혼자 떠난 유학 생활을 통해 신학과 교회를 경험한 그는 1972년에 박사 학위를 취득하였다. 박사 학위를 얻기 전인 1969년부터 고려신학대학원에서 교수로 사역하던 허순길 목사는 1978년까지 신학교에서 가르쳤다.
　　교수로 봉직하던 중 유학했던 네덜란드 개혁교회 이민자들이 모여 세운 호주 자유개혁교회로부터 청빙을 받았다. 네덜란드 유학을 통해 허순길 목사의 성품이나 신학을 알았고, 예전 호주 방문을 통해 그의 설교를 들었다고 하더라도 굉장히 파격적인 일이었다. 다른 문화권에, 원어민도 아닌 한국인을 목사로 청빙한다는 것은 쉬운 일이 아니었다. 하지만 1978년부터 1987년까지 허순길 목사는 담임목사로 사역하였고, 이후 귀국하여 1999년까지 고려신학대학원 교수로, 때로는 원장으로 사역하고 은퇴하였다. 2017년 1월 10일 하나님의 부르심을 받았다. 한 사람의 인생을 정리하고, 요약한다는 것은 쉬운 일은 아니지만 허순길 목사의 삶을 3가지 정도로 살펴볼 수 있다.

1. 교회를 소개한 신학자

신학자가 신학 연구를 하는 것은 중요한 일이지만 동시에 자연스럽고 당연한 일이다. 신학교에서 교사로 있는 경우에는 목사후보생을 길러내는 것은 가장 중요한 임무다. 신학자로, 신학교의 교수로 공헌한 연구와 봉사가 있지만 허순길 목사에게서 주목하고 싶은 부분은 신학자인 그가 특별히 교회를 소개하고자 하였다는 점이다.

신학을 이론이라고만 하기 어려우나 교회와 목회라는 현장에 적용해야 할 부분이 있는 것은 부인할 수 없는 사실이다. 신학의 체계적이고, 논리적인 학문성이 강조되고, 학제에 따라 학위로서의 성격이 강화되면서 신학의 이론적 성격이 크게 부각되었다. 이 때문에 한편에서는 신학교와 교회의 괴리를 염려하는 목소리도 적지 않다. 신학교의 교사는 전공한 분야를 잘 가르치는 선생이어야 하지만 기본적으로 교회를 섬길 목사후보생을 훈련시키기에 교회 현장과 목회와 밀접한 관계를 체득하고 목사를 양성하는 교회의 선생이기도 하여야 하기 때문이다.

허순길 목사는 그런 면에서 신학만 아니라 그것이 적용되는 현장인 교회를 소개하고자 노력했다. 유학 시절에 경험한 네덜란드 개혁교회만 아니라 실제로 목회하였던 호주의 개혁교회를 통해 개혁교회를 한국에 전달하고자 애썼다. 그가 주로 설교와 관련하여 책을 많이 저술한 것과 신앙고백서와 요리문답, 교회 질서 해설서와 교회사에 관한 저술들이 개혁교회의 기본과 원리를 전달하고자 했다는 것을 보여준다. 이를 특별히 잘 보여주는 책이 그의 저서 「개혁교회의 목회와 생활」이다.

허순길 목사의 저서에 대한 학문적 평가가 다양할 수 있겠으나 그가 남긴 책의 면면이 한국에 개혁교회의 목회와 원리를 보여주고자 했고, 이를 잘 소개했다는 점에는 이견이 없을 것이다. 허순길 목사가 소개한 내용이 실제 한국교회의 목회에 적용할 수 있을 만큼 현장성이 있었는가에 대해서 질문하고, 그 한계를 논의할 수 있겠다. 하지만 그가 신학과 목회의 균형과 일치를 이루고자 한 점이나 이를 꾸준히 강조하고 전하려고 했다는 점은 주목할 만 하다. 원리와 현장의 차이를 그대로 수용하여 한쪽만 강조하고, 다른 한쪽은 약화되는 경우가 많다. 신학은 강조하되 교회의 현장은 모르거나 현장성에 몰두하여 신학의 무용론을 주장하는 것은 어제오늘의 일이 아니다. 하지만 이 가운데 신학자이면서 교회를 소개하려 애쓴 허순길 목사의 노력은 주목해 볼 만 하다.

2. 현장에서 뛴 사역자

허순길 목사는 신학교의 선생이었지만 동시에 현장에서 뛴 사역자이기도 했다. 소속된 고신 교회를 위해 실제적인 일에도 중재하는 역할을 하고, 일이 성사되도록 애쓴 사역자이기도 했다. 네덜란드 유학 시절, 한상동 목사가 고려신학교 건축을 위해 네덜란드를 방문했을 때, 고신 교회를 소개하고, 네덜란드 교회와 서로 교제하고 도움을 받도록 노력했다. 두 교회가 서로를 이해하고 협력하도록 하는 일에 중요한 일들을 많이 감당했다. 네덜란드 개혁교회와 고신 교회의 역사적 배경이 유사한 점을 잘 소개하고, 그 결과 고신 교회는 네덜란드 개혁교회의 도움으로 교실들을 건축할 수 있었다.

허순길 목사는 한국에서는 목회 현장에서 사역한 기간은 얼마 되지 않고, 특이하게 호주개혁교회에서 10여 년간 시무하였다. 한국에 신학자로 개혁교회를 소개하는 일은 하였지만 목회자로 한국교회의 현장에서 개혁교회가 실제로 어떻게 적용되고, 정착하는지 기여한 것은 아니었다. 하지만 그는 호주에서 교회를 목회하는 현장의 사역자로 살았다. 한국에서 교수로 사역하다 문화가 다른 타지에서 목회하는 것은 쉬운 일이 아니지만 그때의 경험이 자양분이 되어 개혁주의 생활 원리를 실제 교회에서 몸으로 배울 수 있는 기회를 얻었다. 이를 통해 신학교와 교회를 모두 풀타임으로 섬긴 사역자로서의 허순길 목사의 면모를 갖추게 되였다.

신학교의 선생으로 신학교가 바르게 자리매김하도록 하는 노력도 게을리하지 않았다. 교회의 본질과 사명의 1차적 책임과 초점에 대한 그의 신학과 이해에 따라 고려신학대학원이 교회 안에서 어떻게 자리매김해야 하는지, 대학과의 관계에서 어떤 위치를 점해야 하는지 일관된 목소리를 내었다. 이를 통해 고신 교회가 신학교를 어떤 시각으로 보아야 할지 총회에서의 발언을 통해 정치적으로, 행정적으로 일이 이루어지도록 역할을 감당하였다. 은퇴 이후에 불편한 몸을 이끌고 고려신학대학원에 방문하여 강의했던 그의 모습은 단순히 노교수로서만 아니라 교회의 신학교에 얼마나 많은 애정과 열정을 가지고 현장을 섬기고자 했었는지 알게 한다.

3. 삶으로 신앙을 살고자 한 성도

허순길 목사는 가르치고 소개하고자 했던 개혁주의 신앙을 교실만 아니라 가장 내밀한 자기 삶 속에서도 이루고자 했다. 보통 위대한 이상이 한 개인의 삶에서 크나큰 괴리로 마주하게 되는 것을 자주 만나게 된다. 허순길 목사 인생 전체를 보았을 때, 그가 정말 삶으로 자신이 섬기고 소개한 개혁주의 신앙과 삶을 원리에 따라 부끄러움 없이 살았는가는 하나님과 자신 외에는 알 수 없을 것이다. 하지만 그가 평소에 가르쳤던 대로 분명히 드러내 보이고자 했던 것이 그의 삶 가운데 발견될 수 있는 중요한 장면들이 있다.

신학교의 교수로 섬기다가 호주개혁교회의 목사로 섬기고 다시 신학교의 교수로 섬기는 그의 인생 여정은 그 큰 변화의 시기에 어떤 계기가 있었던 것은 분명하다. 선택의 이유보다 주목하고자 하는 것은 그가 선택한 큰 변화가 안정적인 노후를 보장하기에 안정적이지 않았을 것이라는 것을 어렵지 않게 짐작할 수 있다는 점이다. 하지만 자신의 회고록에 쓴 대로 자기의 명예나 노후를 위해 욕심을 부리지 않고, 하나님의 인도하심에 순종하고자 했던 삶은 그가 얼마나 순수하게 섭리하시는 하나님을 신뢰하고자 애썼는가를 엿보게 한다. 특별히 한국교회에 명예욕과 물욕으로, 은퇴를 앞두고, 은퇴 이후에 들려오는 가슴 아픈 교계 어른들의 소식들을 염두에 둔다면 허순길 목사가 보여준 삶의 자취가 주는 교훈을 어렵지 않게 찾을 수 있다.

특별히 신실한 삶을 살고자 한 성도로서의 면모가 잘 드러난 장면은 바로 자신의 장례였다. 이미 교계에서도 많이 소개되었듯이 한국의 일반적인 장례문화를 따르지 않고, 가정의 일로 장례를 치러 부의금, 조화, 영정을 받거나 세우지 않고, 유족들과 위로의 문안하는 것을 상례로 한 것은 허순길 목사가 자신의 신학을 삶 가운데 지키고자 노력한 성도로서의 자세를 잘 나타낸다. 이를 조문객들에게 알리기 위해 도르트 교회 질서 64조를 소개한 것도 자기의 마지막까지 믿는 바를 삶에서만 아니라 죽음의 자리에서까지 지키고자 애쓴 그의 신학과 신앙의 자세를 보여준다.

오늘날 그럴듯한 글을 쓰고, 멋진 이야기를 하는 사람은 많다. 뛰어난 식견으로 책과 SNS에서 번뜩이는 통찰을 여러 신학적 지향 속에서 방대하게 발견할 수 있다. 하지만 그것을 삶으로 증명하고 말하는 사람은 찾기 어려운 시대다. 전문화라는 이름으로 어느 한편에 치우쳐 있는 자신을 정당화하고 균형을 맞추려 애쓰는 자세를 찾기 힘든 세상이다. 이렇게 우리가 서 있는 자리에서, 다분히 이론적이고 사변적일 수 있는 자리에서도 현장과 호흡하고자 애썼던 허순길 목사의 인생 여정과 자기의 삶 속에서 평소 주장했던 바를 실천하고 적용하고자 노력했던 그의 모습은 우리에게 시사 하는 바가 크다. 자신의 회고록의 제목으로 삼은 "은혜로만 걸어온 길"로 자기를 돌아본 것은 혼란하고 어지러운 시대에서 신앙과 삶이 어떤 모습으로 만나는지 가만히 살펴볼 만한 좋은 모델이다.

청년이
알아야 할
오늘

> 청년이 알아야 할 7가지

청년의 대인 관계

양명지

사람은 혼자 살지 않기 때문에 여러 관계를 맺고 살아간다. 태어나서부터 죽을 때까지, 부모로부터 껄끄러운 관계까지 사람 사이의 관계없이 살아가는 경우는 없다. 사람마다 관계의 깊이와 폭은 다를 수 있지만 사람이라면 관계 속에 태어나고 관계 속에서 죽는다. 그래서 대인 관계의 소외 가운데 자라난 늑대소년과 같은 이야기는 뉴스가 된다.

누구나 관계 속에 산다고 해서 그 관계가 쉽다고는 할 수 없다. 사회생활을 시작하게 되는 청년들, 직장인들에게 가장 힘든 스트레스가 무엇이냐고 물을 때, 손에 꼽히는 주제가 바로 대인 관계다. 관계는 우리를 위로하기도 하지만 말할 수 없이 괴롭게도 한다. 이는 신자든 불신자든 차이 없이 사람이기 때문에 그러하다. 청년들에게 관계는 특히나 민감하고 어려운 주제가 아닐까 생각한다. 관계의 성격에 대해 같이 생각해보고, 사람 사이의 관계에서 유익한 팁을 얻는데 도움이 되길 기대하면서 몇 가지를 다뤄보고자 한다.

1. 관계는 상호적이다.

관계는 두 사람 이상이 맺는다. 이를 모르는 사람은 없다. 하지만 관계가 부침을 겪고 어려워지면 우리는 쉽게 이 기본을 잊어버린다. 문제의 책임을 상대편에게만 돌린다. 누군가 먼저 시작을 했을 것이다. 하지만 지금 여기까지 온 데는 결코 한쪽만의 잘못과 책임으로 올 수 없다. 관계의 현주소가 긍정적이든 부정적이든 분명 서로서로가 기여했고, 책임질 부분이 있다는 사실을 기억하면 좋겠다. 우리는 연약해서 문제를 만나면 바로 계산기를 꺼낸다. 과실을 따지고, 퍼센티지를 분석해서 원고와 피고를 결정한다. 그러나 아주 특별한 경우를 제외하고는 이 과정에 서로 주고받았다는 사실은 부인할 수 없다.

사랑은 대상이 있다. 혼자 하는 사랑은 상상과 관념의 자기애일 뿐이다. 하나님은 우리에게 자신을 삼위일체의 하나님으로 계시하시면서 관계가 상호적이라는 것을 이미 보여주셨다. "성부는 성자를 낳으신 분이고 성자는 성부에게서 낳은 바 되셨으며 성령은 성부와 성자에게서 영원 전부터 나오신다."(대요리문답 10문) 삼위 하나님은 서로의 관계 속에서 성부와 성자와 성령이시다. 삼위일체를 이성적으로 이해할 수 없으나 우리의 한계 속에서도 하나님이 서로 관계하신다는 것을 알 수 있다.

우리가 믿는 한 분 하나님도 성부와 성자와 성령의 거룩하고 아름다운 교제 가운데 살아계시며 역사하신다. 하나님은 삼위의 유기적인 관계 가운데 자기를 드러내시며 역사하신다. 하나님의 형상인 우리도 이웃과 상호적인 관계 가운데 있음을 기억하자. 그래서 좋은 것도 우리가 함께 이루어가고 있고, 어려운 것도 서로에게 지분이 있다는 것을 잊지 말자. 그럴 때 우리는 겸손하게 더 좋은 방향으로 우리의 관계를 만들어갈 수 있을 것이다.

2. 관계는 자란다.

관계의 시작은 다양하다. 누군가의 계획과 준비를 통해 시작되고 이뤄지기도 하지만 서로 어느 누구의 의도 없이도 얼마든지 시작될 수 있다. 우리는 하루에도 많은 사람을 스치듯 만난다. 의미 없이 지나가는 사람도 있고, 눈만 마주치고 인사만 하는 경우도 있다. 어떤 경우는 매일, 매주, 주기적으로, 오랫동안 보기도 한다. 의도했든지 안했든지 말이다. 하지만 그 다음은 전혀 다른 양상으로 진행된다. 딱 안면이 있고, 인사만 하는 그 정도에만 머물러 있는 경우도 있고, 더 깊은 관계로 발전하기도 한다.

관계의 수준과 깊이에 따라, 그것을 이해하는 사람의 정도에 따라 다르겠지만 관계는 저절로 유지되고 자라지 않는다. 아주 우연한 계기가 두 사람, 또는 그 이상의 사람들과 공동체의 관계를 자라게 하는 경우가 있지만 계속되려면 몇 번의 우연만으로는 어렵다. 관계가 시작되었더라도 그냥 놔두면 그 관계는 끊어지고 사라진다. 관계는 그냥 자라거나 유지되지 않기 때문이다. 실제 사람사이의 관계는 동화나 로맨틱 코미디가 아니기 때문에 '그렇게 시작되어 오래오래 행복하게 살았더랍니다'는 사실이 아니거나 중요한 부분이 생략되어 있다.

그러면 관계는 어떻게 유지되고 자랄까? 관계는 양분을 필요로 한다. 그것은 바로 수고다. 다른 말로도 표현이 가능하다. 섬김이라 할 수도 있고, 헌신이라고 표현할 수도 있겠다. 더 포괄적으로 말하자면 사랑이다. 관계는 일방적이지 않지만 어느 한편이라도 수고하지 않으면 유지되기 어렵다. 그리고 사람에게는 한계라는 것이 있기 때문에 한쪽의 수고만으로는 끝까지 유지되기 어려운 것도 사실이다. 가장 생래적이고 기본적인 부모와 자녀의 관계는 부모의 수고로 지속 가능할 수도 하지만 부모 자녀의 관계라도 한 편만의 수고로는 건강한 관계가 되기 어렵다. 요즘은 그런 상황에서는 부모 자녀의 관계라도 깨어지는 시대다.

성경도 이를 인정하고, 사랑을 수고라고 가르치고 있다. 사도 바울이 데살로니가교회에 편지하면서 다음과 같이 말하고 있다. "너희의 믿음의 역사와 사랑의 수고와 우리 주 예수 그리스도에 대한 소망의 인내를 우리 하나님 아버지 앞에서 끊임없이 기억함이니 하나님의 사랑하심을 받은 형제들아 너희를 택하심을 아노라." (살전 1:2-3) 사랑은 기꺼이 수고한다. 관계의 성격이 가벼워진 오늘날 헌신이라는 단어가 부담스럽다면 불편을 참고 수용하는 것이라고 달리 말하더라도, 결국 관계는 수고 위에 유지되고 자란다. 부모의 수고 위에 자녀와의 관계가 유지되고 자란다. 장성한 자녀의 수고 위에 노부모의 인생이 안정과 위로를 누린다. 부모-자녀의 관계가 이렇다면 다른 관계는 더 말해 무엇하겠는가? 공동체도 누군가의 수고 위에 유익과 편의를 누리고 자라게 마련이다.

3. 관계는 회복된다.

우리 시대의 관계는 예전에 비해 대체적으로 피상적이고, 연약하다. 매스컴의 활성화로 드러나지 않은 것들이 드러나게 되어 그렇게 보일 수도 있지만 실제로 기본적인 관계들이 깨어졌고, 깨어지고 있다는 것을 알 수 있다. 동네와 마을 공동체의 관계가 상실된 지는 오래 되었고, 친족과 가정도 어떻게 이렇게까지 되었나할 뉴스들이 심심치 않게 등장한다. 쉽게 깨지니 쉽게 다시 이어질 것 같지만 의외로 그렇지 않다. 오히려 옛날보다 더 어려워졌다. 관계는 피상적일지 몰라도 그 짧고도 얕은 관계에도 사람의 인격이 서로 영향을 주고받기 때문이다.

예전에도 절교하고, 따돌리는 일이 없지 않았다. 하지만 다시금 사과하고, 용납하는 과정을 지나면서 관계가 더욱 단단해지고, 돈독해지는 일들이 있어 왔다. 하지만 오늘은 그렇지 않다. 그런 수고와 용기를 낼 생각도, 기분도 아니고, 여유도 없다. 요즘 중고등학생들의 이야기다. 5명의 친구가 SNS를 통해 한 명이 절교를 당하고, 나중에 다시 또 한명이 절교를 하게 된다면, 3명, 1명, 1명으로 나눠진 관계는 3대 2로 재편되지 않을뿐더러 수학여행을 위해 3명과의 화해를 생각하기보다 부모님께 말해 수학여행을 포기하는 쪽을 선택하는 것이 다음세대의 관계 문제 해결 방식 중 하나다. 그리고 이는 청년들에게도 크게 다르지 않다. 다시 회복하기 노력하는 대신 버려두고 포기하는 고립과 소외를 감당하는 쪽을 선택한다.

하지만 관계는 회복된다. 우리가 보기에 관계가 복잡하고, 풀고 회복하기가 불가능해보여도 포기하지 말아야 할 것은 관계의 회복이 우리 주님의 손에 달려 있기 때문이다. 과정과 상황에 대한 이해 없이 그저 사랑하고, 용서하면 된다고 말한다면 문제지만 어떤 관계도 하나님 안에서 회복된다는 것을 믿고 포기하지 않는 것이 중요하다. "내게 주신 영광을 내가 그들에게 주었사오니 이는 우리가 하나가 된 것 같이 그들도 하나가 되게 하려 함이니이다."(요 17:22) 우리는 무능하지만 하나님의 약속을 믿을 때, 우리에게 주님의 마음을 주셔서 미워하는 것을 멈추게도 되고, 기꺼이 수고하게도 되고, 포용하고 감내하게도 된다. 오랜 시간이 걸리더라도 성령께서 하나 되게 하시는 능력을 경험하게 될 것이다.

세상에 누가 관계에 대해 자신 있다고 감히 말할 수 있겠는가? 우리는 본성상 하나님과 이웃을 미워하는 사람이다. 그러나 관계가 하나님의 손에 있다고 믿기에 우리는 감히 회복을 기대하며 서로 수고하기를 애쓸 수 있다. 몇 가지 원리를 이해한다고 관계의 문제가 해결될 리 없다. 그러나 중요한 원리를 유념하고, 기도하며 주님의 능력을 구할 때, 우리로 중보의 사역을 이어받아 하나님과 사람, 사람과 사람 사이를 화목하게 하는 역사를 이루실 것이라 믿는다. 참된 관계에 목마른 가정과 교회와 사회에 기독 청년들을 통해 새로운 일들이 시작되기를 기도해 본다.

청년이 알아야 할 7가지

정치적 대화와 토론의 기초

최정복

정치와 신앙의 문제는 매우 해묵은 과제이다. 어떤 사람이 두꺼운 정치 신학책과 여러 가지 정치학 교과서를 탐독했다고 하더라도 그 사람의 정치적 의견이 바를 것이라고 여길 수 없다. 정치적 입장은 어떤 아슬아슬함이 있을 수 있다. 정치적 이야기를 하다가 다툴 위험이 얼마나 큰지에 대해 굳이 설명할 필요는 없을 것 같다. 그래서 어떤 사람들은 교회의 영역에서 정치적 토론을 하는 것에 대하여 난색을 표시한다. 실제로 교회가 정치적 의제를 내세울 때에는 위험한 측면이 존재한다. 최근에 개혁정론에서는 [교회의 정치화, 위험하다]는 기획 기사를 연재한 바 있다.

교회의 정치화는 위험하다 하더라도, 정치적 사안에 관한 대화와 토론조차 그만둘 수는 없다. 정치적 사안에 관한 대화와 토론은 마치 비무장지대에서 지뢰를 제거하는 것과 같다. 위험천만한 일이라고 하더라도 반드시 필요한 일이기 때문이다. 교회에서 정치적 토론이 사라져야 한다는 주장은 교회에서 자유롭게 정치적 이야기를 얼마든지 해도 좋다는 주장만큼이나 어리석다. 사실 어떤 정치적 의제에 찬성하거나, 혹은 반대하거나, 혹은 대화하지 않고 침묵하는 행위조차 이미 정치적이라고 말할 수 있다. 대화하지 않는다 하더라도 우리의 삶의 양식은 늘 정치와 연결되어 있다. 정부의 부동산 정책이나, 외교 정책, 혹은 교육 정책에 대하여 찬성하거나, 반대하거나, 혹 침묵

한다 하더라도 이미 그 문제에 발을 담그고 있다.

물론 교회 안에 정치 선동가들이 활동할 수 있는 길을 열어주어야 한다는 그런 의미는 아니다. 다만 성도들의 바른 정치적 대화와 토론을 피할 수만은 없다는 말이다. 그래서 개혁정론에서는 총선을 앞두고 하나님의 나라에 속한 그리스도인으로서, 동시에 이 사회의 시민으로서 어떻게 투표해야 하는지, [총선]에 대한 기획 기사도 연재한 바 있다. 이 기획을 통해 극단적인 견해들을 경계하고, 서로 다른 의견을 존중하고 배려하는 성숙한 시민의식은 장려하고자 했다.

교회는 이 세상에서 생각하기 어려운 상상력을 성도들에게 불어 넣는 일을 할 수 있다("그리스도인의 사회적 상상과 정치참여" 참조). 그리스도인은 세상이 갖지 못한 특별한 상상력의 토대를 가지고 있는데, 바로 말씀과 성령이다. 이것은 교회가 가진 무한한 정치적 자원이라고 할 수 있다. 물론 성경'만' 가지고 있지는 않다. 교회는 오랜 역사를 가지고 있다. 역사 속에서 그리스도인은 어떤 정치인을 지지하고, 어떤 정책을 지지해야 하는가에 대한 교훈도 얻을 수 있다. 진보의 가치도 발견할 수 있고, 보수의 가치도 발견할 수 있다.

그런데 현실을 되돌아보면 어떤가? 정치적 대화와 토론은 점점 더 어려워진다는 하소연이 여기저기서 들려온다. 보수와 진보의 입장 차이만 확인하고, 서로 내편 니편 하는 상황 속에서 마음이 답답한 청년들이 많아지고 고민은 점점 더 깊어져간다. 어디서부터 시작해야 할까? 먼저 필요한 것은 건강한 정치적 대화와 토론이다. 그런데 정치적 대화와 토론에는 반드시 기초가 필요하다. 이 글은 그 기초가 무엇인지 다루고자 한다.

1. 세상 권위는 하나님께서 세우신 것

신자는 하나님 사랑과 이웃 사랑을 실천하며 하나님께 영광을 돌리기 위하여 이 세상을 살아간다. 신자의 삶은 사랑을 실천하는 것이어야 한다. 사랑하라는 계명은 포괄적인 명령이긴 하지만, 십계명을 통해 우리는 그 구체적 방법을 생각할 수 있다. 이것은 정치적 대화와 토론에서도 마찬가지이다.

이 글에서는 정치적 대화와 토론의 기초로서 5계명을 주목해 보고자 한다.

5계명은 "네 부모를 공경하라 그리하면 네 하나님 여호와가 네게 준 땅에서 네 생명이 길리라"이다. 하지만 5계명의 대상은 단순한 생물학적 부모만은 아니다. 5계명은 부모와 자녀 관계에서부터 시작하여 모든 권세와 권위의 관계 속에서 공경과 순종의 태도를 나타낼 것을 명령한다. 우리는 가정에서는 부모를 공경하고, 교회에서는 직분자를 부모처럼 공경하고, 직장에서는 고용주를 공경하고, 사회에서는 정부 기관에서 일하는 국가 공무원이나, 선출직 공무원을 공경하라는 의미로 5계명을 확장시켜 이해할 수 있다.

특히 모든 권위가 하나님께로부터 온 것이라는 말씀은 5계명 이해의 기초이다. 이미 세워진 법과 제도, 국가 공직자들의 권위를 인정하고 순종하는 것이 모든 대화와 토론의 출발이어야 한다. 특히 로마서 13장 1절은 "각 사람은 위에 있는 권세들에게 복종하라 권세는 하나님으로부터 나지 않음이 없나니 모든 권세는 다 하나님께서 정하신 바라"고 가르친다. 위에 있는 권세들은 국가 공직자로 이해할 수 있다. 그들은 하나님께서 이 세상 질서를 유지하기 위해 사용하시는 하나님의 사역자들이자 일꾼들(롬 13:4, 6)이다. 그런데 이 기초적인 사실을 인식하지 못하는 사람들이 의외로 많다.

그리스도인의 정치적 대화와 토론의 가장 기초적인 원칙은 하나님께서 위에 있는 권세자들을 통하여 세상을 다스리신다는 점을 기억하는 것이다. 비록 존경할 수 없는 행동을 하는 국가 공직자에 대해 이야기하더라도, 우리는 그의 권세가 하나님께로부터 나왔다는 사실을 인정해야 한다. 정치 혐오는 확실히 그리스도인이 취할 자세는 아니다. 확실한 근거 없이 국가 공직자를 비난하는 일이 얼마나 많은가. 우리의 대화와 토론은 확실히 네거티브 공세가 난무하는 세상의 정치적 토론과 달라야 한다.

왜 이 기초를 모두가 인정하지 않을까? 국가 공직자 역시 연약하고 부족한 사람이기 때문이다. 그런데 하나님께서는 연약하고 부족한 사람을 통해 세상을 다스리신다. 하나님께서 왜 그토록 부족하고 연약한 사람들을 통해 이 사회를 다스리시는지 우리는 다 이해할 수는 없다. 다만 하이델베르크 요리문답은 그 이유를 인내를 가르치시려는 하나님의 뜻이라고 다음과 같이 가르친다. "내 위에 있는 모든 권위에 모든 공경과 사랑과 신실함을 나타내고 그들의 모든 좋은 가르침과 징계에 대해 합당한 순종을 하며, 또한 그들의 약점과 부족에 대해서는 인내해야 합니다. 왜냐하면 그들의 손을 통해 우리를 다스리시는 것이 하나님의 뜻이기 때문입니다" 이 지식은 그리스도인 사이에서 정치적 대화와 토론의 기초가 되어야 한다. 우리는 분명 정당한 권위에 대하여 순종해야 할 임무를 가지고 있다는 사실을 공통적으로 확인해야 한다. 심지어 악한 권위에 대해서조차도 하나님의 도우심을 바라며 인내해야 한다고 말해야 한다.

2. 건전한 비판과 합법적인 저항

물론 위에 있는 권위자의 명령에는 무조건적인 순종을 해야 한다고 하면 그 이상의 대화와 토론이 무의미한 것이 될 수 있다. 만약 우리가 무조건적인 순종을 해야 한다고 말하는 것에 그친다면, 기독교는 금새 권력을 유지하는 통치 도구로 전락하게 될 것이다. 하나님께서 국가 공직자에게 권위를 주신 목적을 사도 바울은 '선을 장려하고 악을 벌하여 질서를 세우는 것'이라고 규정한다(로마서 13:3-4). 이 정치 본연의 임무를 기억하고, 대화와 토론을 통하여 우리 스스로의 지평을 확장시키고, 우리 자녀들에게도 생각할 기회를 주어야 한다. 정치 본연의 기능을 모색하는 대화와 토론이 교회 안에서 필요한 것이다.

그리스도인은 세상 정부가 악한 일을 하도록 요구할 때에는 그것을 거절하고 저항할 수 있어야 한다. 왜냐하면 우리는 하나님께서 모든 권위자 위에 계심을 고백하기 때문이다. 권위를 인정하는 이유가 하나님이라면, 권위에 대한 불복종과 저항의 이유도 하나님이어야 한다. 온 우주의 통치자이신 하나님께서 모든 권위를 세우시는 분임을 인정하면서, 동시에 비판의식도 함양해야 하는 것이다.

한국 사회의 근대사를 되돌아 볼 때, 우리 국민들이 참으로 오랜 세월동안 잘못된 권위와 싸워야만 했다는 점은 분명하다. 우리 할아버지 세대는 일본의 제국주의 세력과 싸워야 했다. 지금도 위안부 할머니들은 악한 일을 저지르고도 반성하지 않는 일본의 국가 권력과 싸우는 중이다. 또한 국가 권력을 침탈하려는 북한 공산당과도 싸워야 했다. 그것이 끝이 아니다. 부정선거로 권력을 유지하려는 부패한 이승만 정권과도 싸워야 했다. 이처럼 많은 사람들이 불의한 권력과 싸우다가 희생당했다. 이후에는 쿠데타로 정권을 잡은 군부 독재가 있었다. 쿠데타로 국가 권력을 침탈한 전직 대통령은 끝까지 자신의 잘못을 반성하지 않고 생을 마감했다. 이와 같은 싸움은 쉽게 끝나지 않을 것이다. 불과 몇 년 전에도 우리 국민들은 불의하게 권위를 남용하는 국정농단 세력과 싸워야만 했다. 지금은 과거와 비교할 수 없을 정도로 합법적인 정부가 세워져 있지만 아직도 많은 영역에서 그와 유사한 위법한 권세의 사용이 많이 일어나고 있다. 서두에 언급했듯이 이 모든 정치적 사안은 결코 교회와 동떨어진 일이 될 수 없다.

그러나 그동안 교회는 사회 정의를 세우기 위한 대화와 토론을 하지 못했다. 무엇이 정의인가 라는 논의조차 바르게 이루어지지 못했다. 많은 사람들이 로마서 13장의 말씀을 절대적인 순종의 원리로 이해하거나, 혹은 아예 독재 정권을 옹호하기 위하여 이용하며 침묵을 미덕으로 삼았기 때문이다. 또 다른 한쪽에서는 정치적 행동만을 강조하는 극단에 치우치기도 했다. 서로를 악으로 규정하며 대화와 토론의 기회로 삼지 못한 것이다. 특히 보수 교단에 속한 교회는 악한 정부와 독재자를 비판하지 못했다. 권위에 순종하라고 말하는 사람은 반드시 권위의 잘못된 사용에 대하여 비판하는 반대편의 목소리에 귀를 기울여야 한다. 다시 대화와 토론의 자리를 모색해야 하는 이유가 여기에 있다. 교회 성도들 사이에 건강한 대화와 토론이 일어나야 한다.

물론 교회에서는 다른 성도들을 향해 혁명에 참여하라고 선동하는 일이 있어서는 안된다. 정부에 대한 저항 정신은 그리스도인의 덕목은 아닐 것이다. 그러나 대화와 토론을 통해 서로를 이해하는 일은 지금 시작해야 한다. 그동안 돌보지 못했던 사람들, 국가의 불의에 의해 희생된 사람들을 위로하고 그들을 위해 기도하는 일은 우리 모두가 지금 시작할 수 있는 일이다.

또 합법적인 저항의 방법이 있다면 그 일에 동참할 수도 있다. 더 이상 그와 같은 국가 폭력이나 권위의 남용이 일어나지 않도록 방지하는 작은 일에 힘을 보탤 뿐 아니라, 고통받는 사람들 곁에서 그들을 격려하고 위로해야 할 것이다.

3. 선한 양심

이렇게 대화와 토론을 해야 하는 이유는 단순히 정치적 관심이 많은 사람들이나, 신학자들의 전유물이 되어서는 안된다. 모든 사람이 대화와 토론에 참여해야 하는 이유는 선한 양심을 장려하기 위해서이다. 성경은 세상에서 신자가 '선한 양심'을 가지고 살아갈 것을 강조한다. 정치적 대화와 토론을 하는 이유도 마찬가지로 '선한 양심'을 세우는 것이어야 한다.

세상 사람들도 다양한 정치적 양심을 가지고 있다. 물론 자신에게 유리한 경우에는 양심적인 행동을 강조하고, 자신에게 유리하지 않다고 생각하면 내로남불 할 수 있다. 물론 양심이 다른 사람보다 높아서 매우 희생적인 행동을 하는 사람도 있다. 선을 장려하고 악을 억제하는 그 시대의 법과 도덕이 사람들의 양심을 형성하는데, 때로는 평균적인 사람들의 양심의 수준보다 아주 높은 양심을 가진 사람이 등장하곤 한다. 이처럼 높은 양심을 가진 사람은 낮은 양심을 가진 사람이 있을 때, 정치 영역에서도 자정효과가 일어난다. 역사 속에서 이런 일들은 종종 일어난다. 그런데 이것은 교회 안에서 일상이 되어야 한다.

선한 양심은 성령님께서 그리스도인에게 주시는 특별한 선물이다. 물론 저절로 주어지는 것은 아니다. 서로 선한 양심을 가지도록 격려해야만 한다. 베드로전서 3:16절에서 베드로 사도는 모든 성도들을 향하여 이렇게 권한다. "선한 양심을 가지라 이는 그리스도 안에 있는 너희의 선행을 욕하는 자들로 그 비방하는 일에 부끄러움을 당하게 하려 함이라" 세상 사람들의 양심은 대부분 악을 행하지 않는 것에 그친다. 그것도 악을 억제하는 대단한 역할을 한다. 그러나 교회는 단순히 악을 억제하는 정도가 아니라, 선을 장려하는 양심을 가지도록 하는 기관이다. 복음을 가지고 있기 때문이다. 교회는 복음 전파를 통하여 성도들로 하여금 누가 알아주지 않아도, 당장의 보상이 없더라도, 오히려 고난이 예상되더라도 선한 일에 힘쓰며 살아가도록 장려해야 한다. 정치적 대화와 토론의 목표는 바로 이런 선한 양심을 위한 것이다.

4. 마치면서

오늘날 교회가 오히려 세상의 비판의 대상이 되었다. 소위 '너나 잘하세요'라는 말을 듣고 있다. 그렇다고 세상에 무관심할 수 없다. 세상에서 꼭 필요한 빛과 소금의 역할을 회복하기 위해서는 시대를 잘 알아야 한다. 물론 정치적 대화와 토론을 한다고 교회가 곧바로 세상의 빛과 소금의 역할을 감당할 수 있다는 말은 아니다. 험난한 길이 기다리고 있을 것이다. 어쩌면 정치적인 대화와 토론을 통해 우리가 배울 수 있는 것은 우리 자신에게는 해결책이 없다는 것일 수 있다. 결국 복음을 더 열심히 전해야 한다는 식상해 보이는(?) 당연한 결론에 도달할 수도 있다. 그럼에도 불구하고 우리는 인내하면서 정치적 대화와 토론을 지속해야 한다. 먼저 세상의 권위가 하나님께로부터 온 것임을 인정하고, 선행을 장려하고 악을 벌하기 위한 정부의 역할을 강조하면서, 서로 다른 의견과 비판점들을 수용해야 할 것이다. 무엇보다도 우리 모두가 더 높은 양심을 가지도록 대화하고 토론하면서 서로를 권면해야 할 것이다.

> 청년이
> 알아야
> 할
> 7가지

왜 청년은
교회를 떠나는가?

황대우

대한예수교장로회 통합 교단은 2016년에 청년의 교회 출석 현황을 조사한 청년보고서를 내놓았다.42) 이 청년보고서는 만 18-34세를 청년세대로 간주한 조사결과다. 보고서에 따르면 통합교단의 청년 구성원은 전체 교세(약 280만 명) 가운데 2.1%(약 10만 명)에 불과하다. 그나마 교회에 실제로 출석하는 인원은 60%를 넘지 않는다. 2002부터 2014까지 청년은 전체교세 대비 5% 정도를 유지했고 2014년에는 5.7%였으나 2016년에는 2.1% 수준으로 2년 전에 비해 1/3에 가까운 급감 추세다.

그렇다면 2016년 이후로 청년들의 교회출석은 꾸준히 감소 추세였을 것이고 코로나19 사태 이후인 지금은 더욱 심각한 상태가 아닐까? 현재 한국교회는 청년 절벽시대를 맞이했다 해도 과언이 아닐 것이다. 굳이 위와 같은 통계를 보지 않더라도 청년의 교회 출석 문제는 아주 심각한 위기 수준이라고 알려져 있다. 교회의 청년뿐만 아니라 주일학교의 초중고등부도 모두 급격하게 감소하고 있기 때문에 한국교회의 미래는 더욱 어둡다.

20-34세 청년들이 교회에 출석하지 않는 이유는 '얽매이기 싫어서'가 압도적인 1위이고 '시간이 없어서'와 '목회자에 대한 불신'이 미약한 차이로 2위와 3위다. 20-24세 사이는 '시간이 없어서'라는 이유가, 그리고 25-29세와 30-34세 사이는 '얽매이기 싫어서'라는 이유가 압도적으로 많다. 청년들

은 취업과 사회생활을 위해, 그리고 교회봉사와 성도들의 눈치 때문에 교회를 다니는 것을 포기한다고 볼 수 있다.

물론 교회 청년들의 감소에는 한국사회 전체가 안고 있는 저출산도 한몫하고 있다. 그렇지만 저출산 문제가 과연 청년 감소의 결정적인 원인일까? 아니다. 왜냐하면 고등학교 시절까지 부모와 함께 교회를 다니던 모태 신앙인들조차 대학입학이나 취직으로 다른 지역으로 갈 경우 상당수가 더 이상 교회를 다니지 않기 때문이다. 타지역으로 이사한 직후부터 교회를 다니지 않는 청년도 있지만 대부분은 그곳에서 적응한 후에 교회출입이 끊기는 경우가 많다.

도대체 무엇이 문제인가? 왜 청년은 교회를 떠나는가? 청년 맞춤형 설교의 부재 때문인가, 아니면 청년에 대한 관심의 부족 때문인가? 물론 이런 이유를 포함하여 청년 프로그램이나 공간의 부족 문제, 관심부족문제, 설교문제 등과 같은 것도 원인으로 작용하지만 교회 내적인 문제들을 교회 이탈 현상의 주된 원인으로 보기는 어렵다. 위의 조사에서도 알 수 있는 것처럼 개인적인 사정과 이유가 더 크고 결정적이다.

이것은 개인의 신앙과도 연결된다. 신앙이 없거나 아주 약해서, 혹은 신앙을 다르게 이해하기 때문에 발생하는 문제일 수도 있다. 뿐만 아니라 35세 이상의 장년이 교회를 떠나는 소위 '가나안 교인'이 되는 현상의 영향도 배제할 수 없다. 부모 세대가 교회출석을 삶의 1순위로 고려하는 것에 비해 자녀 세대는 부모를 인간적으로 공경하면서도 부모와 다른 자신의 신앙을 더 우수하고 성경적인 것으로 간주하는 경우도 있다.

청년들은 부모 세대와 달리 믿음의 문제와 교회 출석 문제를 긴밀하게 결부시키지 않는 경향이 강하다. 그래서 삼위일체 하나님을 믿고 기독교의 가르침을 진리로 확신하면서도 교회출석 자체를 절대시하지는 않는다. 선한 교회와 악한 세상이라는 이분법적 사고를 무의식적으로 가지고 사는 부모 세대와 달리 청년들은 교회생활을 중요시하고 우선시하기 보다는 오히려 사회생활에 더 많은 비중과 가치를 부여한다. 그들의 관심은 온통 치열한 삶의 현장에 있다.

명문대학에 입학하기 위해 주일 예배를 포기하고 시험공부에 매진하며 중고등학생 시절을 보내온 청년들은 대학생으로서 좋은 성적을 받기 위해, 사귀는 이성을 위해, 학교 친구들을 위해 교회생활을 희생해서라도 흔쾌히 시간과 돈을 투자한다. 청년들에게는 교회생활보다 학교생활이나 직장생활, 그리고 이성교제가 훨씬 중요하기 때문이다. 부모 세대에서 1순위였던 교회생활은 청년들에게 2, 3순위로 밀려난다.

청년들은 좀 더 좋은 성적, 좀 더 편한 직장, 좀 더 많은 월급을 얻기 위해서는 얼마든지 교회생활을 희생할 준비가 되어 있다. 왜냐하면 그런 청년들에게 교회생활이란 그들이 이루길 원하는 목표를 달성한 후에도 얼마든지 다시 시작할 수 있는 것이라고 생각하기 때문이다. 그들에게는 갈 수 있는 교회도 많고 교회에 갈 기회도 너무 많다. 하지만 명문대학이나 좋은 직장에 들어가기는 너무 힘들고 어렵기 때문에 그들에겐 이것이 최우선 순위다.

신실하고 성실한 교회 청년들은 대부분 공부도 열심히 하고 취업 준비도 치열하게 한다. 그런데 이들이 과연 소원대로 명문대학에 입학하고 좋은 직업을 가진 직장인이 된 후에는 교회생활을 열심히 할까? 일부는 그렇겠지만 대부분은 아닐 것이다. 그들은 이미 너무 오래 동안 너무 자주 교회생활을 희생해왔기 때문에 계속해서 교회생활을 희생할 가능성이 매우 높다. 부모님 때문에, 혹은 자신을 교인으로 규정하기 때문에 교회에 출석하는 것인지도 모른다.

청년 이탈 현상의 주범은 부모 세대의 이율배반적인 신앙교육이다. 부모 세대는 자녀의 신앙교육을 일주일에 한번 출석하는 주일학교에 맡긴다. 하지만 전적으로 맡기지는 않는다. 왜냐하면 자녀의 성적을 위해 주일학교 모임에 빠지더라도 반드시 학원에는 가야 한다고 생각하기 때문이다. 자녀가 친구들과 놀러가기 위해 교회를 빠지는 일은 절대 불가하지만 학원이나 도서관을 가거나 공부하기 위해 교회를 빠지는 일은 오히려 권장하는 것이 부모 세대다.

그럼 청년에게는 책임이 없는가? 청년은 스스로 판단하고 행동해야 하는 성인이다. 그런데 독립심이 약하다. 신앙문제 이외의 많은 사회 문제를 부모에게 의존한다. 특히 재정적인 문제가 그렇다. 20세 성인이 된 모든 청년의 최우선 목표는 부모의 간섭으로부터 독립하는 것이다. 교회청년들도 예외는 아니다. 대학을 가든지 가지 않든지 20세가 되면 무조건 부모의 집으로부터 벗어나고 싶어 한다. 간섭받고 싶지 않기 때문이다.

하지만 부모의 간섭으로부터 벗어나기를 간절히 원하는 청년들 대부분은 부모로부터 재정적인 독립을 원하지는 않는다. 부모에게서 돈은 받고 간섭은 받지 않고 싶어 한다. 물론 이 부분도 부모에게 일정 책임이 있다. 왜냐하면 부모가 자녀들에게 성적을 올리면 갖고 싶은 것이나 소원을 들어주겠다고 약속하는 습관을 들였기 때문이다. 친구와 놀러가지 않고 교회에 가면 원하는 무엇을 해주겠다는 약속이 청년에게 얼마나 통할까? 무효하지 않을까?

미성년 시절에 부모를 따라 아무 생각 없이 교회를 다니던 자녀들은 청년이 된 후 부모의 집을 떠나면서 교회도 함께 떠나게 된다. 시골이나 소도시에서 교회를 다니던 자녀들이 고등학교를 졸업하고 대학진학이나 취업을 위해 대도시로 나가게 되면 교회도 졸업하는 경우가 허다하다. 물론 그들은 대부분 고향에 오면 부모와 함께 교회를 나간다.

청년의 교회이탈현상은 어떤 이유로든 교회에 남아 있는 소수의 청년들에게 교회봉사의 중압감을 가중시킨다. 교회의 여러 부서에서는 청년들에게 봉사하도록 강요하고 눈치를 준다. 어쩌면 이들은 또래의 누구보다 열심히 교회를 섬겨왔다. 그리고 지금도 열심히 섬기고 있는데 점점 강요되고 가중되는 교회봉사에 지치기 시작한다. 결국 이들도 감당하기 어려운 봉사의 중압감에 시달리면 교회를 떠날 궁리를 하게 될 것이다.

청년들이 교회를 떠나는 이탈현상에는 여기서 다루지 못한 다양한 원인들이 작용할 것이다. 교회의 성장주의와 개교회주의, 교회 안에서 벌어지는 부덕하고 불미스러운 일들, 신앙 세대 간의 갈등, 지나치게 많은 교회봉사의 압박, 청년의 감성을 충족시키지 못하거나 비이성적인 설교, 청년 또래의 부족, 청년들 간의 불화와 불만, 곱지 않은 교인들의 시선, 신앙적인 모범 스승의 부재 등등 개인별로 그 이유는 매우 다양할 것이다.

하지만 근본적으로 청년들이 교회를 떠나는 공통적인 이유 가운데 하나는 신앙적 정체성의 혼란 혹은 부재다. 자신의 기독교 신앙이 무엇인지 잘 모른다는 것이다. 이것은 그들의 부모 세대로부터 물려받은 유산이기도 하다. 기성세대 역시 '기독교 신앙이란 무엇인가?'라는 질문 앞에 서면 당황한다. 왜냐하면 지금까지 그들에게 훌륭한 기독교 신앙이란 성경진리를 바르게 배우는 것이기 보다는 오히려 교회를 열심히 섬기는 신앙행위, 즉 예배와 교회모임 뿐만 아니라, 교회봉사에도 열심히 참여하는 것이었다.

이러한 부모 세대의 신앙 형태는 지금 극소수의 청년들을 제외하면 거의 찾아보기 힘들다. 기성세대의 행동하는 신앙의 장점은 청년들에겐 유산으로 물려지기는커녕 심각한 단점이 되고 말았다. 교회 안에서 기성세대의 부모는 교회에서 부정적인 반응의 '왜'라는 질문보다는 긍정적인 반응의 '예'라는 대답에 익숙하다. 하지만 자녀세대의 청년들은 반대로 '예'라고 대답하기 전에 '왜'라고 묻는다.

부모 세대의 신앙적 특징이 이해할 수 없기 때문에 믿어야 하는 것이었다면 청년 세대에게는 납득이 되지 않으면 믿기도 어렵다는 것이다. 청년세대는 기성세대와 달리 교회의 필요와 요구에 군말 없이 순종하지 않는다. 자신이 할 수 있는 일이라도 마음이 동해야 하는 경향이 있다. 부모 세대는 싫어도 하다보면 싫지 않았다는 경험이 있지만 청년 세대는 그런 경험 자체를 원하지 않는다. 납득이 되지 않는 순종은 교회청년들에게 더 이상 미덕이 아니다.

청년들은 이해하는 신앙을 원하는 경향이 강하다. 이해하기 위한 믿음보다는 믿기 위한 신앙을 원한다. 이성적인 신앙은 신앙의 열정과 열심을 쉽게 잃어버리는 속성이 있다. 하지만 한국교회는 아직 청년에게 기독교를 이해시킬 준비가 되어 있지 않다. 성경을 하나님의 구원 진리로 차분하게 설명하기보다는 아직도 무조건적인 복종을 원하고 있다. 또한 교회성장주의와 개교회주의가 신앙개인주의로 발전하는 것을 막지 못하고 있는 실정이다.

청년이탈현상을 단순히 신앙심의 약화로만 볼 수는 없다. 지금 이대로 청년이탈현상과 청년빈곤현상이 지속될 경우 교회의 미래가 어둡고 불투명하다는 점은 확실히 우려스럽다. 그럼 대책은 무엇일까? 청년이탈현상을 멈추게 할 수 있는 방법은 없는가? 지금 한국교회는 주일학교가 점점 사라져가고 청년이 이탈하는 문제, 나아가 '가나안 교인 현상'을 무겁게 받아들이고 대책을 강구해야 한다.

그리스도인이라면, 그리스도의 교회라면 어떤 문제에 봉착하든지 가장 먼저 자신을 돌아보고 말씀과 기도를 회복하는 일부터 시작해야 한다. 코로나 사태로 전국이 뒤숭숭하고 정부의 교회 길들이기(?)로 한국교회 전체가 국민적인 비난을 받고 있는 상황이지만 이럴 때일수록 교회는 희망적인 미래를 위해 교회청년들에게 관심을 가져야 한다. 지금이라도 바른 신앙교육이 필요하다. 하나님의 진리가 무엇이며 기독교 신앙이 무엇인지 분명하게 가르쳐야 한다.

또한 실제적으로는 학업과 취업을 성공의 척도로, 결혼을 준비된 조건의 결과물로 치부하지 말아야 한다는 것 역시 잘 가르쳐야 한다. 늦은 감이 없지 않지만 지금이라도 바른 신앙의 유산을 물려주기 위해 기도하고 노력해야 한다. 뿐만 아니라, 그리스도인의 봉사란 교회 안에서만이 아닌 교회 밖에서도 실현되어야 할 과제라는 것도 가르쳐야 한다. 기도는 노력하지 않은 것을 받거나 노력의 부족분을 채우거나 노력한 만큼 결실을 거두는 수단이 아니다.

기도는 모든 것을 하나님의 뜻에 맡기는 훈련이다. 또한 자신을 향한 하나님의 뜻을 수용하겠다는 의지와 어떤 결과든 수용하겠다는 결단의 표현이다. 한 마디로 기도란 '주님 뜻대로 하시옵소서!'이다. 이런 기도를 가르쳐야 한다. 그리고 진리인 하나님의 말씀은 이런 기도의 근거요, 동시에 삶의 나침반이라는 것을 가르치되 머리가 아닌 마음에 새길 수 있도록 가르쳐야 한다. 청년들의 고민에 관심을 갖고 진심과 진실한 신앙으로 대하자. 믿음의 진심을 가르치자!

청년들의 소비생활 "함께"라는 가치

김명일

오늘날 청년들의 경제생활과 소비생활은 정확한 답을 내리기 쉽지 않은 문제이다. 복잡다단한 삶의 형태를 함부로 재단하기 쉽지 않다. 청년들의 경제생활과 소비생활에 대한 정확한 진단을 내리거나 해답을 주는 것은 이 글의 목적이 아니다. 필자는 소비의 가치로 삼을만한 내용을 성경에서 찾고자 한다. 즉, 우리의 경제생활과 소비생활에서 고려해볼만한 가치를 생각하는 것이 이 글의 목적이다. 필자가 생각하는 소비의 가치는 "함께"이다.

1. 왜 "함께"인가?

오늘과 같이 개인주의적인 삶을 살아가는 우리는 "함께"라는 가치를 잊어버리기 쉽다. 다른 말로 하면, 우리는 교회로서 한 몸을 이루고 있으면서도 "나"를 더 중요하게 생각한다. 우리가 자주 말하는 "교회 중심"이란 단순히 예배당에 잘 모이고 교회 생활을 열심히 하는 것을 의미하지 않는다. 교회 중심이란, 예수 그리스도를 머리로 삼고 한 몸으로 이루어진 교회를 우리가 "함께" 이루고 있다는 개념을 기초로 한다. 교회의 모든 활동이 중요하지만, 활동이 중심이 아니라 교회로서 우리가 "하나됨"을 올바르게 누리고 있는가 하는 점이 중요하다. 오늘날 개인주의적인 우리의 사고는 "나"에서 "우리"로

"나 혼자"에서 "함께"로 전환되어야 한다. 우리의 경제생활도 "나" 중심이 아니라 "우리" 중심이 되어야 한다. 다음의 성경본문들은 "함께"라는 가치를 잘 보여준다.

2. "필요에 따라 나눠 주며"

성령이 오셔서 처음 교회가 태어난 오순절의 사건의 결론을 누가는 다음과 같이 기록한다. "믿는 사람이 다 함께 있어 모든 물건을 서로 통용하고 또 재산과 소유를 팔아 각 사람의 필요를 따라 나눠 주며 날마다 마음을 같이하여 성전에 모이기를 힘쓰고 집에서 떡을 떼며 기쁨과 순전한 마음으로 음식을 먹고 하나님을 찬미하며 또 온 백성에게 칭송을 받으니 주께서 구원 받는 사람을 날마다 더하게 하시니라." (행 2:44-47).

그런데 이 구절에서 누가는 교회가 성전에 모이는 것과 성찬과 찬미의 일보다 함께 나누는 일을 먼저 쓰고 있다. 신자들이 "다 함께 있어 모든 물건을 서로 통용하고 또 재산과 소유를 팔았다"고 기록을 하고 있다. 이 구절은 마치 공산주의적인 개념으로 재산을 나누는 것으로 이해될 수도 있지만, 먼저 고려해야 할 점은 그들이 예수 그리스도의 한 몸으로서 사귐과 누림이 강조되고 있다는 점이다. 먼저 그들은 다 "함께" 있었다. 그들의 모임에 "함께"라는 가치를 발견할 수 있다. "함께"($\epsilon\pi\grave{\iota}\ \tau\grave{o}\ \alpha\grave{\upsilon}\tau\acute{o}$)는 매우 번역하기 힘든 어구이다 (행 1:15; 2:1, 44, 47; 4:26). 이 어구는 함께 모인 공동체를 묘사하며 일치를 매우 강조한다.

"함께"는 다음으로 나아간다. 그것은 "모든 물건을 서로 통용하고"($\epsilon\tilde{\iota}\chi o\nu\ \ddot{\alpha}\pi\alpha\nu\tau\alpha\ \kappa o\iota\nu\grave{\alpha}$)로 표현된다. 누가는 "코이노니아"($\kappa o\iota\nu\omega\nu\acute{\iota}\alpha$)를 연상시키는 언어를 사용하고 있다. "$\kappa o\iota\nu\acute{o}\varsigma$"라는 형용사는 하나님의 백성이 함께 공유하는 지식, 능력(힘)을 표현할 때 쓰인다. 재물의 통용은 Communio Sanctorum의 한 표현이다. 거룩한 교제는 말과 지식으로만 이루어지는 것이 아니라 실제적인 필요를 채우는 것으로 묘사된다.

"각 사람의 필요를 따라" 신자들은 재산과 소유를 팔았다. 한글은 필요를 채우는 일시적인 상태를 말하는 것처럼 보이지만 "필요의 정도를 따라서" 지속적인 채움을 사도행전은 보여주고 있다. 누가는 미완료 동사를 지속적으로 사용하면서 그들의 나눔이 일시적인 사건이 아님을 보여주고 있다. 그리스도인들에게 재물은 자신이 이익을 위해서 사용되는 것이 아니라 거룩한 사귐의 한 모습을 드러내는 것이 되어야 한다.

그리스도의 교회의 가치는 "함께"이다. 우리는 그 교회의 지체로서 다른 지체들과 "함께" 한 교회를 이루고 있다. "함께"라는 가치는 물질적인 측면에서도 나타나야 한다. 영적인 하나됨만을 성경이 말하고 있다고 생각하는 것은 오산이다. 사도행전의 모습에서 "함께"는 실제적이고 지속적으로 일어나야 함을 우리는 볼 수 있다.

3. "주는 것이 받는 것보다 복이 있다"

바울은 에베소 장로들과 마지막 인사에서 다음과 같은 말을 한다. "범사에 여러분에게 모본을 보여준 바와 같이 수고하여 약한 사람들을 돕고 또 주 예수께서 친히 말씀하신 바 주는 것이 받는 것보다 복이 있다 하심을 기억하여야 할지니라"(행 20:35). 이 구절의 특징은 예수님께 친히 하신 말씀이라는 점이다. 복음서에는 나타나지 않는 말씀을 바울이 에베소 장로들에게 전하면서 그것이 예수님께서 친히 하신 말씀이라고 언급한다. 다시 말하면, 지금 바울의 전하는 이 말씀은 매우 권위가 있음을 보여준다. 주는 것은 받는 것보다 더 복되며 이는 예수님의 권위 있는 말씀임을 명심할 필요가 있다.

"기브 앤 테이크"(생각연구소, 2013)라는 책이 있다. 일반적으로 주는 사람은 성공하지 못할 것이라고 생각하기 쉬운데 양보하고 배려하고 베풀고 희생하고 조건 없이 주는 사람이 성공한다는 개념을 말한다. 삶의 방식에서 주는 것이 얼마나 중요한지를 보여주는 책이다. 바울은 주는 것이 무엇인가를 보여준다. 바울의 위대함은 복음을 전하는 자이기 때문만이 아니라 그 복음을 삶으로 보여주는 것에서 나타난다. 바울은 "범사에 여러분에게 모본을 보여주었다($\dot{υ}ποδείκνυμι$)"고 말한다. 그는 모든 면에서 자신의 삶으로 그 가르침을 증명했다(BDAG, 1037).

바울이 자신의 삶으로 증명한 것은 두 가지 이다. 먼저 약한 사람들을 돕는 것과 둘째로 예수님의 말씀을 기억하는 것이다. 다른 말로 하면 약한 자들을 돕는 본보기와 주는 것이 복되다는 본보기를 에베소 교회의 장로들에게 말하고 있다. 이는 바울의 리더십과 매우 밀접하게 연결이 된다. 이 구절은 33-34절의 바울이 물질을 추구하지 않고 자신의 손으로 일을 해서 필요를 충당했다는 앞 구절들과 연결된다. 다른 말로 하면 바울의 수고("수고하여," 35절)는 "은이나 금이나 의복을 탐하지 않기"($\epsilon\pi\iota\theta\upsilon\mu\epsilon\omega$) 위해서라고 말할 수 있다. "탐하다"는 단어는 물질에 대한 강렬한 욕망을 드러낸다 (BDAG, 371-372.). 바울의 리더십은 자신의 수고로 약한 자들을 도우며 그 일을 행하기 위해 물질을 움켜쥐지 않고 약한 자들을 돕는 모습으로 드러난다.

필자의 개인적인 견해로는 바울의 자신을 본보기로 내세우는 이유를 에베소 교회 장로들에게 말하는 새롭게 올 "사나운 이리"에서 찾을 수 있다. 이 "사나운 이리"는 양 떼를 "아끼지 않을 것이다"($\mu\grave{\eta}\ \varphi\epsilon\iota\delta\acute{o}\mu\epsilon\nu o\iota$). 탐욕은 인간이 가지는 보편적인 문제이며 교회의 리더들도 예외가 아니다. 소아시아에서 교회 지도자들의 탐욕의 문제는 목회서신에 잘 드러난다. 바울은 교회를 지도자를 위해서 돈을 사랑함이라는 중요한 자격조건을 말한다(딤전 3:3, 8; 딛 1:7, 11). 거짓 교사들은 특별히 탐욕을 드러낸다(Polhill, Acts, 429-30, 참조 딤전 6:3-10). 예수님의 주는 것이 복되다는 말씀은 에베소 교회에 마지막 말을 전하는 바울의 말은 이 단락의 문맥을 이해하는데 크게 도움이 된다(Polhill, Acts, 430). 교회의 리더는 기버(Giver)가 되어야지 테이커(Taker)가 되어서는 안 된다.

바울의 에베소 장로들에게 하는 마지막 작별의 말에서 우리는 두 가지 점을 읽어야 한다. 그것은 수고해서 약한 자를 도와야 하고, 주는 것이 받는 것보다 복되다는 예수님의 말씀을 기억해야 한다는 점이다. 우리가 수고하는 경제생활의 중요한 목적 중 하나는 약한 자를 돕는 것이 되어야 하며 당연히 소비생활도 마찬가지로 약한 자들을 돕는 것이어야 한다. 주는 것은 받는 것보다 훨씬 더 복이 있다!!!

4. "균등하게 하려 함이라"

바울은 고린도 후서에서 연보의 문제를 언급한다. 오늘날 우리 교회가 사용하는 연보가 어디에 사용되는지 곰곰이 생각해보아야 한다. 바울은 연보의 사용 원칙을 "이제 너희의 넉넉한 것으로 그들의 부족한 것을 보충함은 후에 그들의 넉넉한 것으로 너희의 부족한 것을 보충하여 균등하게 하려 함이라"(고후 8:14)라고 말한다. 균등케 함이라는 원칙을 바울을 제시한다. 교회가 헌금을 "균등케 함"이라는 원칙으로 점검해야 할 필요성이 있다. 그러나 이것은 단순히 교회가 헌금을 사용하는 원칙만이 아니다. 모든 성도들이 자신의 물질을 사용할 때 고려해야 할 가치이다.

"균등케 함"이라는 가치는 앞에서 언급한 다른 성도들의 "필요"의 정도에 따라 물질을 나누어야 한다는 것과 연결된다. 그런데 바울은 좀 더 구체적으로 그 원칙을 자신의 글에서 보여주고 있다. 바울은 다음과 같이 말한다. "우리 주 예수 그리스도의 은혜를 너희가 알거니와 부요하신 이로서 너희를 위하여 가난하게 되심은 그의 가난함으로 말미암아 너희를 부요하게 하려 하심이라"(고후 8:9). 예수 그리스도의 자신을 가난하게 되심은 가난한 우리를 부요케 하기 위해서라고 말한다.

바울은 매우 실제적이다. 만약에 그리스도의 영을 가졌다면 그는 도움을 받아야 할 다른 이들의 짐을 질 것이다(Garland, 2 Corinthians, 382-386). 바울은 고린도 교인들의 연보가 예루살렘 교인들의 은혜가 된다고 말한다(이 은혜를 그대로 성취하게 하라 하였노라[고후 8:6]). 바울은 마게도냐 교인들을 예로 든다. 마게도냐 교인들은 가난하고 비참한 가운데에서도 풍성하게 연보를 했고 이것은 "은혜와 성도 섬기는 일"(4절)이 된다고 말하며 이에 고린도 교인들이 참여하기를 요청한다. 이 은혜는 앞의 예수 그리스도의 가난하게 되심과 연결된다.

예수 그리스도의 우리를 부요케 하시는 은혜는 고린도 교인들의 연보가 예루살렘의 성도들에게 사용되는 기초가 된다. 여기에 "균등케 함"이라는 원리가 작동한다. "균등케 함"은 목적이 아니라 근거이다. 다른 말로 하면, 가난한 예루살렘 교인들을 고린도 교인들과 균등하게 만들기 위해서 연보하는 것이 아니라 예루살렘 교인들이 그들과 동일하기 때문에 연보한다는 것이다. 바울은 다음과 같이 말한다. "이는 다른 사람들은 평안하게 하고 너희는 곤고하게 하려는 것이 아니요 균등하게 하려 함이니"(고후 8:13). 한글성경의 번역은 균등케 함이 목적인 것처럼 번역하고 있지만, 헬라어 성경은 다음과 같이 제시한다. "균등함에서 나온다"(ἀλλ' ἐξ ἰσότητος). ESV 성경은 다음과 같이 번역한다. "For I do not mean that others should be eased and you burdened, but that as a matter of fairness." "함께"라는 가치는 "균등케 됨"까지 포함하는 것을 바울의 연보의 사용에서 읽을 수 있다.

5. 마치면서 - "함께"라는 가치

오늘날 청년들은 매우 어려운 시대를 살고 있다. 많은 젊은이들이 학자금 대출과 같은 부채에 허덕인다. 필자가 사역하는 교회의 청년들 중에 결혼을 하고 싶지만, 결혼 비용 때문에 쉽게 결혼하지 못하는 청년들이 있다. 결혼 비용뿐만 아니라 앞으로 주택 문제나 육아비용을 매우 고민한다. 자신을 위해서 경제생활을 할 수 밖에 없는 구조가 계속되는 것처럼 보인다. 경제적으로 여유가 있는 청년들이나 젊은 부부들은 또 다른 굴레에 얽매인다. 주택 대출이나 돈을 불리기 위한 투자를 하는데 이미 지출을 많이 하고 있기 때문에 다른데 지출을 하지 못하는 경우도 많이 있다. 물론 이런 측면들은 소비생활보다는 경제생활에 더 관련이 있어 보인다. 그러나 경제생활은 소비생활과도 밀접하게 연결되어 있다. 다른 말로 하면 청년들의 소비 패턴은 우선 이와 같은 경제생활에 종속된다. 자신들의 어려운 경제생활로 다른 사람들을 돌아볼 여유가 전혀 없어 보인다. 때때로 자신을 위해서 소비하기도 힘든 상황이 되고 만다. 자신을 위해서도 살기 힘든 상황이며 몸글에서 살펴본 것처럼 "함께"라는 가치를 찾기가 힘든 상황이다.

이와 같이 힘든 상황에서도 우리는 "함께"라는 가치를 추구해야 한다. 젊은 때에 이 가치에 맞추어 소비생활을 하지 않으면 계속해서 나를 생각할 수 밖에 없을 것이다. 필자가 설교를 할 때나 청년들을 가르칠 때 자주 하는 말이 있다. 우리의 지갑이 어디에 열리고 있는가에 따라서 우리가 누구인지 알 수 있다는 말이다. 말로는 우리가 교회의 지체인 성도라고 말하지만 우리의 지갑은 우리를 성도로 정의하지 않을 수 있다. 우리 자신을 위해서만 우리 지갑이 열린다면 그것은 이기적이며 혼자 동떨어진 고립된 섬일 뿐이다. 우리 자신을 교회라고 말할 수 없다.

"함께"라는 가치에 대해서 몸글에서 살폈기 때문에 다시 언급할 필요는 없을 것 같다. 그러나 바울이 약한 자들을 위하여 수고하였다는 말을 다시 새기고 싶다. "내가 아무의 은이나 금이나 의복을 탐하지 아니하였고 여러분이 아는 바와 같이 이 손으로 나와 내 동행들이 쓰는 것을 충당하여 범사에 여러분에게 모본을 보여준 바와 같이 수고하여 약한 사람들을 돕고"(행 20:33-35)... 우리는 바울처럼 다른 이들을 위해서 수고하고 물질을 사용하고 있는가 아니면 나 자신만을 위해서 소비를 하고 있는가? 이것은 특별히 "나"를 더 중요하게 생각하는 이 시대의 청년들이 분명히 생각해보아야 할 질문이다.

> 청년이 알아야 할 7가지

청년의 영적 무기력

양명지

현대 사회는 바쁘고 분주하다. 한국 사회는 특히 더 그렇다. 게다가 바쁘고 분주한 지금의 수고가 내일의 안정을 보장해주지 않는다. 내일은커녕 오늘마저도 불안하다. 이런 상황은 청년들에게 특히 더 그렇다. 경제적으로 부모세대 보다 가난한 세대가 될 것이라는 말도 나온다. 출산율은 자꾸 낮아져서 초고령 사회를 향해 한걸음씩 나아가고 있는데 다음세대의 전망은 여러모로 긍정적이지 않다. 그래서 청년들은 포기를 선택한다. 연애, 결혼, 출산, 취미, 내 집 마련, 인간관계, 자기계발, 건강 관리, 외모 관리, 꿈과 희망 등 이런 것들 중에 N가지를 포기했다고 N포 세대가 되었다. 이런 이야기 나온 지는 벌써 한참 되었다.

이런 청년들의 상황에 신자와 불신자의 구분을 찾기가 쉽지 않은 것이 더 가슴 아픈 현실이다. 물론 구별된 마음과 삶을 살아내는 청년들도 있지만 대체로는 교회 안의 청년의 미래에 대해 걱정의 목소리가 많다. 어떤 어른들은 이런 현상을 두고 다음 세대를 향해 패기가 없고, 자신감이 부족하다고 안타까워한다. 일각에서는 이를 두고 청년들이 포기를 한 것이냐 포기를 당한 것이냐 논의하기도 했다. 원인과 정체가 무엇이든 이 현상은 여전히 진행 중이다. 그리고 교회 안의 기독 청년들 사이에서 무기력이라는 시대 문화를 낳았다. 이 무기력은 그들의 신앙도 무기력하게 한다. 어떻게 하면 청년들이 영적 무기력에서 벗어날 수 있을까?

1. 기본을 무시하지 말라.

많은 언론 매체는 청년들의 무기력에 대한 대안으로 안정된 직장을 제시한다. 물론, 틀린 말은 아니다. 육신인 인간이 생업과 노동 없이 제대로 살기는 어렵다. 이스라엘 자손에게 주신 기업도 영적인 의미만 아니라 그들의 생계와도 연결되어 있었다. 하지만 직장이 생긴다고 무기력은 해결되지 않는다. 직장을 다니는 청년들도 영육간에 무기력한 모습을 보인다. 일상이 바쁘고 버겁기 때문에, 불확실한 미래 때문에 힘들다. 이 상황들을 자기의 힘으로 해결할 수 없다는 것을 자꾸 확인하기 때문에 무기력해진다. 그래서 창조적인 것보다 탈진과 정체를 선택하게 된다.

이런 형편은 신앙생활에도 고스란히 영향을 준다. 일요일은 주일이 아니라 휴일이 돼버린다. 교회에서 듣는 설교가 귓가를 스쳐 지나간다. 청년들의 고뇌를 깊이 공감하지 못하는 설교자의 게으름과 부족함 때문이기도 하지만 하나님의 말씀을 집중해서 들으려는 열의와 마음이 생기지 않는 영적인 무기력 때문이다. 예배도 겨우 나왔는데 그 이상은 하기 어렵다. 이런 상황이 쌓이면서 차라리 그 시간에 집에서 잠을 자던지 아무에게도 방해받지 않는 혼자만의 시간을 보내는 것이 훨씬 재충전에 도움이 된다고 생각한다.

피곤한 몸이 휴식을 통해 회복되는 것은 사실이지만 보다 더 궁극적으로는 규칙적인 생활과 운동이 몸을 더욱 건강하게 하고 활력있게 한다. 신앙생활도 마찬가지다. 일상이 피곤하다고 예배와 휴식을 바꾸면 당장은 주일의 일정이 없어지고 자유시간이 생겨 편할 것 같지만 결국은 더 큰 무기력에 빠지게 된다. 정말이지 다 양보하더라도 예배를 포기하지 않도록 해야 한다. 예배 한 번 빠진다고 구원을 못 받는 것도 아니고, 주일을 다른 일로 보내게 되었다고 당장 믿음이 불확실해지고 사라지는 것은 아니다. 하지만 계속해서 예배를 다른 것과 바꾸게 되면, 그리고 그것이 일 년 스케줄 중에 반복되어 자기의 라이프 스타일이 된다면 분명히 영적인 탈진과 무기력을 마주하게 된다.

아무 감격과 감흥 없이 예배만 참석하면 괜찮다는 말은 아니다. 하지만 적어도 하나님과 자기 백성의 언약의 갱신을 다양한 순서를 통해 경험하는 자리 자체에서 자신을 소외시키는 것은 아니라는 말이다. 한 끼의 식사는 크지 않지만 그 식사가 모여 완성되는 한 사람의 식생활은 건강과 생명에 지대한 영향을 미친다. 하루의 조깅은 대단하지 않을 수 있지만 꾸준한 운동 습관은 전혀 다르다. 하물며 신앙생활에 있어서 예배는 더 말할 필요가 없다. 가장 기본적인 것을 지키고 붙들면 좋겠다. "육체의 연단은 약간의 유익이 있으나 경건은 범사에 유익하니 금생과 내생에 약속이 있느니라."(딤전 4:8)

영적인 무기력은 다양한 이유에서 시작될 수 있겠으나 주일을 휴일로 바꾸고 예배를 다른 것과 바꾸면서 본격적으로 가속화된다. 이스라엘 백성의 타락과 약화의 가장 기본적인 시작이 안식일 문제였던 것은 우리에게 시사하는 바가 크다. 모든 문제를 예배로만 승리하라는 뜻은 아니다. 하나님과 자기 백성의 공적인 교제가 기본과 시작이라는 말이다. 하나님은 인생을 하나님을 영화롭게 하며, 그 분을 누리는데서 완성되며 의미있게 하셨다(소요리문답 1문). 구조적인 문제와 교회의 형편에 따라 주일과 예배의 어려움이 있을 수 있고, 그 문제는 모두가 협력해서 함께 해결해야 할 부분이 크다 하더라도 결국 예배를 다른 것과 바꾸고, 포기한다면 영적인 무기력은 해소되기 어렵다.

2. 대화의 상대를 찾으라.

영적인 무기력은 혼자서 극복하고 일어서기 쉽지 않다. 하나님과의 개인적인 관계를 통해, 개인의 경건 생활을 통해 극복할 수도 있고, 예배 가운데 회복하게 되는 일을 경험할 수도 있다. 하지만 점점 무기력해지는 사람이 그런 경우를 통해 다시 일어서는 것은 좀처럼 보기 어렵다. 어쩌면 그런 경험을 통해 회복되는 사람을 영적 무기력에 빠졌다고 말하는 것 자체가 좀 과장된 표현일 수도 있겠다. 신앙의 성장 가운데 여러 굴곡이 있는 것은 자연스러운 과정이기 때문이다. 하지만 무기력을 느끼는 사람이 혼자서 딛고 일어서는 것은 정말 어렵다.

홀로 고립되지 말고, 소통하고 마음을 나눌 상대를 찾아야 한다. 많은 청년들이 나는 혼자라고 생각하는 경우가 많다. 그래서 나누고 싶은 마음도 있고, 같이 있고 싶어 하면서도 정작 연락하거나 대화를 시도하지 않는 경우가 많다. 누군가가 내 마음을 알아주고, 적절한 타이밍에 다가와준다면 금상첨화이겠지만 그런 일은 그리 자주 일어나지 않는다. 자기 안에 소통의 필요가 있을 때, 부담을 버리고 과감하게 소통을 시도하면 좋겠다. 문제의 핵심을 깊이 나눌 수도 있겠고, 전혀 다른 주제를 그냥 즐겁게 이야기할 수도 있겠다. 무엇이 되든지 관계를 만들고, 지속하는 것이 시작이요 가능성이다. 누군가에게 의존하는 것은 중요하다. 스스로 일어나는 것만 좋은 신앙이 아니다. 하나님은 우리를 서로를 돕도록 부르셨기 때문이다. "너희가 짐을 서로 지라 그리하여 그리스도의 법을 성취하라." (갈 6:2)

자기 문제에 대해 나누는 것은 자기 문제를 객관화하여 접근하는데 도움이 된다. 특별히 공동체의 리더와의 소통은 유익이 있다. 문제의 상황에 홀로 고립되면 실현 불가능한 적극적인 선택과 더 많은 문제를 가져올 소극적인 선택, 양극단만을 두고 고민하기 쉽다. '내가 다시 정신차리고 똑바로만 하면 되지'와 '다 포기하고 그만둘까'라는 선택지만 고려한다는 말이다. 소그룹 리더나 목회자와의 대화와 소통은 양극단 사이의 다른 옵션들도 고려할 수 있게 한다. 혼자서만 문제와 씨름할 때보다 함께 의논할 때 본인이 바라는 무기력 해소와 발전을 향해 갈 동력이 훨씬 쉽게 생기는 것을 경험할 수 있다. 그리고 그런 경험은 나도 다른 이웃에게 기꺼이 마음과 소통의 자리를 내어주게 하는 기초가 된다.

3. 공동체라는 배경

기본을 지키고, 대화의 상대를 찾는 것을 정답만을 말하고, 무기력을 느끼는 당사자에게만 요구하는 것 같아 불편한 사람들이 있을 것이다. 그렇다. 앞의 2가지는 공동체라는 배경을 전제로 한다. 좋은 공동체가 있고, 나의 상황을 알아보고 먼저 도우려는 사람이 주변에 있다고 해도 결국은 본인의 의지와 결심 없이는 무기력에서 벗어나기 쉽지 않다. 그런 면에서 본질적으로는 자신 안에서부터 변화가 시작되지 않으면 어렵다. 하지만 그 의지 발현의 계기와 시도는 좋은 공동체 안에서 훨씬 더 잘 실현된다.

사도 바울은 데살로니가 교회의 모습에 대해 이야기하면서 "사랑의 수고"를 언급한다(살전 1:3). 계속 혼자 고립되려고 하고, 노력해도 원래 그 자리로 계속 돌아가는 무기력한 지체를 계속 품으려고 애쓰는 수고를 마다하지 않는 공동체가 필요하다. 혹은 거기까지는 아니라도 힘들어하는 지체에게 다가가 말을 건네고 연락하는 수고를 감당하는 공동체가 되는 것이 참 중요하다. 아주 모범적인 공동체에도 소외되는 사람이 있고, 스스로 자기를 고립시키는 사람이 있다. 그런 사람이 없는 공동체가 좋은 공동체가 아니라 그들을 품고 있는 공동체가 건강한 공동체다.

그 공동체가 꼭 청년부가 아니라도 된다는 열린 마음이 있으면 한다. 우리 시대 많은 교회에는 어느 정도 규모를 갖춘 청년 공동체가 없는 경우가 많다. 하지만 가족이 모두 또래가 아니고, 다양한 연령대가 모였지만 얼마든지 서로에게 힘이 되는 공동체이듯 영적인 가족인 교회도 그럴 수 있다. 또래 집단이 서로 공감하는 강력한 부분이 있지만 그 배경이 없다고 좌절하지 않으면 좋겠다. 다양한 연령이 공존하는 공동체도 얼마든지 따뜻한 위로를 공유할 수 있다. 이 부분에는 교회의 직분자와 지도자의 수고가 참으로 중요하다. 아름다운 공동체는 결국 누군가의 헌신으로부터 시작된다. 교회가 무거운 마음으로 명심해야 할 대목이다.

영적인 무기력은 어디에서 시작했든지 결국 하나님과의 관계 안에서 해소된다. 인생이 하나님과의 사랑의 관계 안에서만 회복되기 때문이다. 그리고 하나님과의 사랑의 관계는 결국 이웃과의 사랑 안에서 더 강화되고 완성된다(요일 4:12). 영적 침체의 해소가 오랜 시간이 걸리는 지리멸렬한 싸움이 될 수도 있다. 하지만 우리가 할 수 있고, 해야 하는 것을 놓치지 않고 함께 힘써 가면 좋겠다. 그리할 때, 하나님이 우리와 각자를 새롭게 하시리라 믿는다. 어렵고 힘든 시대와 시기도 결국 회복되고, 극복된다는 값진 경험을 누리고, 나누는 우리 시대의 청년들이 되기를 기도한다.

> 청년이 알아야 할 7가지

십계명과 청년 윤리

조재필

'윤리'(ethics)란 도덕(moral), 가치(value), 덕목(virtue), 좋은(good), 옳은(right), 당위(ought)와 관련해서 이루어지는 인간 행위에 대한 것입니다. 그리스도인은 모든 행위에 '윤리적 판단'을 해야 합니다. 기독교인에게 있어 '윤리적 판단'은 한 개인이 도덕법칙(규범)을 특정 상황에 적용하면서 이루어집니다. 우리가 윤리적인 삶을 살고자 할 때, 상황에 대한 바른 해석, 도덕법칙에 대한 이해, 그리고 두 가지를 자기 스스로(자아) 실천(적용)해야 합니다. 상황, 도덕법칙, 자아, 이 세 가지가 각기 작동하고 상호간 모순 없이 이루어질 때 윤리적인 삶이 구현됩니다.

오늘 다루고자 하는 것은 이 세 가지 중에 '도덕법칙'에 관한 것입니다. 기독교 신앙은 하나님께서 윤리적인 삶을 요구하신다고 믿습니다. "사람아 주께서 선한 것이 무엇임을 네게 보이셨나니 여호와께서 네게 구하시는 것이 오직 공의를 행하며 인자를 사랑하며 겸손히 네 하나님과 함께 행하는 것이 아니냐."(미가 6:8) 라고 밝힌 바와 같습니다. 여기서 '하나님께서 사람에게 보여주신 선한 것'을 가리켜 '도덕법칙'이라고 부를 수 있습니다. 도덕법칙을 간략히 요약해 둔 것이 십계명입니다.(웨스트민스터 소요리문답 41문) 이 십계명을 기준으로 윤리적 판단을 하고, 상황에 적절하게 실천할 할 때 윤리적인 삶을 살게 됩니다.

1. 신자와 불신자 모두에게 주신 도덕법칙

성경에 따르면 사람이 윤리적인 행동에 이르는 논리적 단계가 있습니다. 먼저 사람은 윤리적인 삶을 살아야 할 당위가 있습니다. 왜냐하면 도덕법칙이 있기 때문입니다. 도덕법칙은 어떻게 생겼습니까? 하나님께서 도덕법칙을 정해 두셨기 때문입니다. 이 도덕법칙의 요약이 십계명이라고 했습니다. 그러면 하나님은 도덕법칙을 기독교 신자에게만 주셨습니까? 아닙니다. 신자와 불신자에게 모두 주셨습니다. 다만 불신자에게는 본성(혹은 양심)에 새겨두셨고, 신자에게는 더욱 온전한 법칙을 주셨습니다. 불신자의 양심에 새겨둔 도덕법칙에 대해서는 롬 2:14~15에서 이렇게 말합니다. "율법 없는 이방인이 본성으로 율법의 일을 행할 때에는 이 사람은 율법이 없어도 자기가 자기에게 율법이 되나니 이런 이들은 그 양심이 증거가 되어 그 생각들이 서로 혹은 고발하며 혹은 변명하여 그 마음에 새긴 율법의 행위를 나타내느니라."

불신자의 본성(양심)에 도덕법칙을 새겨두셨다는 것을 성경 이외에 증명할 수 있습니까? 경험적으로 증명할 수 있습니다. 예를 들어, 징기스칸의 대법전(예케 자사크), 함무라비 법전, 7조 금법과 같은 고대의 법들은 미개하지만 사람들은 본성상 도덕법칙을 가지고 행동한다는 것을 보여줍니다. 그러니까 불신자일지라도 그 본성상 도덕법칙을 가지고 있습니다. 그것이 양심으로만 존재할 수도 있고, 법조문이나 제도의 형태로 구현될 수도 있습니다. 아무튼 복음을 듣지 못한 사람들에게도 하나님은 도덕법칙을 부여하셔서 그것을 따라 옳음과 그름을 분별할 수 있도록 하셨습니다. 그러나 본성에 새겨진 도덕법칙으로는 하나님의 완전한 공의를 깨닫거나 순종할 수 없는 한계가 있습니다. 이것을 성경이 이렇게 정리합니다. "또한 그들이 마음에 하나님 두기를 싫어하매 하나님께서 그들을 그 상실한 마음대로 내버려 두사 합당하지 못한 일을 하게 하셨으니"(롬1:28).

아무튼 도덕법칙은 신자와 불신자 모두에게 주어졌습니다. 그런데 특별히 하나님께서 하나님의 백성에게는 온전한 형태의 도덕법칙을 주셨습니다. 그것이 바로 십계명입니다. 십계명에 모든 도덕법칙이 정리되어 있다는 말은 아닙니다. 다만 요약된 형태로 제시되어 있습니다. 그러나 십계명은 신자들이 모든 상황에 '윤리적 판단'을 할 수 있도록 온전한 원리와 근거를 제공합니다.

2. 도덕법칙을 거부하는 시대사조

그런데 여기에는 중요한 전제가 있습니다. 하나님께서 우리에게 어떤 행동을 요구할 권리가 있고, 우리는 거기에 따를 의무가 있다는 것입니다. 이것은 하나님이 어떤 분이신지에 대해 알면 당연한 것입니다. 그러나 사실 이 전제를 받아들이지 않는 것이 오늘날 청년들이 살아가는 시대의 형편입니다. 오늘날 사람들은 하나님에 대한 바른 이해가 없고, 하나님이라는 개념 자체에 대한 왜곡도 심하기 때문에 하나님께서 부여하신 도덕법칙에 따라 살아야 한다는 가치 자체를 부인하고 있습니다.

하나님께서 제시하신 도덕법칙에 따라 살아야 하고, 그렇게 사는 것이 윤리적인 삶이라는 것을 소위 '신정론'(神正論)이라 부릅니다. 그러나 이것을 부인하는 사람들이 많습니다. 사실 이것이 오늘날의 시대사조입니다. "도덕이라는 것이 사회적 산물이 아니냐?" "도덕이라는 것은 지배 계층이 그 기득권을 유지하기 위해서 강제해 놓은 제도가 아니냐?" 라고 말하기도 합니다. 인간의 죄성은 자신의 원하는 것, 심지어 죄에 뿌리박은 것일지라도 정당화시킵니다. 이 시대의 어떤 논리나 합리를 잘 따져 보아야 합니다. 이론적인 증거와 경험적인 사례가 진술되었다고 항상 진리에 이르는 것은 아니라는 것을 알아야 합니다. 자신의 정욕을 따라 불법을 행하면서도 그것을 정당화시키는 교활한 방법이 우리 시대에 가득합니다.

이를 분별하기 위해 무엇보다 '문화'와 '도덕법칙'의 관계를 잘 알아야 한다는 것을 강조하고 싶습니다. 도덕법칙에 해당하는 것과 문화와 관습에 해당하는 것을 구분해야 합니다. 어떤 경우 이것이 애매하게 섞여 있는 경우가 있습니다. 두 가지 경우로 구분해서 설명할 수 있습니다.

첫 번째, 문화가 도덕법칙이 되어 있는 경우가 있습니다. 본질은 문화인데 그것이 어떤 상황에서 도덕법칙으로 여겨지는 경우입니다. 초대교회는 우상의 제물에 대한 문제가 빈번했습니다. 사도 바울은 이 문제를 세심하게 다루었습니다. 또 할례의 문제도 심각했습니다. 유대인들에게 이것은 도덕적인 문제이며, 하나님께서 세우신 도덕법칙이었습니다. 그러나 그리스도의 복음이 이 문제를 문화적인 것으로 변경시켜 놓았습니다. 강한 신앙의 그리스도인들은 우상의 제물이나 할례를 문화로 인식할 수 있게 되었습니다. 그러나 초대교회 당시 어떤 사람은 우상의 제물이나 할례를 문화로 받아들일 준비가 되어 있지 않았습니다. 이런 사례들은 도덕법칙과 문화가 어떻게 복잡하게 엮여질 수 있는지 보여주는 사례들입니다. 오늘날의 사례를 들자면 음주문화입니다. 저는 술을 마신다고 도덕법을 어겼다고 생각하지 않습니다. 술은 분명 하나의 문화입니다. 그런데 한국 기독교는 술을 경건의 척도와 도덕법칙으로 삼고 있습니다. 그럼에도 불구하고 문화이기 때문에 가볍게 즐겨도 된다고 허용할 수는 없습니다.

그러면 어떻게 해야 하겠습니까? 여기에 대해 근본으로 돌아가고, 더 높은 수준을 추구해야 한다고 답하겠습니다. 우리가 돌아가야 할 근본은 다름 아니라, 도덕법의 정신(십계명의 대강령)을 지키는 것입니다. 하나님이 우리에게 요구하는 것은 단지 십계명 문구만 지키는 것이 아닙니다. 십계명에 나타난 도덕법의 정신, 즉 하나님 사랑과 이웃 사랑을 실천해야 합니다. 더불어 더 높은 수준을 추구해야 한다는 말은, 우상의 제물 논쟁에 대해서 사도 바울이 제시한 결론적인 조언을 따르는 것입니다. "모든 것이 가하나 모든 것이 유익한 것은 아니요 모든 것이 가하나 모든 것이 덕을 세우는 것은 아니니."(고전 10:23) 그리스도인은 십계명 각 항목들만 지키는 데 만족할 것이 아닙니다. 덕을 세운다는 더 높은 수준을 목표로 해야 합니다. 이것을 기억하고 실천한다면 문화와 도덕법칙이 혼란스러운 우리 시대를 살아가면서, 윤리적 판단 오류를 상당 부분 해소할 수 있을 것입니다.

두 번째 경우는, 도덕법칙이 분명함에도 불구하고 그것을 문화적인 것으로 치부하거나 상황을 지나치게 강조해서 본질을 변질시켜버리는 경우입니다. 대표적으로 동성애 문제나, 결혼과 가족의 문제 같은 것입니다. 이 문제들은 도덕법칙으로 다루어져야할 문제들입니다. 그런데 오늘날 이것을 문화와 취향으로, 혹은 개인이 처해 있는 상황 문제로 다룹니다. 이로써 윤리적 판단 오류를 범하고, 비윤리적인 삶으로 나아가게 됩니다.

이와 관련해서는 그리스도인 청년들이 이론적인 지식을 구비해야 한다고 조언하고 싶습니다. 이런 문제들은 대부분 상당한 지적인 논쟁이 이루어집니다. 그저 십계명 조문을 되내이면서 대처하기에 이미 논쟁이 까다로운 수준이 되었습니다. 십계명을 선언하는 차원으로는 도덕법칙을 문화로 변질시키고 비윤리를 상황화 시켜버리는 죄에 적절하게 대응하기 어렵습니다. 이런 문제에 접근하고자 할 때 상당한 지적, 이론적 훈련이 필요 합니다. 그리스도인들이 과학적 지식, 성경 해석상의 이해, 사회의 사조적인 흐름에 대해 이해를 가지고 있어야 합니다. 겸하여서 경건을 놓치지 말아야 합니다. 자칫 정죄를 즐기는 율법주의자, 교조주의자로 치부될 수 있기 때문입니다.

이런 문제에 대응할 때 한 가지 더 필요한 것이 있습니다. 이런 도덕법칙을 문화화하고, 상황화시켜버리는 흐름이 상당히 거세기 때문에 동지가 필요합니다. 도덕법칙을 새로운 상황에 적용하는 데는 일정한 시간이 요구됩니다. 그 때 함께 버티고 설 수 있는 공동체가 있어줘야 합니다. 세상은 다수로 밀어붙입니다. 여론 몰이도 있습니다. 많은 경우 새로운 상황과 주장에 대하여 아직 이론적으로나, 논리적으로 대응할 준비가 되어 있지 않을 수도 있습니다. 그래서 우선은 그 말씀 그대로를 믿고 붙들고 있어야 하는데 홀로 서 있기는 위험하고 벅찹니다. 그 시간 동안 함께 버티고 설명해 내기 위해 머리를 맞대고 지혜를 나누는 공동체의 공감과 보호가 필요합니다.

3. 자신의 마음을 살피라: 하나님과 이웃을 사랑하는 것

문화와 도덕법칙이 혼선을 이루는 이런 시기에 다시 점검할 것이 있습니다. 무엇보다 스스로 마음을 잘 살피는 것입니다. 도덕법칙을 거부하는 세상의 흐름을 이해했다고 해서 자신은 자연스럽게 하나님의 뜻을 따라 행하게 될 것이라고 자신할 수 없습니다. 웨스트민스터 소요리문답 42문에서 십계명의 대강령을 밝힙니다. 그 때 단순히 하나님 사랑, 이웃 사랑으로 정리하지 않습니다. 단서가 있습니다. "십계명의 대강령은 우리의 마음을 다하고 성품을 다하고 뜻을 다하고 힘을 다하여 주 우리 하나님을 사랑하고 또한 이웃 사랑하기를 우리 자신 같이 하라 하신 것"이라고 합니다. 마음, 성품, 뜻, 힘을 다해야만 윤리적인 판단을 따라 윤리적인 삶을 살아낼 수 있다고 합니다.

앞서 살핀 세상의 논리와 무기를 어느덧 교회 안에서도 발견할 때가 있습니다. 우리는 우리가 죄성을 따라 자신이 원하는 것을 합리화시킬 수 있다는 것을 기억해야 합니다. 우리는 본성적으로 하나님의 법을 지키기를 싫어하고, 내가 원하는 것, 옛 사람이 요구하는 것에 끌립니다. 그러니 성령님께서 우리 마음을 지키셔서 '마음을 다하고 성품을 다하고 뜻을 다하고 힘을 다하여' 십계명에 나타난 하나님의 뜻에 순종할 수 있도록 늘 기도하시기 바랍니다.

1) "이러므로 남자가 여자를 떠나 그의 아내와 합하여 둘이 한 몸을 이룰지로다" (창세기 2장 24절)
2) 마르틴 루터, "독일 민족의 귀족에게 호소함" in 「루터 저작선」, 이형기 역(서울: 크리스찬 다이제스트, 1994), 485.
3) 마르틴 루터, "독일 민족의 귀족에게 호소함" in 「루터 저작선」, 487.
4) 마르틴 루터, 「대교리문답」, 최주훈 역 (서울: 복있는 사람, 2017), 117.
5) 마르틴 루터, "그리스도인의 자유" in 「루터 저작선」, 122.
6) 최주훈, 「루터의 재발견」, (서울: 복있는 사람, 2017), 244.
7) 마이클 리브스, 팀 체스터, 「종교개혁 핵심질문」 오현미 역(서울: 복있는 사람, 2017), 257.
8) 마르틴 루터, "그리스도인의 자유" in 「루터 저작선」, 128.
9) 마이클 리브스, 팀 체스터, 「종교개혁 핵심질문」, 256.
10) 우병훈, 「처음 만나는 루터」, (IVP, 2017), 186.
11) 우병훈, 「처음 만나는 루터」, 187.
12) 마르틴 루터, 「대교리문답」, 174.
13) 우병훈, 「처음 만나는 루터」, 195-196.
14) 루터의 직업적 소명에 대한 보수적 태도는 사회 구조적 개혁에 도움이 되지 않는다고 비판받는다. 그러나 이것은 개혁가 루터의 말을 오독한 것이다. 우병훈은 루터가 직업 이동을 부정하지 않았다고 반론을 제기한다. 이에 대해서는 우병훈, 「처음 만나는 루터」, 191. 그리고 마이클 리브스, 팀 체스터, 「종교개혁 핵심질문」, 261.을 참고하라.
15) 앨리스터 맥그래스, 「종교개혁 사상」, 최재건 역(서울: CLC, 2006), 400-404.
16) 맥그래스, 「종교개혁 사상」, 406.
17) 맥그래스는 "잃어버린 창조의 질서를 다시 찾는다는 주제는 칼빈의 사상 전체를 통해 울려 퍼진다"고 바르게 지적합니다. 앨리스터 맥그래스, 「종교개혁시대의 영성」, 206.
18) 제프리 고인스, 『일의 기술』(CUP)에서 주된 아이디어를 가져 왔다.
19) 리처드 백스터, 『기독교 생활 지침 2』, 박홍규 옮김 (서울: 부흥과개혁사, 2018), 499.
20) 남편과 아내의 "다름"에 대한 나의 생각은 존 파이퍼의 책, 『남자와 여자, 무엇이 다른가』(부흥과 개혁사)에서 가져와 새롭게 구성하였다.
21) 이와 관련해서는 손재익, 『십계명, 언약의 10가지 말씀』(서울: 디다스코, 2016)의 제8계명 부분에서 상세히 다루고 있다.
22) 손재익, 『십계명, 언약의 10가지 말씀』, 326-331; 최정복, "종교개혁가 루터가 말하는 일(work)과 소명(vocation)", 개혁정론 기획기사 (http://reformedjr.com/8758)
23) 손재익, 『십계명, 언약의 10가지 말씀』, 148.
24) 손재익, 『십계명, 언약의 10가지 말씀』, 344.
25) 특히, 외경인 마카베오서에 많이 등장합니다.
26) 괄호 안에 표시한 번호는 파스칼이 기록한 글 조각을 번호로 표시한 것이며, 필자가 참고한 도서는 총 800여개의 단편(fragment)으로 배열한 판본을 따른 것임. 이 판본은 파스칼 연구의 권위자인 필립 셀리에 교수의 판본임.
27) 「팡세」(전면개정판), 142 (이 글에서는 본문에 단편의 번호를 표시하고, 필요한 경우를 제외하고 해당 책의 쪽번호를 생략하기로 함)
28) 전도서 12:9
29) 대니얼 프레드릭스, 「AOTC 전도서, 아가」, 권대영 역(부흥과 개혁사, 2018).
30) 김형길, "팡세 해설", 「팡세」, 655(역자 김형길의 해설 부분임).
31) 김형길, "팡세 해설", 656.
32) 김형길, "팡세 해설", 658-659.
33) "프로뱅시알의 편지들"
34) 김형길, "팡세 해설", 670-671.
35) "우리들은 그분을 통하여 하나님을 안다. 그 밖에 성서 없이, 원죄 없이, 그리고 약속대로 오셨던 필요한 중재자 없이는 사람들은 절대로 하나님을 증명할 수 없고, 건전한 교리도 건전한 윤리도 가르칠 수 없다. 그러나 예수 그리스도를 통해서, 그리고 예수 그리스도 안에서 사람들은 하나님을 증명하고 윤리와 교리를 가르친다. 그러므로 예수 그리스도는 인간들의 진정한 하나님이시다."
36) 「팡세」, 567(각주 2).
37) 루이스의 생애에 대해서는 그의 자서전 『예기치 못한 기쁨』, 강유나 옮김 (홍성사, 2003; 원제: Surprised by Joy, 1955)을 대부분 참고했다.
38) 루이스 마르코스, 『C. S. 루이스가 일생을 통해 씨름했던 것들』, 최규택 옮김(서울: 그루터기하우스, 2004), 33.
39) 페리 브램릿, 『작은 그리스도 C. S. 루이스』, 강주헌 옮김 (서울: 엔크리스토, 2002), 7; 데이비드 다우닝, 『반항적인 회심자 C. S. 루이스』, 강주헌 옮김 (서울: IVP, 2003).
40) 브램릿, 『작은 그리스도 C. S. 루이스』, 17.
41) 마르코스, 『C. S. 루이스가 일생을 통해 씨름했던 것들』, 67.
42) 이수민 & 김희도, 〈청년이 없는 한국교회 이대로 괜찮을까?〉 (서울: 쿰란출판사, 2018).